JN316950

ヤマケイ文庫

深田久弥選集 百名山紀行 上

Fukada Kyuya 深田久弥

Yamakei Library

鎌倉時代の深田久弥（1930年代の撮影／深田森太郎提供）

深田久弥選集　百名山紀行　上　目次

（下巻に続く）

監修　大森久雄

①**利尻岳**（一七一九メートル）

一九五九（昭和三十四）年三月、月刊誌「山と高原」で「日本百名山」の連載を開始した。北海道の主だった山を登る三年計画の二年目、一九六〇年九月、友人らとの紀行。

利尻岳

礼文島から私たちが利尻島の鴛泊港《おしどまり》へ着いたのは、九月十四日午後一時半だった。海上から利尻岳がよく見えたのに、上陸すると次第に空模様が怪しくなってきた。逸早くどこからか気象通報を聞きこんできた浅利君が、天気は下り坂だと浮かぬ顔つきである。どうやら明日も見込みがなさそうだと聞いた望月君は高沢君を誘って、急に札幌に帰ることにきめた。勤めの関係であまりゆっくりしておられなかったからである。せっかくここまで来て利尻岳へ登らずに帰るのに、そんなに残念そうでもないのは、二人とも北海道住まいでいつでもまたやって来られるという気があるからだろう。

もう出ようとしている稚内《わっかない》行の連絡船に大急ぎで乗りこんだ二君を見送ってから、残った私たち五人は小型トラックを雇って、島めぐりをすることにした。地図でもわかる通り利尻島は円形で、その中央にそびえ立った利尻岳の裾が海岸まで拡がっている。その裾を縫って島を一周するバスが利尻の唯一の交通機関である。島全体が一つの山に盛り上がった形だから、海岸沿い以外には部落がない。

（略）

一周には時計の針廻りとその逆があったが、私たちは前者を採った。鴛泊を出発して間もなく、まず姫沼へ寄り道をした。バス道路を離れて山の方へ少し上った所で車を降り、林の中をしばらく歩いて行くと、姫沼のふちへ出る。案内書には秘境と書いてあったが、残念ながら私たちは、その真価値に接することができなかった。すべて湖沼の風景に生命を与えるのは、その脇にそびえ立つ山であるが、その引立て役の利尻岳が雲に隠れていたからである。曇天で光を失った姫沼は、欝蒼《うつそう》とした樹林に囲まれて原始的な静寂さはあったが、平凡な一湖沼にすぎなかった。

（略）

ようやく沓形《くつがた》へ着いたのは九時を過ぎていた。傘を持って迎えに出ていた女中さんに伴われて私たちは再び昨日の杉本旅館へ帰った。

翌日は朝からはげしい吹き降りであった。利尻島発着のすべての船が欠航、もちろん登山どころではない。私たちは一日の停滞を余儀なくされた。しかし勤勉な風見君は手を拱《こまね》いてはいない。山岳写真家から海洋写真家に早変わりして、北海の怒濤を撮りに出かけた。

私は絵葉書を買ってきて、平生ごぶさたしている人たちへ便りを書いた。

（略）

夕方の晴れ間に私は一人で散歩に出た。港はシケで避難した舟でギッシリ詰まっていた。町通りを離れて新湊の方へ歩いて行くと、路傍に囲いをして古い墓が二基立っている。摩滅した石面から辛うじて私は次のような文字を読み取った。一つには、

会津　諏訪幾之進光尚墓　文化五年戊辰七月十日

もう一つはやや小さく、

山田重佐久墓　文化五年七月八日

あとで知ったが、文化四年四月ロシアの軍艦が南下して利尻島を侵した時、幕府の命で会津藩士が長駆島へ到着して敵軍と対陣、三ヵ月にしてこれを遁走せしめた。二つの墓は沓形守備隊長主従のものであった。別に鴛泊にもやはり当時の会津藩士の墓が残っているそうである。

墓の裏手は巨石を乱雑に積み重ねたような岩山で、露軍と対抗した時の砦だったという。私はそのへんの石に腰をおろして、海岸へ打ち寄せては散る壮《さか》んな白波を眺めていた。彼方に沓形港のハトバが突き出て、その端に灯台が見える。その灯台が一と波ごとに飛沫に隠れるほど高い波が立っていた。

私は元の道を引き返した。島は水に不自由とみえて、共同井戸へ通う水汲み少女の姿があちこちに見えた。ちょうど夕陽が海の果てに沈むところだった。真っ赤な大円盤が澄み渡った水平線に刻々と没しつつあった。最後の一点の光となるまで私は立ち留まって眺めていた。

翌朝五時半に宿を出発した。利尻岳の頂は雲をかぶっていたが、ほかは快く晴れた朝であった。登山道は大泉寺の横から始まっている。裾野の開拓地を通り抜けて、トド松と白樺の混交した国有林の中を登って行く。

利尻岳へはもう数回登山経歴のある当麻《とうま》山岳会の片山君が先頭に立ち、遠来の袋、風見の二君と私とがそのあとに従い、浅利君がいつも殿《しんがり》をつとめた。大泉寺のお嬢さんが同行されたが、ボストンバッグと運動靴の装備では無理と見てとったか、途中で棄権された。

森林帯を出ると、見晴らしがよくなった。沓形方面の海岸に打ち寄せる白波が、レースで縁どったようにハッキリ見え、その先に細長い礼文島が浮かんでいる。礼文島は低山の連なりであるが、その中に先日登った礼文岳が一きわ高く立っているのがなつかしい。もうそのあたりはハイマツの敷きつめた高山帯で、ゴゼンタチバナの赤い実が道ばたを綴《つづ》っていた。

暴風雨一過後で大気は澄んでいるが、風は強い。絶えず風の音が鳴っていた。下の方はあざやかに晴れているのだが、頂上の雲は依然として取れない。海洋の気流が頂上にぶつかって、そこで絶えず湧かせている雲だろうから、これはあきらめるより他はない。

私たちはやがてその雲の中に入った。三眺山という前峰に達して、そこからは名のごとく、鴛泊、沓形、仙法志《せんぼうし》の三つの眺めが得られるそうだが、私たちは白い幕に閉じこめられて、視界の利くのはほんの回りだけである。一面のイタドリが黄に色づいて、もう山も秋に入ったことが感じられた。三眺山から少し下りになり、赤い砂礫《されき》のガレを横切ると、もう頂は近かった。最後の急な坂を喘《あえ》ぎながら登り切って、頂上へ着いたのは一時半であった。

途中でたびたび休んだり、食事をしたりして、ゆっくり登ってきたものの、八時間とは随分かかったものである。しかし出発点が海抜ゼロメートルであり、到達点が一七一九メートルであることを思えば、そしてそれに裾野の長いダラダラ上りを考慮に入れれば、あながち私たちは怠慢で脚弱の登山者とのみは言えないだろう。

私たちは頂上の小さな祠《ほこら》の前へリュックを放りだした。じっと立っておれないくらい風が強かった。しかしその強い風が瞬間霧を追い払って、思いがけなくすぐ眼の前にみごとな眺めを見せてくれた。それはローソク岩と呼ばれる大岩柱で、地から生えた牙のように突っ立っていた。それが流れる霧のあいだに隠見するので、よけいにすばらしいものに見えた。

風あたりを避けた蔭で、二回目の昼食をたべ、小一時間休んでから、下山についた。予定では鬼脇へ下るつもりであったが、このコースはガラガラの岩の痩尾根があって、この強風では危険だという片山リーダーの教えに従って、おだやかな鴛泊への道を採ることにした。

霧の中の下りは、細かな水粒に濡れて寒かった。相変わらず風がゴウゴウと鳴っている。さすがは北海道の山で鍛えただけあって、片山君はシャツ一枚である。寒くないかと訊《き》くと、首を振って、

「その代わり暑さには弱いですよ。内地の山はコリゴリです」

大兵童顔の頼もしい案内役である。休憩するごとに話の中心になって私たちを笑わせる点でも、名リーダーであった。

霧の世界から抜け出ると、風あたりも弱くなって、やがて長官山の上へ出た。一二一八メートルの三角点のある所で、三十年ほど前北海道庁長官がここまで登ったので、こう名づけられたのだという。そこに新しい小屋が建築中で、数人の大工さんが働いていた。長官山から眼下に見た鴛泊港の風景は全く絵のように美しかった。

それからの下りの長かったこと！　ハイマツ地帯を過ぎて木立の中へ入ると、もう楽しい眺めもなくなり、ただ機械的に足を動かして行くだけである。ようやく甘露水（三合目）に着く。これは道から五十メートルほど横に入った所にある水場で、小さな沢に清冽な水が湧いていた。甘露水の名に恥じぬ本当にうまい水だった。そこから鴛泊まで距離二八〇〇メートルという標識が立っていたが、それより遙かに長く思われたのは、疲れていたせいだろう。

鴛泊の町へ入った時はもう薄暗くなっていた（六時半）。沓形行の最終のバスがいま出たばかりだと聞いてガッカリ。仕方なくハイヤーを探して、夜道を走り沓形の宿へ帰った。

翌日はみごとな晴天だった。私たちは鴛泊を午後出る連絡船に乗るつもりだが、それまでの時間に島を一周することにきめ、先日とは逆廻りのバスに乗った。バスはずっと海に沿って走る。海岸には昨日の風で打ち寄せられた昆布を拾う人が大勢出ていた。先端にカギのついた長い竿で昆布を掻き集めている風にみえた。

この前は雨で得られなかった利尻岳の眺めが、島の一周中絶えず私たちに付き添った。私の視線はその頂上から離れなかった。富士型の山であるが、仰ぐ方向によって幾らか形を変えて行く。仙法志と鬼脇の中間の三日月沼あたりから見た姿が一番尖鋭で、それはまるで空を刺すような鋭い三角錐であった。

鬼脇から鴛泊までの東半分は、人けの少ない海岸で、途中に石崎灯台の白い塔が見えた。地図の上に、ヲサツナイだのニチントマリだの、カムイヌカだの、アイヌの地名がいろいろ残っているのは、かつてはこのあたりにアイヌ人の栄えた時代があったのだろう。鴛泊に着くと、船が出るまでに、港の近くの小さな飲食店でラーメンを食べるだけの暇があった。

二時半、稚内へ直接に向かう定期船が埠頭を離れた。遠ざかるにつれて、それは一つの島ではなく、一つの山になった。海の上に大きく浮かんだ山であった。左右に伸び伸びと稜線を引いた美しい山であった。利尻島はそのまま利尻岳であった。こんなみごとな海上の山は日本では利尻岳だけである。山はいよいよ遠くなり、今は稚内の陸地が近くなった。やがて山も消え、その山の形に白い雲がモリモリ海面に湧き上がっているのが、利尻岳の最後のおもかげであった。

■一九六〇（昭和三十五）年〈五十七歳〉九月、前年の家族（志げ子夫人、次男の沢二）との北海道の山旅に続いて、礼文岳、利尻岳、十勝岳、大雪山、チセヌプリを巡った。礼文岳に同行した望月達夫、高澤光雄は悪天のため札幌に帰った。風見武秀、袋一平、浅利欣吉、片山弘が同行。
•写真家・風見武秀は一九五八年のジュガール・ヒマール、ランタン・ヒマール踏査隊隊員の一人。袋一平は翻訳家で、ロシア文学のほか山岳関係ではベレーツキイ『スターリン峰登頂記』などの訳書がある。高澤光雄は当時丸善札幌支店勤務、後に登山史研究家として『北海道　登山記録と研究』など多くの著作がある。
・一九五八年四〜六月のヒマラヤ踏査から帰り、報告・講演会のために全国各地に出かける機会が増えた。五九年三月から月刊誌「山と高原」（朋文堂）に「日本百名山」の連載を開始し、その取材も兼ねて、旅行先で山に登ることが多かった。それまで登っていなかった北海道の主だった山を踏破しようという三年計画を立て、五九年、斜里岳、阿寒岳、羅臼岳、後方羊蹄山、六〇年、礼文岳、利尻岳、十勝岳、大雪山、チセヌプリ、六一年、幌尻岳、トムラウシ山、戸蔦別岳に登った。
初出＝「北海道の山旅」（「北海道新聞」一九六〇年十月、六回連載）、『山があるから』（六二年・文藝春秋新社）に収録。『山があるから』は、紀行十四篇、随想九篇、ヒマラヤ関係の随想七篇からなり、『わが愛する山々』（六一年・新潮社／二〇一一年・ヤマケイ文庫）とともに、「日本百名山」の背景となる紀行、随想が収められている。書名はマロリーの"Because it is there"を借りたと「あとがき」に記す。

②**羅臼岳**（一六六一メートル）

一九五九年の家族での楽しい山旅から九年ぶり、雑誌の取材で再訪した知床半島の旅行記。斜里から宇登呂、知床五湖、標津、羅臼を車で巡り、往時からの発展ぶりに驚く。

知床半島

知床はアイヌ語シリイトコの転語で、「大地の涯」の意だという。しかし知床の玄関口斜里《しゃり》の旅館で晩酌をしながら、地の涯へ来たという実感は少しもなかった。けさ朝めしをすまして東京を出てきた私ではないか。周囲も、人々も、何も変わったところはない。十一月の初めというのに北海道の寒ささえなかった。

知床に住む人も、観光用語として「大地の涯」を自慢にしても、それが未開の辺境の意に取られたら憤慨するかもしれない。人々の文化的生活は内地と少しも変わらない。いや、内地のある所よりはもっと進んでいるかもしれない。「ガラナ」とかいう西洋風の飲料水も私は知床で初めて知った。人々の私に話してくれる言葉も、内地の郷土色の強い町村よりはずっと標準的である。ただし彼等だけで話す場合には北海道語（東北弁を主体とした日本各地の混合語）になるらしいが。

（略）

斜里で一泊した翌朝、役場の産業課丹羽信男氏の案内で、半島へ向かって車を駆った。東京から持ってきたオーバーなど余計なものだった。町並を外れて、果てしなく広い野へ出た時、初めて北海道へ来たという実感が湧いた。この広漠は全く内地では見られない風景である。その風景にマッチして、耕地の区画も、それを縁取るポプラやカラマツも、すべて直線である。ここには内地のような曲がった枝ぶりは見られない。

カラマツはいま凋落《ちょうらく》寸前の豪華な黄金色で、野を染めていた。北海道の秋の原野を特色づけるカシワ、その茶褐色の広葉はもうカラカラになって落葉を急いでいた。あちこちに働いているのはビートを掘り起こしている農夫である。放し飼いの馬がただ一頭、孤独げに尾を振っているのが見える。もしその広々とした野の果てに、斜里岳がその雄大な姿を現していたら、この晩秋の風景は完璧なものとなっただろう。

（略）

知床半島の発展ぶりにおどろいたのは、その日車で斜里から山越えして標津《しべつ》へ抜け、羅臼まで行った時だった。延長七十キロもあるという細長い半島で、西（北）側の海岸から東（南）側の海岸へ通じる道路は、半島の付け根の両側にある斜里と標津を結ぶものだけである。宇登呂と羅臼をつなぐ道路が建設中だが、難工事でいつ完成するかメドが立たないという。

標津から羅臼までは、日本でも最も美しい海岸道路の一つであろうと私は思う。西側の北方的な陰鬱に比べて、この東側には明るい紺碧の海が拡がっていた。その向うには、島というより陸地と言いたい長大なクナシリ島が横たわっている。西側の絶壁続きに反して、こちら側には海辺に余裕があって、道沿いの白樺の林もカラマツも原野も、絵のように美しい。幾度も川を横切るが、その川が海に注ぐ小さな三角洲にはたいてい集落がある。

私は十年ほど前、同じこの道を通った。その時に比べると、集落の家数がふえ、家も見違えるほど奇麗になったようである。以前は地名がアイヌ語であったのが、今度は全部日本名に変わっていた。私が知人を訪ねた於尋麻布《オタズネマップ》という村も、今は麻布《あさぶ》となっている。一番おどろいたのは羅臼の変わりかたである。十年前の羅臼村が繁華な町に発展して、新しい店並びが出来、私が四晩泊まった宿屋も立派に建て直っていた。

町に活気があるのは漁期にあたっていたからだろう。イカ漁は終わりかけていたが、その最盛期には、各地からイカの大群を探しにくる漁船が、身動きもならぬくらい港いっぱいに犇《ひし》めくそうである。鮭漁もやがて終わると、十二月からスケソウ鱈《だら》が始まる。ほかに昆布も獲れる。字登呂に比べてこちらは漁の種類も多く、水揚高もはるかに多い。

産業経済課長さんの話によると、一昨年の漁獲高は三十五億円、昨年は少し減って三十億円だったが、今年はすでに三十億円を越え、年末までにもう五億円ふえる見込みがあるという。この町では観光のケチな収入などは問題にしていないらしい。
羅臼は漁期になると人口が増大する。私たちが昼食を食べに入った居酒屋の内部は、食堂とも山小屋とも飯場ともつかない、雑然とした一種異様な空気であったが、そこにも潑剌さがあった。銀座裏のバーにいるような、爪を染め、口紅の濃い、ハイカラな若い現代娘が出入りしていた。

十年前には羅臼から少し先までしかついていなかった車道が、今度はずっと延びていた。私たちはその道を走った。この前来た時には羅臼から小さな漁船に乗って半島の先端まで行こうとしたが、大シケに出あって、ペキンノ鼻の沖合で引返した。その時舟から眺めた沿岸は、風景は美しかったが、ところどころ断崖の下にへばりついたような家々のかたまりが貧弱で侘しげにみえた。

今度は陸路でそれらの集落を通りすぎたが、貧弱なさまはどこにもなかった。道はずっと海ぎわに沿っていた。片側はすぐ山で、そこから滝の落ちてくる所もあった。知床半島よりも長いクナシリ島が絶えず眼の前にあった。敗戦以後もうわれわれのものでなくなったこの島は、いま何を胚胎《はいたい》しているかは謎である。しかし、島のはるか北に、純白の三角錐が潔《いさぎよ》く屹立《きつりつ》しているのを見つけた時、私は思わず息をついた。おお、チャチャヌプリ、あれがチャチャヌプリでなくて何であろう。標高一八七二メートル、戦前から私の憧れていた山であった。

車道はルサ川から四キロ先で行止まりになった。合泊まで延長の予定だそうだが、それが完成するのは二年後だという。合泊に行けば温泉がある。

その夜は羅臼温泉に泊まった。何につけ十年前と対比されるが、私が羅臼岳へ登るためここを通りすぎた時には、自炊の宿泊所があるだけだった。今は立派な観光ホテルと町営の旅館が建っている。羅臼からトボトボ歩いた温泉までの細い道も、今は舗装道路に代わっている。

家内と小学六年生の息子を連れて羅臼岳へ登ったのは、まだ知床半島が国立公園になる前であったから、登山路もまだ十分に整備されていなかった。近年知床の山を目ざす人が多くなり、羅臼岳から、三峰、サシルイ岳、オッカバケ岳を経て、硫黄山に達する縦走路も完全に拓かれたという。

知床半島は細長い山脈の突出であって、その山脈がすぐ海に落ちている。漁獲の宝庫である沿岸から内部へ入れば、それこそ秘境の名に値しよう。おもな山々を半島の付け根の方から数えると、海別《うなべつ》岳、遠音別《おんねべつ》岳、羅臼岳、硫黄山、知床岳などがあり、一六六一メートルの羅臼岳が最高である。

これらの山々が登山の対象になりだしたのは、そう古いことではない。北海道の中でも、この僻遠《へきえん》の山が一番あとまで取り残された。初めは北大の山の好きな学生たちによって登られたが、多くは積雪期であったのは、夏よりも冬の方が登り易かったからだろう。知床の山はビッシリ匐松《はいまつ》に覆われている。その匐松と悪戦苦闘するよりは、それが雪の下になった季節を選んだ方が楽だったのである。

道のある羅臼や硫黄を除けば、今も夏の登山は容易ではない。全山を縦走するのに二週間もかかるという。まだまだ探査し尽くされない未知の領域があるようだ。たいてい開けきってしまった日本の山々で、知床山脈だけが頑固に原始を守っている。

■一九五九(昭和三十四)年(五十六歳)八月、釧路山岳会の「ヒマラヤのスライドと話」の会の帰途、志げ子夫人、沢二とともに、斜里岳、阿寒岳、羅臼岳を巡った。羅臼岳へは、阿寒湖畔からバスで弟子屈、摩周湖を経て川湯温泉へ、川湯駅から鉄道(旧標津線)で根室標津へ。ここで一泊後、バスで羅臼に着き、翌日は船で知床岬を目指したが、時化で引き返した。一日停滞後、羅臼岳に登ったが、頂上は一面の霧だった。帰京する家族を函館で見送り、一人で後方羊蹄山に登った。紀行文は『わが愛する山々』(一九六一年・新潮社/二〇一一年・ヤマケイ文庫)に収録。

•旅行ブームの若者風俗、九年前には小学六年生だった次男について、省略した前半部で「北海道の夏は内地から押し寄せた学生の群れで溢れる。彼等はアルバイトで稼いだわずかの小遣いと、潤沢な暇を持ってやってくる。観光旅館に泊まる余裕はないから、ユースホステルや知人の家や、それも無い時には駅の待合室や野宿さえ嫌わず、貪欲に歩き廻る。/女子学生も多い。彼女等はなりふり構わず、麦藁帽をかぶり、ジーパンを穿いて、大きなリュックをかついでいる。夏に北海道旅行すると、いたるところで、こういう勇敢な姿に出くわす。そして彼等彼女等のコースの中には、必ずと言っていいほど知床半島が繰りこまれている。／大学二年生の私の次男もその一人だった。今年の夏友人と二人でテントを背負って、やはり宇登呂へやってきた。宇登呂から半島の突端を廻って東（南）側の羅臼へ遊覧船が出ている。しかし千五百六十円という料金は、彼の貧弱な財布には重すぎた。その半値で小さな漁船が突端まで連れて行ってくれることを彼は知った。」と記している。

初出＝「オホーツクに伸びる未来の地、知床半島」（「太陽」一九六九年一月）、改題して『山頂の憩い』（七一年・新潮社）に収録。『山頂の憩い』は、七一（昭和四十六）年三月、茅ヶ岳で逝去する前に著者自身が構成した最後の紀行文集となる。

③**斜里岳**（一五四五メートル）

〝北海道三年計画〟一年目の最初の山行で志げ子夫人、次男の沢二が同行した。函館から釧路へは満員列車で十六時間の旅だった。

斜里岳

（略）

十時二十五分発の網走《あばしり》行に乗る。汽車は大たい釧路川に沿って上って行く。空は曇って、時に驟雨《しゆうう》さえあったが、移り変わる沿線の風景は私たちを退屈させなかった。ベカンベ（菱の実）祭というのが行われるという塘路《とうろ》湖、白鳥の飛来地だというシラルトロ沼、昔は五十石船がそこまで溯《さかのぼ》ったのでその名があるという五十石、そんな侘《わび》しげな原野を過ぎると、やがて汽車は阿寒国立公園の範囲に入る。車窓の右手には摩周湖の外輪山、左手には噴煙をあげている硫黄山。屈斜路《くつしやろ》湖の湖面もチラリと見えた。

それからあとしばらくは、線路を通すため切り開いた原生林の中を行くので、眼覆いされた馬のように脇の遠望は利かず、ただ線路の際に咲き溢れた紫のフジバカマや黄のアキノキリンソウに眼を楽しませるだけであったが、釧路と北見の国境を越え、森林帯を抜けて斜里原野に下る途中、何と嬉しかったことには、空がスッカリ晴れあがって、右手に斜里岳が大きく現れた。

かねて写真では知っていたが、実際に見るのは初めての斜里岳だった。アイヌ人はオンネプリと呼んでいたそうだが、オンネは「大」、ヌプリは「山」の意、それが詰まってオンネプリとなったのであろう。その名の通り、左右に伸び伸びと美しい稜線を引いて、実に根張りの大きな山である。昔からアイヌ人が神の如く尊崇したと伝えられているのもうなずかれる。

オンネプリの左に、それよりやや低く頂の平らな山が見えた。それが海別岳《うなべつ》で、さらにその左に遠く現れた円頂の山が、知床《しれとこ》半島の羅臼岳だと教えられて、私の喜びは極まった。澄み渡った青空をバックに、それら北海道東端の山々が、遠来の客を迎えるように、いま私の前に展《ひろ》がっている。私は下車駅に着くまでほとんど山から眼を放さなかった。

午後二時半、清里《きよさと》という駅で私たちは下りた。斜里《しゃり》駅の二つ手前である。ここが斜里岳登山口で、駅前に大きな登山案内図が立っている。清里町は元は小さな開拓部落であったが、昭和四年釧網《せんもう》線が開通以来次第に発達して、今は戸数六百あるという。真正面に斜里岳を眺めて、その麓まで広漠とした原野が傾いている。

北海道の山はたいていそうであるように、斜里岳も登山の歴史は新しい。この気高く美しい姿をした山へ、土地の人さえ登ろうとする者がなかった。一九二七年五月、西北麓の三井農場からスキー登山が試みられたが、この時は頂上近くまで行って引返した。一九三〇年三月、今度は東北麓の越川駅逓からやはりスキーで登ったパーティが、初めて頂上に立った。そして同年最初の夏季登頂も成された。その後、登山道が開かれ、頂上には祠《ほこら》が祀《まつ》られ、次第に登る人がふえてきて、駅前の案内図が示す通り、山中の奇岩や名瀑にはいちいち名前が与えられている。

清里町役場の御厚意で出してもらったジープに乗って、私たちは山へ向かった。斜里岳をまともに見ながら、原野の中の一直線の道を走って、終点で下りる。そこから歩きだして、その夜の泊まりの清岳荘までは、約一時間の道のりだった。清岳荘というのは、二年前の夏営林署によって建てられた山小屋で、荘とは言え、食事や寝具の備えはない。私はここで初めて釧路シェルパのリュックの大きさの意味がわかった。私たち親子三人の食糧はもちろん、寝袋までその中に入っていたのだ。すぐ外の谷川から戻ってきた子供から、

「お父さん、ビールとジュースが水に漬けてあるよ」

という報告を受けて、私の相好《そうごう》は崩れた。この上は有難く釧路山岳会の恩恵にあずかろう。することのない私たち親子は、食事の準備ができる間、斜里岳の頂上の見える所まで登ってみた。静かないい夕方であった。

小屋へ戻ってくると夕食ができていた。二つのラジウスの上にはあたたかそうなものが

煮え、座には皿やコップが並んで、大した御馳走である。佐藤初雄君と横浜嘉兵衛君、この二人は釧路山岳会の山行ではいつもよいコンビで、トウチャン・カアチャンと呼ばれているそうだ。トウチャンの佐藤君が指図をし、カアチャンの横浜君が料理を作る役。まず乾杯で饗宴が初まり、食べきれないほどの御馳走のあとに、デザートが出た。腹いっぱいになって、ローソクを消し、それぞれ寝袋におさまった。

朝三時に起きる。よく寝た。東京を出発して以来初めての熟睡であった。暗いうちに食事をすまし、薄々明けてきた頃に、もう小屋を出ていた。天気はどうもアズマシクない。一面に霧がかかって、少し遠い所は何にも見えない。そのうち晴れてくるだろうと期待したが、いっこうに灰白色はどいてくれない。

私たちは旧道を採った。これはチエサクエトンビ川（アイヌ語で魚のいない川の意だという）の上流を辿《たど》るもので、沢筋を右へ移ったり左へ移ったりして登って行く。トウチャンが先頭、それから私たち親子、鏑木君、カアチャンが殿《しんがり》である。私のワイフも子供もこんな沢登りは初めてで、流れの中の石の上をピョイピョイ跳びこえて行くのを最初は不安がっていたが、次第に慣れてくると、子供などはかえってそれを面白がった。というのは、斜里岳の特長として「川底の石盤は滑らぬのを特異とする」とわざわざパンフレットにもあげてある通り、靴の底がちょっと石に引っかかっただけでも決して水に落ちる心配のないことを会得してきたからである。

その上、この沢は傾斜の急な代わりに、随所に美しい滝がかかっている。それらに、羽衣ノ滝、霊華ノ滝、三筋ノ滝、水簾ノ滝などという名前がついている。中でも美しい七重ノ滝は、岩盤の上をサラサラと流れていて、道はその流れる滝のふちを辿っていた。

沢を詰めて、その源頭の滑りっこい急峻な斜面を登りきると、頂上へ続く稜線上の鞍部へ出た。すでに高山帯で、晴れていたらさぞ気持のよさそうな原が開けていた。そこで一休みしてから、頂上へ向かった。ハイマツやエゾシロツツジで覆われた稜線を登って行くと、小さな祠のある頂に着いた。これが今年再建された斜里岳神社で、大山津見大神と天之水分《みくまり》大神の二柱《ふたはしら》を祀るという。一九四一年日蝕の折、この山で宇宙線観測をされた仁科芳雄博士は、白樺で鳥居を作ってこの社に奉納されたそうである。

一五四五メートルの三角点のある頂上は、それから少し先にあった。八時半、その頂上に立ったが、私たちを迎えたのは濃い霧でしかなかった。頂上からちょっと下った所に、粗末な小さな小屋があった。釧路シェルパがグラウンド・シートやポンチョーで羽目板の穴ふさぎをしてから、私たちはその小屋で一時間あまり天の御機嫌の直るのを待った。がその甲斐もなかった。ここからオホーツク海、千島の海、それから眼の下に摩周湖が見える、という結構な話を聞かされるだけで、私たちに見えるものは身のまわり数メートルの白い気体でしかなかった。

帰路は元の鞍部まで引返し、今度は沢を下らずに、尾根を辿る新道を採った。高原風な気持のよい道で、時々薄れかけた霧が、霧のため余計に美しく見える近くの山をのぞかせて私たちを喜ばせてくれたが、すぐまた物惜しみするように白色で包んでしまう。霧が割れて、一瞬青空が出た。

「おお、ゴマよ、開け！」

トウチャンは両手を天にさしあげて叫んだ。私たちも奇蹟を待つように、ハイマツの根に腰をおろして胸をとどろかせた。しかし奇蹟は起こらなかった。それどころか次に来たものは小雨であった。

私たちは雨具を着て、八合目にある竜神ノ池を見に寄った。透きとおった奇麗な水が岩盤の底から湧いていた。気持のいい高山帯はそのへんで終わって、あとは急な下り坂の一本道であった。

清岳荘へ帰り着いたのは正午すぎで、一行より先に小屋へ戻ったカアチャンが、おいしい熱いスープを作って待っていた。食事をすまし、荷を整えて、私たちは本降りになった雨の中へ出た。一時間歩いて、ジープの終点へ下る。ジープの来るのを待つ間、解体しかけの伐材用の小屋で雨を凌《しの》いだ。

清里駅に着いて発車までの時間に、私たちは駅員用の風呂に入れて貰った。つめたい雨でちぢかんだ皮膚があたたかく伸び、乾いた下着に着かえて、私たちは釧路行に乗った。汽車の中でビールの宴を開く用意を、トウチャン・カアチャンは忘れはしなかった。釧路に着いたのは夜の十時であった。

■一九五九（昭和三十四）年（五十六歳）八月、家族（志げ子夫人、次男・沢二）との山行。釧路山岳会の佐藤初雄と横浜嘉兵衛、早大生の鏑木長夫が同行した。

•省略した前半部で「函館から釧路までは長かった。急行『まりも』で約十六時間、しかも満員である。／私はいつもの山行の古背広、ワイフも古ズボンを穿《は》き、小学六年生の次男も兄譲りの古物を着せられている。そして三人ともそれぞれの身体に応じたリュックをかついでいる。十八日間通用の三等周遊切符を買って、北海道へやって来たのである。」と記す。質素ながらも楽しい旅だった。

初出＝「斜里岳」（「世界の旅・日本の旅」一九六〇年二月）、『わが愛する山々』（六一年・新潮社）に収録。『わが愛する山々』は「小説新潮」に六〇年一月から十二月まで十一回連載したものに十二篇を加えた紀行集。深田久弥は五八年四〜六月ジュガール・ヒマール、ランタン・ヒマール踏査行を行なったが、「ヒマラヤから帰って私はますます日本の山が好きになった」（「あとがき」）と記す。五九年三月から始めた「日本百名山」（「山と高原」）連載中の山行が多く、二十座が『日本百名山』に取り上げられている。

北海道の山と湖

④**阿寒岳**（一五〇三メートル）

旅行ガイドブックに寄せて、北海道の自然の魅力を解説したもの。北海道の山々を訪れたときの想い出が随所に表れる。

道東で観光客の一番雑踏するのは、阿寒国立公園の地域である。阿寒湖などはただの平凡な湖で、もしその傍らに雄阿寒岳・雌阿寒岳がなかったら、この俗化した湖畔の温泉郷に私は何の未練も感じないだろう。俗臭を避けて私は雄阿寒岳に登った。山にかかるとも う人っ子一人いなかった。頂上からの眺めはすばらしかった。ことに眼下を埋めつくしたエゾマツ・トドマツの茂みの中に、まるでトルコ玉を象眼したような、パンケトー、ペンケトーの二つの鏡が印象的であった。

（略）

屈斜路湖《くっちゃろ》も取り立てて言うほどではない。この国立公園で私を感動させたのは、阿寒湖から弟子屈《てしかが》まで約十キロ、切れ目なく続いた溢れるばかりの緑の中の道路、その原生林の層の厚さには太古のおもかげがあった。もう一つは弟子屈から登ったところにある有名な摩周湖。名物にうまいものなしという諺はここでは通用しなかった。

これほどすばらしい湖は天下一かもしれない。すばらしいと言うより凄いと言った方が適切だろう。それは岸から深く落ちこんでいた。そしてその底にエメラルド色の水を静かに湛えていた。日光の加減でその色は妖しいばかり神秘な輝きを帯びて、水面に吸いこまれそうな誘いを受ける。「魔の摩周湖」と言われるのは、そういう魅惑の表現であろう。周囲には樹木で覆われた断崖があるばかり。まん中に小さな島が一つ。対岸に遠く、斜里《しやり》岳が形のいい姿で悠然とそびえていた。

その斜里岳へ登るために、私は釧路から網走へ通じる汽車に乗った。その沿線は私を退屈させなかった。ベカンベ（菱の実）祭が行われるという塘路《とうろ》湖、白鳥の飛来地だというシラルトロ沼、昔は五十石舟がそこまで溯ったのでその名があるという五十石、そんな侘《わび》しげな湖沼や原野を過ぎながら、汽車は北へ進んで行く。

斜里岳をアイヌ人はオンネプリと呼んだ。オンネは「大」ヌプリは「山」の意、それがつまってオンネプリとなった。その名の通り、左右に伸び伸びと美しい稜線を引いて、実に根張りの大きな山である。アイヌが神のごとく尊崇したと言うのも納得のいく、気品をそなえた山である。

私が頂上に立った時はあいにく天候に恵まれなかったが、もし晴れていたら、そこからオホーツク海と太平洋を両側に眺め、眼の下に摩周湖を見おろすはずであった。そしてこの斜里岳から知床《しれとこ》半島に続く山々、海別《うなべつ》岳、遠音別《おんねべつ》岳、羅臼《らうす》岳も望み得ただろう。

数年前までは秘境と呼ばれた知床半島も、国立公園に指定されて以来、北海道めぐりの旅行には欠かせない観光地となったようである。半島で一番高い羅臼岳に私が登った時は、まだ観光の波は押し寄せていなかった。

知床には湖はないが、その代わりに海がある。半島そのものが山脈であって、オホーツク海と根室海峡の両側へ急峻に落ちている。半島の先まで行こうとするには、ハイマツの密生した尾根を辿《たど》るか、舟によるほかない。すぐ眼の前の手の届きそうな所に、大きな陸地の国後《くなしり》島が浮かんでいる。これが日本のものでないとは、感覚的に合点がいかない。

根室半島の突端納沙布《のさっぷ》岬に立った時は、荒れた海を前にして、言葉通りさい果ての地に来たという感が深かった。根室から風蓮《ふうれん》湖の脇を通って標津《しべつ》までの海岸線は、ぜひ一度通ってみたいものである。標津から羅臼まで約二時間の海ぞいの道は、時には小さな侘しげな部落を通りすぎるが、それも稀で、たいていは無人の境である。白樺やカラマツの林の彼方に知床の山々が連なり、海も原野も山もみな北海道らしい自然の良さを現していた。

斜里岳の大きく見える斜里から網走までの海岸にも、北方の風貌があった。汽車の沿線に砂丘が続いて、それを色とりどりの野生の花が覆っている。その原生花園の砂丘の切れ目に、北の海の白波が現れる。海と反対側には、長い川のような濤沸《とうふつ》沼が静かに横たわっている。これらの海岸線は、北海道の中でも最も美しい風景の一つではなかろうか。
夕方の光の中で見た網走湖の美しさも忘れられない。（略）

■一九五九（昭和三十四）年（五十六歳）八月、志げ子夫人、沢二、釧路山岳会の佐藤初雄と横浜嘉兵衛、早大生の鏑木長夫とともに斜里岳に登り、その後、家族三人で雄阿寒岳に登った。雄阿寒岳（一三七〇メートル）より標高の高い雌阿寒岳（一四九九メートル）は五四年から断続的に小噴火をくり返しており登山禁止で登れなかった。
・雄阿寒岳頂上は霧で展望が利かず、クマの気配もする。そして下山では雨が降り出し「濡れた急坂は滑りっこく、両親はビブラム底の靴を穿《は》いているが、運動靴の息子はそれと対抗するために、尻餅をついて滑り下りるという方式を採った。／往還に出て阿寒湖畔へ戻るバスを待った。満員のバスが二台続いてきた。盛装の観光客たちは、泥と雨に汚れた着物に触れないように身をよけながら、この奇体な三人の闖入者《ちんにゆうしや》を眼を見張って眺めた。」と記す。紀行文は『わが愛する山々』（六一年・新潮社／二〇一一年・ヤマケイ文庫）に収録。
初出＝「北海道の山と湖」（『カラー旅Ⅰ・北海道』主婦と生活社・一九六八年六月）、『深田久彌・山の文学全集　Ⅳ』（以下『全集』と表記）（七四年・朝日新聞社）に収録。

大雪山

⑤大雪山（二二九〇メートル）
一九六〇（昭和三十五）年九月、北海道三年計画の二年目、礼文岳、利尻岳、十勝岳に登り、勇駒別（現・旭岳温泉）から旭岳に登る。

（略）

バスは旭川市を離れると間もなく、上川の平野を一直線に走った。全く定規で引いたように真っすぐで、それが十六キロも続いている。北海道でなくては見られない直線である。ようやくその直線の終わった所が志比内で、そこから山地に入る。

最後の部落上志比内（美瑛忠別）で、天人峡温泉行の道と別れて、私たちのバスは勇駒別《ゆこまんべつ》に向かった。道は沢に沿ったり、峠を越えたりして、次第に高くなって行く。北海道の山の良さは森林にある、というのが風見君の説だが、私たちはこのルートでその森林美を十分に味わった。深い林の中に長々と続いた道が、やがてひょっこり展けた所へ出ると、そこが勇駒別の温泉であった。

（略）

翌日はすばらしい晴天で、私たちは勇み立って六時半に宿を出発した。ちょうど旅館の暇な日だったので、まだ初々《ういうい》しい少女の気の抜けない女中さん四人も一緒に出た。この方のリーダーは〔旭川営林署の〕仰岳荘の番人だった。

林の中の道を行って、天女ヶ原という気持のいい湿地を過ぎると、そこから勾配の急な坂道になり、女性パーティと先になり後になりしながら、一歩一歩高くなるにつれて、見晴らしがよくなる。幸運な日には後方羊蹄山《しりべし》も見えるそうだが、私はそんなに欲張らない。南の方に十勝連峰、さらに遠く芦別岳、夕張岳の連山、それから遙《はる》か西に暑寒別《しょかんべつ》岳、群別岳などの増毛《ましけ》の山々、それらを眺め得ただけで十分に満足であった。

やがて、樹林帯を抜けて姿見ノ池へ出た。旭岳のすぐ下にある池で、正面の大爆裂火口は荒々しい岩壁となり、そこから流れ出た地獄谷には諸所に白い噴煙が上がっていた。勇駒別の温泉客はこのへんまで遊びに来るらしい。

私たちは池のほとりでしばらく休んでから、旭岳への登りにかかった。爆裂火口の南縁をなす稜線を頂上目がけて一途の急坂である。おまけに足元がガラガラの噴出物の砂礫《されき》だから歩きにくい。幾度も休んでは息を入れる。途中に北大の学生の遭難碑があった。昭和三十二年一月二日行方不明になったが、このあたりに、遺留品が見つかったので碑が立ったという。私たちは今朝宿を出て間もなく、二、三人づれの登山姿の人に出あったが、それは遭難者の家族のかたで、今でも遺体を探して歩いておられるのだそうで、何か哀れであった。

登るに従って、雄大な景色が展けてきた。忠別川を距《へだ》てて向こうに伸び伸びと拡がった高根ヶ原。まるで山上の大グラウンドのようである。見おろすと、樹林で覆われた広々した平、紅葉を点じたその緑の間に、小さな沼が幾つも光っている。内地の山に比べて、途方もなくスケールが大きい。

十一時十五分頂上に立った。何より私を喜ばせたのは、それまで見えなかった大雪山の諸峰が、湧き立つように群がって、私の眼にドッと押し寄せてきたことである。戸惑いしている私に、加藤君はいちいち山の名を教えてくれた。大雪山には二千メートル以上の峰が十ばかりあるが、そのほとんどをここから眺めることができた。

それだけではない。さらに遠くに私の知らない山がたくさん並んでいる。私は地図と首っ引きで、それらの山々が、ニペソツ、石狩岳、音更《おとふけ》山、クマネシリ、武華《むり》山、武利《むりい》岳、その他であることを確かめた。かねてから名前だけ聞いていた北海道中央高地の山々に、いま私は見参することができたのである。それだけではない。さらにさらに遠く、かつて私の登ったことのある阿寒の山や知床《しれとこ》の山までが、私を迎えてくれた。快晴の秋の日、北海道の最高地点二二九〇メートルに立って、この山岳パレードに眼をさらしている私の幸福は無量であった。

頂上で一時間ほど休んだ。昼食をたべ、コーヒーを沸かして飲んだが、その間も私は山から眼を離さなかった。女中さんたちも大喜びで、その中の足弱の一少女は「ほんとうに来たのね」と夢見るように言った。朝夕旭岳は仰いでいても、その頂上に立てようとは思っていなかったのであろう。

下りは裾合平《すそあい》へ向かった。爆裂口の北縁の尾根を下るのだが、すごく急なザクザク道で、足の疲れることおびただしい。しかしその砂礫地にイワウメが敷きつめて、絨毯《じゅうたん》を踏むような足ざわりの所もあった。

急坂を下りきった所で、勇駒別へ戻る女中さんたちの一行に別れ、私たちは、当麻乗越《とうまのっこし》の方へ向かった。裾合平を横切って行くのだが、その平の美しさは格別だった。旭岳の頂上からは低い平凡な山に見えた熊ヶ岳がグンとせり上がって来て偉容を示し、大塚山、小塚山などという小峰も、今は侮《あなど》りがたい存在になった。平を貫く一本の細々した道のほとりを真っ赤に染めているのは、チングルマの大群落であった。この高山植物がこんなに鮮やかな紅葉になることを、私は始めて知った。全く錦のようであった。

平の主調は、ハイマツの緑と、それに映りあうナナカマドの黄葉で、その敷物にアクセントをつけるように、いい位置にあちこちに岩が立っている。振り返るといつも旭岳がドッシリと大きく私たちを見おろしている。言葉の貧しい私の散文では、この楽園のおもむきは伝えがたい。

裾合平を行き尽くして、ピウケナイ沢の小さな流れを渡ると、当麻乗越へのゆるい登りになった。乗越の上は岩が散乱していて、眼の下に原が拡がり、その原に象嵌《ぞうがん》したように大小の青い沼が見えた。私たちは沼ノ平へ下った。すると今度は静かな湖沼風景が待っていた。いろいろの形をした沼が、道の右に左に、次々と現れる。文字通り沼ノ平である。この美しい湿原を普通の登山者はあまり通らないとみえ、原始的な自然のさまが残っており、新しい熊の糞が道に落ちていた。

やがて道が二つに分かれる。両方とも愛山渓温泉に通じるが、右は三十三曲《まがり》を下って直接に行くもの、左は廻り道して三ノ沼を経て行くもの。私たちは欲張って少しでも多く見るために左を採った。分かれて間もなく四ノ沼が現れる。湿原の中に、ヒソと水を湛《たた》えた静寂な沼だった。そこから先は風倒木の多い分かりにくい道で、とうとう三ノ沼を見逃して松仙園へ出た。丈の低いトド松が風致を添えている庭園風な風景である。ヒユッテがあったが、それはいま風倒木搬出のための人夫小屋に使われていた。

そこからの下りは、先年の台風で倒れた大木がまだ無残に横たわっていた。私たちは搬出用の道を下ったが、急坂と泥濘《でいねい》に一方ならぬ苦労をした。ようやくポンアンタロマ川のほとりへ出ると、やはり倒木搬出のため、新しくつけられたトラック道が通じていた。トラック用の道路は、人間の足にはすこぶる不親切にできていた。歩きにくい道をダラダラ上って行くうちに薄暗くなり、愛山渓の灯が見えた頃にはトップリ暮れていた。

　私たちは愛山渓クラブに迎えられた。百人ほど収容できる旅舎であるが、勇駒別のような設備のある旅館ではなく、登山者は食糧を携えてきて自炊しなければならない。今日の十二時間以上の山歩きに快く疲れた身体を温泉に浸してから、晩餐についた。クラブの管理人谷津公さんから清酒の寄進を受けて食事は賑やかだった。谷津さんのほかにもう一人、大雪山国立公園レンジャーの沖洸三君も座に加わった。沖君は明日から私たち一行を案内のため、わざわざここまで来てくださったのである。

　大雪山、というより、ヌタクカムウシュペと呼んだ方が、個性的であり、北海道の山らしい感じがするが、その山旅の三日目は、愛山渓から永山岳への登りで始まった。昨日の好天が崩れて、朝から高曇りであった。七時二十分出発、一行は賑やかだった。新しく沖君が加わった私たちのほかに、猟銃をかついだ谷津さんの率いる一パーティが、途中まで同行することになったからである。

　林間の沢沿いの道を登って行く途中に、昇天ノ滝、村雨ノ滝があった。あとの滝で沢を離れて急な尾根道になる。昨日歩いた沼ノ平が湖沼をちりばめながら、眼の下に童話の国のように拡がっている。北方には天塩岳が、またしても私の山岳展望に新しい名を付け加えた。大勢だから休むごとに談笑が湧き、やがてダケカンバの林を抜け出ると、もうハイマツの高山帯である。ガンコウランの黒い果を見つけては私は口に入れた。

幅の広い尾根を登って行くと、細い沢があって銀明水という水場であった。が名前ほどきれいな水ではない。そこから永山岳の上まで、ひと汗かく急なジグザグの登りであった。その頂上で私を不意打ちした光景は、北面の物凄い爆裂口で、それは足元から深く落ちこんで、生々しい崩壊のさまを呈していた。崩壊を距《へだ》てて向こう側に、愛別岳が鋭く立っている。いったいにおだやかな山容の大雪山群にあって、この愛別岳だけが猛々しい岩山であるのが異様であった。

永山岳から爆裂口の外壁の痩尾根を登って行くと、安足間《あんたろま》岳の一端に達する。私たちはそこの草地に座って弁当を開いた。食事を終わると、愛山渓グループは私たちと別れて、別の道を下って行った。私たちの一行はすぐ眼の前の比布《ぴっぷ》岳に向かった。

比布岳の頂上から大きな牛の背のような北鎮岳がよく見えた。大雪山第二の高峰で、私たちはこれからそれに登るのだが、その間に広い原が拡がっている。大雪山は実に贅沢な山で、ほかの山だったらこんな原が一つあっても自慢の種になるだろうに、ここではあちらこちらに転がっている。大雪山が私を魅了したのは、この贅沢さであった。

いったんその原へ下って、それを横切ると、岩の刃を並べ立てたような鋸岳へかかる。その中腹をトラヴァースして、いよいよ牛の背の登りである。天気が次第に悪くなって、北鎮岳の頂上に立った時は、遠くの山はすべて雲に隠されていた。しかしまたしても私をおどろかせたのは、眼下に拡がった広大な原であった。

原は二つにわかれ、一つはお鉢平と呼ぶ噴火口の跡で、有毒温泉を有する灰白色の荒涼としたプラトーであるのに引きかえ、もう一つの雲ノ平は紅と緑に飾られた美しい原であった。その二つを仕切った岩稜に下り道が通じている。そのガラガラ道を下り切ると、雲ノ平の一端へ出た。

雲ノ平を横切って行く長い道は、その長さを忘れるほど気持のいい高原散策であった。高山植物が咲き乱れ、山肌に残雪の光る頃の美しさが思いやられた。花の季節はもう終わっていたが、その代わりに草紅葉の美しさがあった。わけてもクマコケモモの真紅が、ハイマツの緑に、はなやかな色彩をほどこしていた。

その楽しい道の終点に、黒岳の石室《いしむろ》があった。広い大雪山の中で、番人のいる唯一の山小屋である。石室であった元の小屋に、木造の小屋が付け足されていた。石室の扉に Terra Incognita と書いてある。おそらく探検の夢を抱いた北大の学生が書き残した文字だろう。私たちはその一劃《いっかく》を占領した。

加藤君と沖君のかついできた特大のリュックには、この山小屋での私たちの晩餐の材料が用意されていた。この山の上で、ジンギスカン鍋の御馳走になろうとは思いがけなかった。もちろん、おいしいデザートつきである。料理から跡始末まですべて二人に任せて、私たち遠来の老頭児《ロートル》はただ寝ころんでいるだけの結構な身分であった。

翌日は朝から雨風であった。予定では北海岳から白雲岳へ登るつもりであったが、この吹き降りでは外へも出られず、一日停滞した。ちょうど九月の飛石連休にあたっていたので、雨に叩かれた登山者が幾組も次々と小屋へ逃げこんできた。みなズブ濡れになって、ストーブのまわりを囲む。そのまま泊まりこむ者もあれば、再び雨の中を下って行く者もあった。風雨は夜になってもやまないどころか、稲妻と雷鳴さえ伴った。温度もグンと低くなった。雪になるかもしれないと皆で言いあった。

その通り、翌朝は薄い雪化粧をしていた。初雪である。もう降りやんではいたが、重たい曇天で、風が強い。朝食前に、私は雪を踏んで石室の横の黒岳に登った。雪のため何にも見えない。が一つでも多くの三角点を踏もうという奇妙な癖は、普通の人には解せない、山岳人の一種の病症である。

この日、私たちは烏帽子《えぼし》岳、赤岳を経て、銀泉台へ下ることになった。このコースは通常の登山者はあまり通らないそうだが、私たちには林務署の加藤君とレンジャーの沖君と、二人の大雪山のヴェテランがついている。

石室を出て赤石川を渡ると、北海岳へ行く道と別れて、小さな尾根を越え、ミクニ沢へ下りた。小ぢんまりとした窪地になっていて、ガンコウランやコケモモが敷きつめ、池などあって、なかなか美しい。大雪山がこっそり隠して持っている小庭園のような感じがした。

烏帽子岳の稜線へ出ると、凄い強風で吹き倒されそうである。積木のような巨岩の積み重なりの上にその頂があった。そこからいったん大きな残雪のある花ノ沢へ下って、次は赤岳への登りである。

赤岳は長い平らな頂上を持っていて、私はまた一つ新しい三角点を獲得した。赤岳から奥ノ平へ下る。このへんは熊の多い所だそうで、「私たちは気がつかないが、熊の方では今もちゃんとどこからか私たちを見ているんですよ」と沖君が言う。道は下り一方になって、コマクサ平を過ぎる。コマクサを荒らされないように、道はその脇に何気なく通じている。私たちはそのみごとな大群落地に導かれたが、もう花期はとっくに終わり、ただ一本だけ可憐におくれ咲いているのを私は見つけた。

第二花園、第一花園と呼ばれる所まで下ると、もうそこは観光客の領域で、折しも日曜のこととて層雲峡へ遊びに来た人々が大勢登ってきていて、園遊会のような賑やかさだった。しかしその遊覧客たちもひとしきりの霰《あられ》に会って、大慌てのさまであった。霰は雪に

変わったが、間もなくやんだ。　（略）

■一九六〇（昭和三十五）年（五十八歳）九月、礼文岳、利尻岳、十勝岳を巡った後の山。風見武秀らのほか、旭川山岳会の加藤保郎、国立公園レンジャーの沖洸三が同行。この後、講演に立ち寄った倶知安高校で山好きな先生・天野時次郎と出会ってチセヌプリに登り、二十日近くの山旅が終わった。
・大雪山のアイヌ語山名「ヌタクカムウシュペ」については『日本百名山』に書かれている。呼び方と意味に諸説がある。旭岳の一等三角点撰点は一九〇〇（明治三十三）年で、点名は「瓊多窟《ぬたつく》」。
・『日本百名山』で人名のついた山を挙げている。樺太探検の間宮林蔵は一八〇三（享和三）年、西蝦夷地を測量。松田市太郎は函館奉行所石狩役所足軽で、一八五七（安政四）年、石狩川水源踏査。永山武四郎は北海道開拓使、屯田兵を経て一八八八（明治二十一）年から北海道庁長官。小泉秀雄は植物学者・登山家で、上川中学校教員時代に「大雪山登山記」（一九一七）、「北海道中央高地の地学的研究」（一九一八）を「山岳」に寄稿し、大雪山を広く紹介。著書『大雪山　登山法及び登山案内』（一九二六）がある。大町桂月は一九二二（大正十一）年、塩谷温泉（層雲峡）、黒岳、旭岳、松山温泉（天人峡）を縦走。「層雲峡より大雪山」を書き、層雲峡を命名。荒井初一は一九二三年、塩谷温泉層雲閣を創業し、層雲峡の開発に尽力。松浦岳（緑岳）の松浦武四郎は『石狩日誌』で一八五七（安政四）年、石狩岳（大雪山）に登ったと記したが、日誌の研究で登っていないことがわかった。
・この旅の留守中に志げ子夫人が思いついて二坪の本小屋を建てた。「九山山房」と名付けられ、のちに日本有数のヒマラヤ文献コレクションとなる（「本小屋」『山があるから』／深田志げ子「九山山房」）。「九山」は深田久弥の俳号で、蔵書票に「九山山房」を用いていた。
初出＝「北海道の山旅」（「北海道新聞」一九六〇年十月、六回連載）、『山があるから』に収録。

⑥トムラウシ（二一四一メートル）

一九六一（昭和三十六）年八月、北海道三年計画の最後は、幌尻岳、戸蔦別岳、トムラウシ。トムラウシは北大の学生たちとの朗らかな山旅だった。

トムラウシ

そこは文字通り北海道の真ん中であった。狭い谷の底で、どちらを見あげても、原生林にビッシリ覆われた山が立っていた。十勝川上流、ユートムラウシ川の川べりに湧いている野天温泉である。昨日の夕方着いて、そこへ二つのテントを張った。その一つを、私と浅利君、もう一つは北大山岳部の現役三人が占めた。

今日は私の憧れのトムラウシに登る日だが、朝早く起きると、空一面曇っている。例によって私はサーブ気取りで何にもしない。他の諸君が朝食の用意からテントの始末まで、一切やってくれた。

六時四十五分出発、すぐ急坂にかかる。それを登りきると、あとは平らな道になって、時々小さな上り下りがあるだけである。シラベと岳樺《だけかんば》の林の中に道がついていた。時には首だけ上に出るような深い熊笹を分けて行くところもあった。

北大の三人は大きな荷をかついでいる。私のためについて来てくれたので、その三人を、私はヒマラヤで使った三人のシェルパの名で呼んだ。パサン・プタール、ダワ・トン、ラクパ。浅利君は帯広で一行に加わった私の年少の友人で、これはリエゾン・オフィサーということになった。

北大ではヒマラヤのチャムランへ行く計画が進んでいた。サーダー（シェルパ頭）のパサン・プタールの鈴木君は、現役でただ一人その登山隊に加わることにきまっていた。だから一休みした時、

「鈴木さんはいまサーダーだけれど、来年はサーブになって、逆にシェルパを使う身分になるんだね」と後輩のダワ・トンが羨ましそうに言った。

「よせやい」とパサンは照れた。

教室よりも山へ精勤して、卒業までに人の倍も年数のかかる人物が、どこの大学山岳部にもいるものだが、わがパサン・プタールもその典型であった。

ヒマラヤごっこの一隊は陽気だった。山旅を始めてからもう一週間になっていたので、お互いに気安くなって、絶えず駄じゃれを飛ばしながら歩いて行った。

空が晴れて、木の隙間からオプタテシケが見えた。立派な山である。続いてその右にトムラウシが現れた時には、私は固唾《かたず》をのんだ。反対側には、音更《おとぶけ》、石狩、ニペソツの山々が、いかにも深山の感じで連なっていた。

道はいったん谷川へくだった。やはり十勝川上流のカムイサンケナイ川である。もう谷も細くなり、岩の間にわずかに水が流れているばかり。私たちは急なその沢を登って行った。シェルパもリエゾン・オフィサーも若いから元気がいい。足ののろいのはサーブだけである。あとからおくれてついて行くのを、皆待っていてくれる。

沢を離れてしばらく中腹を行き、やがて石のごろごろしたガレ場を横切ると、急斜面の登りになった。もう森林帯を抜けていた。

ようやく広い尾根の上へ出たが、その頃から再び曇ってきて、すっかり霧に包まれてしまった。眼を楽しませるものは、足許の可憐なコマクサの群落だけであった。

「ヤンチョがまたどこか山へ登ったな」

無口なラクパがぽそりと言ったので、大笑いになった。私たちの山旅の前半は日高の幌尻岳だった。八人の賑やかな隊で、その中に北大の橋本先生がいた。先生はかつてヒマラヤへも行き、北大山岳部の重要な先輩で、仲間ではヤンチョと呼ばれていた。幌尻が雨続きだったのは、ヤンチョのせいだという説が有力だったのだ。この大先輩の前では畏まっていたわがシェルパたちも、帯広で先生に別れて以後は遠慮がなかった。

白い気体の中をトムラウシへ向かって進んだ。私には皆目見当がつかなかったが、さすがパサンはサーダーの貫禄をみせて戸惑いもしない。たいてい山は最後の登りが一番苦しい。途中で第二回の昼食を食べた。シェルパは旺盛な食欲を示したが、私にはそれが無かった。寒くて疲れていた。

トムラウシの頂上は、大きな岩の積み重なりであった。標高二一四一メートル、北海道第二の高峰である。霧ばかりで周囲は何にも見えなかったが、それでも念願の山の上に立った喜びは充分であった。

下りは反対側の道を採ったが、これが長かった。小さな沼の脇を通ったり、広い斜面を上がったりくだったりした。ようやく稜線からそれて右へくだり、割石を敷き詰めたような石の原を過ぎると、その下は雪渓になっていた。

雪渓の底に今夜の泊まりのヒサゴ池が現れた。大きな長い湖で、その中央が紐でくくったようにくびれて、瓢《ひさご》の形をしている。池のほとりに小屋があったが、中があまり汚れているのでテントを張ることにした。いたるところ高山植物の咲き乱れた美しい原っぱで、私が腰をおろそうとすると、

「サーブ、気をつけて」

あたりは登山用語のいわゆるキジ場で、あやうく踏んづけようとするところだった。さらに向こうの気もちのよさそうな所へテント場を探しに行ったダワ・トンが、“For ladies”と言って戻ってきた。

結局、池の向こう側で泊まることになった。池のくびれた所を渡ると、足を濡らさずに行けた。一面ハイマツで覆われた斜面の下、水際との間に、一張りだけのテントを張る地面を作った。

北大山岳部の原始的なのには、驚きもし感心もした。この連中は、ウインド・ヤッケも、ラジュースも、懐中電灯さえ持っていなかった。持っているのは、テントとへこんだ大鍋と鋸・斧の類だけ。それだけの登山用具で、充分快適な山旅を続けた。夕飯にはコックの腕前を示すチャーハンと、彼等の言うズッペ（スープ）が出た。帯広で買い足した食糧は、豪勢で豊富だった。

その夜は一つテントに五人で寝た。夜中に風がはげしく、波打ちぎわの水の音が枕の近くに響いた。

翌朝、テントから出ると、もうお茶が待っていた。昨日は曇っていて分からなかったが、晴れた朝の光で、眼のさめるような鮮やかな緑の斜面に、二筋三筋純白な雪渓が池に垂れていた。

ヒサゴ池に別れを告げて出発、広い原を登る。一面、白、赤、黄、紫、高山植物の褥《しとね》である。この美しさを何と言ったらいいか。あちこちに雪の溶けた池があり、その原が果てしなく拡がっている。この大らかな開豁《かいかつ》、こんな風景は内地のどこにもない。

私たちはゴマ粒のように、その広々とした緩慢な高原を、散歩の気もちで歩いて行った。化雲岳《かうん》はその高原の一角に立つ岩峰で、私たちはその狭い頂へ攀じ登って、おしゃべりの一と時を過ごした。すぐ下に火口壁の断崖が長々と続き、その底に忠別川の上流が深く忍びこんでいるのが、よく見えた。

また歩きだす。朝、出発する頃から曇り始めて、遠い展望を許さなかった天は、昼頃から晴れてきて、やがて完璧《かんぺき》な青空になった。

「ヤンチョ、山から出たな」

すっかり私たちは陽気になって、花のあふれた草原に寝ころんだ。どちらを向いても山ばかり。わけて昨日登ったトムラウシの岩の肩を張った姿から、眼が離せなかった。そのゴツゴツした厳《いか》つい山容と対照的に、反対側には、美しく整った三角形の旭岳が、北海道最高峰の威厳と品格でそびえていた。

山を眺めながら弁当を食っていると、通りかかった一組の登山者が、

「いまそこに熊が見えた」と知らせた。

トムラウシ付近は一番熊の多い所とされている。私たちは急いで熊の逃げたという谷の方をのぞきに行ったが、残念ながらお目にかかることができなかった。

下山の道は、美しい高原の中に延びていた。さっき化雲岳の上から遠目に見おろしたと

ころでは、その広々した緑一色の中をのんきに下って行くものと思っていた。ところが、高山地帯から、灌木地帯に入ると、上から見れば同じ緑でも、その実質は違っていた。灌木のまばらに立った熊笹の原であった。

猛烈に繁茂した熊笹は、私たちから視界を奪ったのみでなく、その中を一筋貫いている道は、雪どけの泥濘をきわめていた。そしてそれが嫌というほど長かった。

やっとその悪路を通り抜けて、森林帯に入った。天人峡温泉に近づくと、深い谷を距てた向こう側の、柱状節理のすばらしい断崖に、美しい長い滝がかかっていた。羽衣ノ滝という。上から下へ落ちるまで、途中に滝壺が九つも数えられるような、長大な滝であった。おそらく日本一かもしれない。

最後の急坂を谷川へくだるとそこが天人峡温泉であった。観光地向きの大きな旅館が二軒ある。今夜そこへ泊まるつもりだが、私の懐工合を計算すると、皆をまかなうには不足のようであった。

そこで私はリエゾン・オフィサーを交渉にやった。浅利君は新聞記者だけあって、外交の婉曲と強気をそなえている。長身の彼は小ざっぱりしたワイシャツに着替えて、宿屋へ掛けあいに行った。私たちが待っている所へ彼は得々として戻ってきた。交渉成立であった。乞食のようななりのダワ・トンは、さすがにボロボロの地下足袋だけは履きかえたが、われわれといえども彼と大差はなかった。

女中さんがズラリと居並んだ玄関へ、そんな姿の私たちがゾロゾロ入った時、彼女等の眼には唖然とした表情があった。

■一九六一（昭和三十五）年（五十八歳）八月、幌尻岳、戸蔦別岳の後、浅利欽吉、北大山岳部の学生鈴木良博、鶴巻大陸、大山佳邦が同行した。一九六〇年の礼文岳、利尻岳にも同行した浅利は、当時北海道新聞社勤務。一九六八年に新妻徹、高澤光雄らと札幌山の会を設立した。
•チャムランはクーンブ山群南東部にあり、標高七三一九メートル。一九六二年、北大隊（中野征紀隊長）は南稜から挑み、安間荘とシェルパが登頂した。

初出＝「トムラウシ登山」（「學鐙」一九六二年七月）、「トムラウシ」に改題して『山岳遍歴』（一九六七年・番町書房）に収録。「學鐙」は丸善の広報誌。『山岳遍歴』は、山岳紀行十篇のほか、登山史、人物追憶、書評、映画評など幅広いエッセー、評論を収録。六三年、還暦を迎えた頃書かれた文章を中心とし、あとがき（「山と還暦」『全集V』所収）に「顧みれば四十五年間、よくも倦きもせずせっせと山に通ったものだ。この岩と泥と雪の大きな塊に過ぎない物体に、どこにそんな魅力があるのかわからない。秘密が明かされるようなものに大したものはない。」と感慨を記した。

⑦**十勝岳**（二〇七七メートル）

一九六〇（昭和三十五）年九月、利尻岳から稚内へ戻り、旭川を経て、翌日には美瑛から白金温泉に入った。地元の人たちに迎えられ、美瑛岳、十勝岳に登る。

十勝岳

（略）

十勝岳に源を発した川が美瑛《びえい》の町を流れている。松浦武四郎が初めてこの地へ来て、その川の水を飲もうとすると、アイヌ人が「ピイエ、ピイエ」と叫んで制止した。ピイエとは油ぎったという意で、それは十勝岳に噴く硫黄が混じって濁ったからである。美瑛という名はそのピイエから来た。町が出来たのは明治二十九年で、初めは美英であったが、英は英国に通じるという排外思想から、「瑛」というむずかしい字に変えたのだそうである。

白金温泉行のバスを待つ間、私たち四人は町役場へ案内された。それが鉄筋三階の建物であったから、私は落ちつく暇もなく、屋上へ上ることを所望した。果たして私の予期した通り、そこから、晴れた東南の空に、十勝連降の大観を得ることが出来た。主峰十勝岳を中央にして、その右に、上ホロカメットク、三峰山、富良野《ふらの》岳、その左に、美瑛岳、美瑛富士、オプタテシケ。南方には遠く芦別山も望まれた。

午後おそくのバスで白金温泉へ向かった。（略）

翌朝七時に宿を出て、中川昌治さんの案内で、まず美瑛岳へ向かった。温泉から六キロ先の噴火口下までバスが通っているが、私たちは硫黄採取の従業員を運ぶトラックに便乗して、バス終点よりさらに上の地点まで行った。そこから美瑛岳への登山路がわかれていた。

雲ノ平と呼ぶ気持のいい緩《ゆる》い傾斜の草地を登って行く。チングルマが真っ赤に紅葉し、その間に紫のリンドウが咲き、シラタマノキがその名の通り純白の丸い果をつづっている。色とりどりの美しい原であった。

ポンピ川（十勝岳から流れ出る唯一の清水の川）を渡ると、それから一途の登りで、自分の位置が高くなるにつけ、遠い眺めが展けてくる。今まで仰いでいた姿のいい美瑛富士を、自分より低く見るようになって、やがて美瑛岳の頂上（二〇五二メートル）に達したのは十一時であった。

岩石の積み重なりのその頂上で弁当を使いながら、私の眼は絶えず北の山々に注がれていた。石垣山、辺別《べべつ》岳と続く長い尾根の果てにオプタテシケ、さらにその奥にトムラウシ。二つの岩峰を角《つの》のように立てたそのトムラウシの豪快な姿が、特に私を魅了した。来年はぜひあれに登らねばならぬ。

南の方は、十勝岳の左に、高くはないが美しいピラミッドの山が見える。下ホロカメットクであった。ああいう道のない山へも、北大の連中などは登っているのかもしれない。私たちは美瑛岳から十勝岳へ向かう山稜を辿《たど》った。岩だらけの道を伝って鞍部へ下り、そこから鋸岳の登りになる。これは名の通り鋸の歯を立てたような岩山である。その頂を越えた頃から小雨が降りだしたので、私たちは十勝岳は明日にして、そこからザクザクした熔岩の斜面を下った。下の谷にはまだ残雪があって、それが洞窟のように口をあけていた。私たちはその中で雨を避けながらしばらく休んだ。

どこもかも似たような黒ずんだ砂礫の拡がりである。案内が無ければどこをどう歩いているのか分からない。新々噴火口のそばへ出た。それからさらに歩いて今度は新噴火口のふちへ出た。雨はますます激しくなって、本式の吹き降りになった。私たちは採鉱小屋へ逃げこんで、そこから出るトラックを待った。

明治二十五年(一八九二年)の記事によると、それより数年前登山した人の話としてこう書いてある。「オプタテシケと称するは唯に一峰を指せる語に非ずして、トカチ川水源なるトカチ岳より、フラヌイ(富良野?)川水源に至り、更にソラチ川水源カムイメトッ並びにホロカメトッの山岳に至る全部を総称するものなり。オプタテシケの最高点はおよそ六千五百七十尺ほどにして、その峰の平均の高さ六千尺なりといふ……」

これで見ると今の十勝連峰を昔はオプタテシケと呼んだらしい。さらにその記述を読んでいくと、最高点というのは今の十勝岳であることが納得出来る。その山頂の西側約千二百尺を降りた所に、直径およそ三十五間の火坑があって、その坑底の小噴火口から硫煙盛んに噴出すると書いてある。

現在盛んに噴煙をあげているのは、この火口ではなく、新噴火口と呼ばれるものである。それは大正十五年（一九二六年）五月二十四日、突如爆発したものであって、火口壁崩壊による岩屑は噴火物と一緒になって西方の斜面に流れた。積雪を溶かして泥流となり、その長さ二十八キロに及んで、おびただしい田畑や人家を埋め、死者百四十四名を出すという被害であった。

白金温泉から新噴火口までの現在の登山観光バス道路は、その泥流の上を辿っている。かつてはそんな惨事を生じたとは思えない明るい風景で、下の方はもうエゾ松の森林帯になっている。新噴火口の近くに、近年活動を始めた新々噴火口がある。この調子ではいつまた新々噴火口が破裂するかしれない。十勝岳はその地底で絶えず何か気味悪くうごめいているようである（後記、果たしてその翌々年爆発した）。

新噴火口の近く、採鉱小屋で雨風を凌《しの》いでいた私たちは、再び従業員用のトラックに載せてもらって白金温泉へ帰った。玄関の広間に団体の泊まり客が輪を作ってテレビを見ていた。大角力の秋場所が開催中であった。

白金温泉二日目の朝、眼がさめて隣を見ると、風見君が寝ているのでガッカリした。この活動的な早起きの写真家と、私はヒマラヤでずっと一緒のテントであったが、彼は晴れた朝を見逃すような怠け者ではなかった。彼が床の中にぐずぐずしているのは天気の悪い証拠である。

ところがその雨模様の空が、朝食をすます頃からよくなってきた。青空の領分が次第に増してくる。私たちは急いで出発の準備をして登山バスに乗った。終点で降りるとすっかり晴れて、左手には昨日登った美瑛岳、右手には富良野岳が鮮やかに浮かんでいた。正面に煙をあげているのは新噴火口である。

その新噴火口までのガラガラの熔岩流の登り道はちょっと辛かったが、火口のふちに立った時の眺めはすばらしかった。火口内のあちこちから猛烈な煙を噴きあげている。けさ私たちの一行に加わった美瑛山岳会の大場嗣さんの言によると、雨あがりはとくに噴出が激しいそうだが、こんな盛んな煙には滅多にめぐりあわないという。

火口の底は硫黄採取場になっていて、鉱員たちはヘルメットをかぶり、防毒マスクをつけて、煙に巻かれながら硫黄を採っていた。噴出する硫黄の蒸気を煙道で引いて、たくさんの吐け口に分散させ、そこへ流れ出て冷えかたまった硫黄をツルハシで叩く。純度九八パーセント、口一つから一日平均約百キログラム採れるという。

青空へモクモクとあがる噴煙は壮観であった。この好被写体を逃してなるものかとばかり、風見君は大場さんとともにカメラの操作に余念がない。

その二人を残して、私たちは十勝岳へ向かった。噴火口のわきから右手へ登ると、前十勝岳の上に着く。そこから広い尾根が十勝岳の方へ伸びていた。尾根と言っても内地の山のような稜線ではなく、高原のように広々としている。

この日私に与えられた眺めは、十勝から南へ続く、上ホロカメットク、三峰山、富良野岳等の山々であった。遠くに芦別、夕張の山も見えた。下界のモザイクのような富良野盆地には、美瑛町や上富良野町があからさまに指摘出来た。

頂上に近づいてしばらく急な登りが続いたが、そのあたりから霧の中へ入った。ほかはよく晴れているのに、さっきからこのてっぺんだけ霧がまといついて離れない。その白い気体の中の頂（二〇七七メートル）を踏んだのは十一時半だった。強い風が吹いていた。私たちは岩蔭に避けて、ウイスキーの祝盃をあげ、弁当を拡げた。

晴れるのを待ったが、その甲斐もなかった。予定では、そこからせめて上ホロカメまで行くつもりであったが、旧噴火口の壁の上の痩尾根を伝うその道は、この烈風では危険だというので、断念して引返すことになった。

霧の圏内を出て前十勝までくると、嘘のようにうららかだった。帰りは直接熔岩流へ出る道を採った。冬は「泥流コース」としてスキーの快適な滑降場となるところだ。下の方から大勢の人が続々登ってくる。家族連れが多く、幼児の手をひいている者もあり、赤ん坊をおぶっている者もある。みな噴火口見物である。その嬉々としたさまを見ると、十勝岳はもはや大衆の行楽の山になったように思われた。

バスで白金温泉に下り、その日のうちに再び美瑛町を経て旭川へ戻った。

■昭和三十五(一九六〇)年〈五十七歳〉九月、利尻岳に続いての山行。風見武秀らのほか、美瑛町役場の中川昌治、美瑛山岳会の大場嗣が同行した。

・一八五七(安政四)年四月、石狩岳、十勝岳付近を踏査した松田市太郎は焼山周辺に噴気孔の活動があることを記し(「イシカリ水源見分書」)、同年五月、松浦武四郎は「山半腹にして火脈燃立て黒烟天刺上るを見る」(「石狩日誌」)と記した。記録に残る最初の火山活動とされる。

・十勝岳では、この翌々年の一九六二年、中央火口丘南側の湯沼付近で水蒸気噴火。大正火口縁の硫黄鉱山事務所が噴石を受け、死者五人、負傷者十一人を出した。

初出＝「北海道の山旅」(「北海道新聞」一九六〇年十月、六回連載)、『山があるから』に収録。

⑧**幌尻岳**（二〇五二メートル）

一九六一（昭和三十五）年、年来の希望であった日高山脈最高峰の幌尻岳に向かう。山川勇一郎、望月達夫、北大山岳部の学生らと源流を辿る賑やかな山旅だった。

幌尻岳

（略）

日高の山旅は私の年来の希望であった。札幌在任の私の山友だち茂知《もち》君に去年からそれを約束していた。それからこの春北大山岳部の人がヒマラヤ行きのことで私の家へ見えた時も、よろしく頼んでおいた。何しろ日高の山は奥深く、あんまり開けていない。ひょいと出かけて登ってくるというわけにはいかない。

八月四日午前十一時、千歳の飛行場から札幌へ着くと、もう茂知君と、私の誘った山川勇一郎君が待ちかまえていた。自動車の大好きなこの画伯は、東京からの長途を自ら運転して、一日先に到着していたのである。茂知君は某信託銀行の支店長だが、銀行より山へ精勤しているという噂が立っている。北海道へ山登りに行く友人はたいてい彼の許へ立ち寄る。銀行の入口へ汚い風体の男が現れると、行員は一と目で「また、来た、来た」と囁きあって、直ちに支店長室へ通告するそうである。

その午後、銀行の応接室で日高行のメンバーが顔をあわせた。私たち三人のほかに、北大山岳部の先輩で同大学地質学の助教授橋本誠二君、というよりヤンチョと呼んだ方が通りがいいらしい。第三次マナスル先遣隊の隊員であり、日高の山には呆れるくらい詳しいことが、今度の旅で私に分かった。それから茂知君の山友だち高沢光雄君。それに北大山岳部の現役三名、鈴木良博、鶴巻大陸、大山佳邦の諸君。大陸だの佳邦だのという立派な名前は、大東亜戦中に生まれたからだろう。この二人だけが私と初対面である。行程のプランはすでに出来上がっており、食糧その他必要物資も買い整えられていた。遠来の山川君と私は拱手傍観《きょうしゅぼうかん》、ただ地元諸君の仰せに従ってさえおればよかった。二人はその夜は支店長宅に泊めてもらった。

翌朝、一行八人札幌駅に集合し、八時五十三分発の苫小牧行に乗った。空はきれいに晴れて、途中の千歳あたりから、恵庭、紋別、風不死《ふっぷし》、樽前の連山がよく見えた。苫小牧で日高本線に乗りかえ、静内《しずない》で下車したのは午後一時。ここが今度の山旅の出発点だった。

近年とみに繁華になったという静内の町を、私たちはゾロゾロ歩きながら、これからの徒渉用の地下足袋や、指先の分かれた靴下や、スパッツ風の短い脚絆など、こういう地方の町でしか売っていない物を買いあさっていると、中学生、高校生、自衛隊と三組の鼓笛隊が賑々しく通って行った。明日町の近くでイヨマンテ（熊祭り）が行われるので、その前日祭だそうである。

　これから私たちを山奥まで運んでくれる北海道電力のトラックが、町角で待っていた。これは前もって茂知君が支店長の顔で手配していてくれたのである。トラックは町を離れて新冠《にいかっぷ》川のほとりに出ると、それから一途川に沿って上流のダム・サイトまで走った。上へ進むにつれて谷が迫り「函」をなしている個所もある。数年前までは北大の猛者連が苦労して二日も三日もかかって溯行したそうだが、日高の山も年々開けつつある。

　静内からはるばる七六キロ、発電事業所に着いたのは夕方近かった。手厚く迎えられたそこの宿舎で、私たちはまずカン詰めのビールで山旅の第一夜を祝った。

　翌朝六時すぎ、宿を出る時から、地下足袋にワラジという足ごしらえであった。約一キロ先の工事場までジープに乗せてもらったが、そこで道は終わって、歩き出しから川をジャブジャブ渡った。日高の山では川筋がすなわち道だと聞いていたが、それは徒渉というより、川の中を歩いて行くといった方が適切だろう。河原が歩けなくなると水の中である。初めはなるべく濡らすまいと用心していたが、ヒザが濡れ、モモが濡れ、ついにひんやりと一物が犯されるに及んで、もう観念した。

　両側の山は原始の匂いのするウッソウたる森林で、以前は暗い谷だったそうだが、先年の台風で木が倒れて、見違えるほど明るくなったとのこと。景色のいい所へ来ると、山川画伯は、写生を始める。すると準画伯の高沢君もスケッチ・ブックを拡げる。現役はここぞと思う水の中へ釣糸を垂れるが、獲物はなかった。

本流と北股との分岐点にちょっとした空地があって、ケルンが積んである。その横でお茶をわかして一休みしている頃から、小雨模様になった。それから先は、もう河原の余裕などなくなって、岩と滝の連続である。滝の横の大岩を乗り越えたり、川っぷちの岩のへりを伝ったり、それもかなわなくなると、ジャブジャブ水の中。川歩きは北大のお家芸で、通れない淵へ出るとルックをかついだまま泳いで渡るのだそうである。そんな目にあわされなかったのは私の幸運であった。

庇《ひさし》のように突き出た岩の蔭で昼食を食った時、もう雨は確定的になっていた。それから先も長かった。新調のポンチョを着たものの、滝を攀じ登る時に浴びる飛沫は防ぎ切れない。ビショ濡れになった。やや谷が開けてきた所で二股になった。左へ入る。足許の崩れ易い、水を含んだ砂礫の急坂がしばらく続いた。それから涸沢のガラガラした岩を踏んで登って行くと、ようやく道が平らになった。圏谷底をなす原の一端に出たらしい。

この原は七ッ沼と呼ばれている。大小七つの沼の散在している桃源境であるが、夕方の暗さと雨霧のため見晴らしが利かない。たっぷり水気を含んだブッシュをわけて行くうちに、あます所なく濡れた。やがて砂地へ出て私たちの前に一つの沼が現れた。すこしおくれて来た茂知君が、「熊！」と脅かされて、あわててその沼の中へ避難した。実はちょうど来合わせた二人の登山者の連れていた大きな犬が、霧にぼやけて熊らしくみえたのである。シュンとなった茂知君には沼の深さなど問題でなかった。一説では泳いで渡ったことになっている。

沼の反対側が今夜の泊まり場であった。濡れた寒さで震えているうちに、まずサーブ用のテントが張られた。サーブとはわれわれ年長者四名のことで、現役の若い三人はシェルパ、中間年齢の高沢君はさしずめリエゾン・オフィサーということになった。サーブがテントの中で着替えをしているうち、シェルパたちは大きな焚火をおこし、夕食の支度にかかっていた。全く有能な北海道シェルパで、この山旅中、天幕の設営から炊サンまで一切の世話を彼等が受け持ってくれた。

翌朝、私たちの寝ているテントへ、「はい、お茶」とシェルパからモーニング・ティの接待である。外へ出てみると空はきれいに晴れて、私は圏谷の底にいることを知った。二十五年ほど前私は諸氏の文章を集めて『高原』と題するアンソロジーを出したことがある。その中に北大の佐々保雄氏の「日高の圏谷」という美しい文章を収めたが、それ以来幌尻《ぽろしり》の圏谷は私の長い間の憧れの風景になっていた。いまそれが現実に私の眼の前に現れたのである。

谷底からは幌尻岳の肩しか見えないが、その鮮やかな青々した肩から戸蔦別《とつたべつ》岳へ続く稜線が、カールの上縁をなして、そのみごとな岩壁が屏風のように七ッ沼の原を取り囲んでいた。全く円戯場《アンフイシアター》と呼ぶにふさわしい、広々した明るい平和な別天地であった。訪《と》う人の少なかった佐々氏の時代には熊の遊び場だったというが、なるほど熊の親子も浮かれだしたくなるだろう。

朝食をたべているうち、その美しい空が曇り始め、やがて全く霧の世界になってしまった。ともあれ幌尻の頂上を踏まねばならない。幌尻岳は日高山脈の最高峰のみならず唯一の二〇〇〇メートル峰である。有志だけで出かけた。霧で包まれた急傾斜の圏谷壁《カール・ヴァント》を登って行くと、足許一面黄色く見えるほどウサギギクが咲き溢れていた。稜線に達し、ハイマツの間の切開け道を進み、幌尻の肩を経てようやく頂上に立った。

せっかくの頂上も白い気体の中で何も見えなかったが、私には満足であった。ケルンがあってその底の石を掘りおこすと、ピースの空カンに古い名刺が何枚も収められていた。その中に私の知人の名前を数人見出したのはなつかしかった。それらの人々はまだ不便な時代に登ったので、記念の名刺にも価値があったのである。私は記念に小石を拾って名残惜しい頂上を辞した。あとでヤンチョ先生に見せると、それは蛇紋岩化した斑糲岩というむずかしい名を教えられた。

再び稜線を引返して、今度は戸蔦別岳へ向かった。途中霧の一部が薄れて、眼下に圏谷底が現れた。あちこちに沼が散らばっている。もう水の涸れたのもある。モレーンが伸び出しており、大昔の氷河の痕跡が模型を見るようにハッキリわかる。霧のヴェールに見え隠れするその風景は美しかった。

戸蔦別岳の頂上に着いて、その草地に寝ころんでいるうちにウトウト眠った。登ってきたばかりの幌尻岳から雲の取れるのを一時間ほど待ったが、ほんの瞬間山肌の一部を見せてくれただけであった。しかしその一部から推しても、その山の雄大さが察しられた。ポロは大きい、シリは山の意だそうである。トッタベツのベツは川だが、トッタは何だろう。

山頂漫談をしていると遠くで人声がする。山の上では声がよく透る。やがて反対側の尾根に小さな人影が次々と現れたが、人よりも先に声で女性のいることがわかると、こちらも花やいできた。だんだん近づいてきて、こちらの遠慮のない雑言的批評が彼らや彼女らにも聞こえたに違いない。札幌の学芸大学山岳部の一行であった。

テントへ戻ってくると、留守番の山川画伯は写生に余念がなく、ヤンチョ・サーブは一人のシェルパに手伝わせてカルカ（ヒマラヤの牧人用の石小屋）建設中であった。平たい石を積みあげて三方を囲み、立木を伐ってきて屋根を葺《ふ》こうとしているところだった。よほどそんなことが好きとみえて、夕食になって呼んでも、まだカルカ完成に夢中であった。

翌日もまた霧、今日はエサオマントッタベツ岳へ向かうはずであったが、予定を変えて、再び戸蔦別岳の肩まで登り、そこから戸蔦別川の源流へ出ることになった。

戸蔦別岳の北側にも典型的なカールが残っている。私たちはBカールと呼ばれる急な壁を降りた。圏谷の底は高山植物が色とりどりに咲き満ちた美しい原だった。小高いモレーンの跡に陣どってそこで二時間の大休止をした。焚火の大好きな北大シェルパは、すぐに盛大な炎を立て、大鍋いっぱいのラーメンが煮えあがった。鍋の中にはいろんな味の混ぜ物があるうえに、ヤンチョが行者ニンニクの生えている所を知っていてドッサリ摘んできたので、すばらしい五目ラーメンになった。

その御馳走を食べているうちに、ようやく北の空が晴れて、ピパイロ岳から妙敷《みょうしき》山に続く山稜が見えてきた。連日の霧にさまたげられていた私は、ここで初めて日高山脈の一部に見参した。一九四〇メートル峰がなかなか立派である。こんな山が名無しで放ってあるのも、さすが山深い日高である。

見上げる圏谷壁は赤味がかった岩と緑草との微妙な配合で、絵のように美しい。カンラン岩というのだそうである。見倦きぬ眺めに別れを告げて、Bカールから戸蔦別川の源流へおりると、そこで地下足袋とワラジに穿《は》きかえて、ふたたび徒渉が始まる。またしても岩と滝の連続。みごとな滝の脇を幾度も通りすぎる。十ノ沢の出合いまでくだって、そこの空地にテントを張った時にはもう暗くなっていた。

　その晩は太い流木を山と積んで豪勢な焚火をした。夕食には現役の釣ってきたイワナの田楽が一尾ずつ配給された。原始林に覆われた深い谷底で、盛んな火に顔をほてらせながら、私たちの団欒《だんらん》は尽きなかった。

　翌日も天気に幸いされなかった。雨の中を相変わらず徒渉を繰り返しながら、戸蔦別川をくだって行った。左から九ノ沢、右から八ノ沢が流れこんでくる。エサオマントッタベツ川の出合いに無人の伐採小屋があって、そこへ入りこんで、雨を凌ぎながら、例によって北大シェルパ即製の昼食を食った。

　それからまた雨の中へ出る。川はくだるにつれて幅が広くなり水量も増してきた。ズブ濡れになって、やっと道らしい道へ出た時、皮肉にも太陽が照りだした。その夜はピリカペタンの飯場へ泊めてもらった。古い北大山岳部の山行記録を読むと、きっと飯場が出てきて、それは山登りの一景物のようなおもむきであるが、その北海道の飯場なるものに初めて私は厄介になった。

　日高のぬしのようなヤンチョ・サーブはもちろんここの飯場とはジッコンらしく、夕食に、ゴードーという名の焼酎を手に入れてきた。その夜私たちはゴードーに酔って大声で歌をうたった。

日高の山旅六日目は、ピリカペタンを出て、オピリネップまで半道ほど歩いたが、そこで待ち伏せしてダンプカーをつかまえたのは幸運であった。それに揺られながら、バスの始発点まで走った。そこはもう暑い下界であった。

バスの出る時間が迫ったのに、あとから来るはずのシェルパ三人が到着しない。ようやく数分前になって、汗ビッショリ、フウフウ息をしながら駆けてくる三人の姿が見えた。彼等が憤慨しながら言うには、いくらダンプカーに手をあげても、一台も止まってくれなかったそうである。彼等の風態は、われわれサーブほど紳士的でなかったからだろう。紳士どころか、乞食の風態に似ていた。

バスは帯広まで、広々した十勝平野の新開地を突き切って走った。野の果てに札内岳・十勝幌尻岳の連なりが見えた。戦争中このあたりに駐屯して軍務に服し、明け暮れそれらの山を眺めていたという茂知君は、しきりにバスの窓からなつかしがっていた。繁華な帯広の駅前でバスをおりると、地方巡業の力士が大勢群れていた。

■一九六一（昭和三十六）年（五十八歳）八月、山川勇一郎、望月達夫、橋本誠二、高澤光雄、北大山岳部の鈴木良博、鶴巻大陸、大山佳邦との八人での山行。新冠川本流を溯行し、戸蔦別川へ下った。

•省略した前半部で、新調した山道具を挙げる。lafuma 製のザック、ハツミ・カッチャンの試作品で薄い繊維に錫箔が塗ってある防寒着、ナイロンのポンチョ、一リットル入りのポリエチレン水筒、発売間もないオリンパスのペンEE、アムンゼンなる登山ズボン。そして札幌まで飛行機に乗ったことについて「急行賃さえ倹約しようとするケチンボの私が、そんなブルジョワらしい真似をしたのは、愚妻のはからいによる。／たまに不時の収入があると、それを貯蓄しようという美徳に欠けている点で、彼女は私に似ていた。」と書いている。

・「ハツミ・カッチャン」は初見一雄（一九〇九〜九一）。日大山岳部、北大山岳部出身で、著書に『少し昔の話』（茗溪堂）がある。この頃は南極用の防寒具作りに熱中していた。

・画家・山川勇一郎（一九〇九〜六五）は古くから（年月不詳、菅平。三六年、乗鞍岳以来）の友人でジュガール、ランタン・ヒマール踏査隊にも参加した。一九六五年アンデスの氷河で遭難死。「アンデスの雪に消えた山川勇一郎くん」（『全集V』収録）に詳しい。

・望月達夫は当時、三井信託銀行札幌支店長で、北大山岳部の人たちと北海道の山によく登った。一九五九年の御座山（『わが愛する山々』）以来、深田久弥と多くの山行をともにする。「㉖平ヶ岳」参照。

・橋本誠二（一九一八〜九五）はのちに北大理学部教授、山岳部部長を務める。三〇年代後半、北大山岳部で活動し、四〇年一月のペテガリ岳コイカクシュサツナイ川雪崩遭難の際にも参加。五五年、日本山岳会マナスル先遣隊隊員。遺稿集に『あの頃の山登り　北海道の山と人』（茗溪堂）がある。

・佐々保雄（一九〇七〜二〇〇三）は地質学者で北大名誉教授。二高で東北の山に登り、北大教授時代は北千島、樺太、日高、その後、朝鮮や台湾、北米の山にも足跡を残す。第十四代日本山岳会会長。

・深田久弥は、戦前『高原』（一九三八年）、『峠』（三九年）、『富士山』（四〇年・以上青木書店）のアンソロジーを編纂している。戦後は長尾宏也と共編『上高地』（五八年・修道社）がある。

初出＝「幌尻岳に登る」上・中・下（「北海道新聞」一九六一年八月二十四〜二十六日付）、「幌尻岳」に改題して『山岳遍歴』（一九六七年・番町書房）に収録。

⑨後方羊蹄山（一八九三メートル）

一九五九（昭和三十四）年九月、帰京する家族を函館で見送り、一人、後方羊蹄山に登った。ここでは翌年倶知安を再訪した紀行文を掲げる。

チセヌプリ

今度の北海道の山旅の予定にはなかったチセヌプリを最後に加えることの出来たのは、全くの偶然からであった。

倶知安《くっちあん》高等学校はなかなか開けた学校で、秋の学校祭に、もしその頃北海道へ名士の来遊があると、すかさず招いて講演を依頼するという。今までに大宅壮一、伊藤整、西堀栄三郎の諸氏が、その招きに応じられたそうである。私は名士とまではいかないが、やはり同校の生徒会の眼から逃れられなかった。山旅の帰途講演に立ち寄ることを、最初札幌に着くなり約束させられた。ちょうど風見君がヒマラヤの映画を持っていたので、二人で行くことにした。

倶知安高校はまことに羨ましい位置を占めていた。後方羊蹄山《しりべし》の真下にある。私たちの着いたのは九月二十六日、倶高祭第一日目で、一点の雲もない空を背景に、その美しい形の山はまともに大きく立っていた。夕方の闇が濃くなって、その中に姿を消してしまうまで、私は何度仰いでも見倦《あ》きることがなかった。

山に恵まれたこの学校に、山の好きな先生がおられたのは当然である。天野時次郎先生と五分と話しあわないうちに意気投合して、たちまちチセヌプリ行きの相談が出来上がってしまった。天野さんは私くらいの年配だが、生徒をつれて諸方の山へ登っておられるそうである。

学校の先生がたと楽しい夜の会食をしてから、私たちは自動車で湯本温泉へ向かった。暗いから途中の様子は何も分からなかったが、次第に上り道になって、目的地に着いたのは八時すぎであった。

湯本温泉には直営のチセハウスが一軒あるきり、ヒュッテ風のガッシリした建物である。あるじの織笠さんはスキーの名手で聞こえている。電話で連絡してあったので、私たちのためにビールとジンギスカン鍋が用意されてあった。織笠さんの話によると、毎年正月休みには東大総長の茅誠司先生が家族連れでこの宿へ来られるそうである。茅さんはスキーで一日に一つずつ近くの山へ登るのを例にされている。元気なものです、と織笠さんは感心していた。温泉に浸って、あたたかいベッドにもぐりこんだ。明日は六時出発という天野さんからの達しである。

残念ながら翌朝は、前日の快晴に引きかえ、どんより曇った空であった。予定の時間にあまりおくれず私たち三人は宿を出た。熱湯の湧いている沼のふちを通って山道になる。正面にニトヌプリが見えた。

チセヌプリのチセは「家」、ヌプリは「山」で、住居の屋根型をした山という意だそうだが、ニトヌプリは意味不明だそうである。ニトはアイヌ語でなく、二兎ヌプリだという説があると天野さんから聞いた。後日談になるが、北海道の山の名に詳しい村上啓司さんが、山の形からいってニットクヌプリではないか、と書かれているのを読んだ。細い棒状に凸起した山の意だそうである。

しかしアイヌ語の山名に私は深入りはしまい。実は私は戦争の末期に北海道へ来る用があったついでに、スキーでこの近くのイワオヌプリに登り、続いてニセコアンヌプリに登ろうとしたが、頂上に軍の機密施設があったため、途中で引返さねばならなかった。その時のことを書いた文章の中に、私はニセコアンヌプリの語義について、バチェラーのアイヌ語字典など引用し、得々として私見を述べた。ところが今度倶知安高校へ来て、天野先生が笑いながら私に手渡された生徒会誌を見ると、なんと私の説は先生の験《しら》べによってやんわりやりこめられているではないか。

まだある。前年私は後方羊蹄山に登り、その紀行の中で、この山の名についてやはり長々と説いた。するとその時はまだ未知の人であった村上啓司さんから雑誌を送ってきて、それに私の説に誤りのあることが指摘してあった。爾来私はアイヌ語の山名については地元の熱心な研究者に任せて、素人はおとなしく引きさがることにきめている。

さて、そのニトヌプリとチセヌプリの鞍部に私たちは到着した。天気がよいと素敵な見晴らしだそうだが、よいどころか今はニトヌプリにさえ雲がかかってきた。薄ら寒くてゆっくり休憩も出来ない。

鞍部からチセヌプリへの登りは、岩や木の根を踏んで行くかなりの急坂であった。頂上の露岩についたのは八時。雲ばかりで何も見えない。もう一つの三角点のある頂上へ行こうとした時、遠来の客へのせめてものもてなしであるかのように、不意に雲が切れて、眼下の岩内《いわない》の海岸と、積丹《しゃこたん》の山々を望むことが出来た。それらの山の名を天野さんに教わっているうちに、再び雲が邪魔してしまった。

帰りは反対側の道を採った。行手正面にシャクナゲ岳だけがよく見える。その山とチセヌプリの鞍部まで急坂をおりて、そこから北側へ向かった。チセヌプリの裏手（北側）にあまり人に知られていない、美しい静かな景色がある、そこへぜひ私たち二人を案内したいというのが、最初からの天野さんの意向であった。なるほど訪れる人も少ないとみえて、頭を越すような笹薮の中に、手入れの届かない、おぼつかない道が一本通じていた。おまけに滑りっこくて、幾度かお尻を泥にした。

長沼という半分乾いた池へ出た。ここらではまだ紅葉というには早かったが、その気配はこの裏側から仰いだチセヌプリの肌にもう現れ始めていた。長沼からさらに笹藪の道を辿《たど》って行くと、ひょっこり湿原が現れた。まわりを樹木にかこまれ、ひっそりとした美しい原であった。一面狐色に枯れて、うら寂しい気分が漂っていた。これから先、まだこんな湿原や、神仙沼、大沼など、天野さんの見せたい風景があるそうだが、時間がないし、おまけに小雨が降りだしてきたので、ここで引返すことになった。

鞍部まで登り返し、そこからチセハウスへ下る道を辿った。戦争前、このあたりは昆布温泉に合宿した北大や小樽高商のスキーのパラダイスであった。すっかり雪で覆われるとなだらかな斜面になって、学生たちは「娘の股《また》」と名づけたが、本当にそのように見えるそうである。茅先生はそれはあまり露骨すぎるというので「ヴィーナスの股《もも》」と改名されたとか。

チセハウスへ戻ってくると、自動車が待っていた。それに乗って狩太《かりぶと》駅まで下り、そこで天野先生にお別れして、私たちの小登山は終わった。そしてそれが約二十日近くの北海道の山旅の最後でもあった。

■一九六〇（昭和三十五）年〔五十七歳〕九月、風見武秀らと、礼文岳、利尻岳、大雪山を巡った後立ち寄った倶知安での登山。

・戦争の末期にイワオヌプリに登ったのは一九四四年二月下旬、鉄道省の依頼で北海道の国鉄の取材をするために訪れた際、札幌鉄道局の二君とスキーで登った。「キウヤアカガミキタシキユウカヘレ」の電報を受け取ったのは、帰途につく前夜、函館の妹の家でのことだった（「ニセコアンヌプリ」『をちこちの山』所収）。この文章で、「羊蹄」を「シ」と読むことについて牧野富太郎の随筆を引用して説明している。

・前年登った後方羊蹄山の紀行文は「後方羊蹄山」（「アルプ」三十一号）、『わが愛する山々』（一九六一年・新潮社）に収録。後方羊蹄山の山名について「この山を単に羊蹄《ようてい》山と呼ぶことに私は強く反対する。古く斉明朝五年（六五九年）に、すでに後方羊蹄《しりべし》山と記された由緒ある名前であって、その朝四年（六五八年）阿部比羅夫《ひらふ》が蝦夷《えぞ》を討って、この地に政所《まんどころ》をおいたことは、日本紀にも出ている歴史的事実である。後方羊蹄山の後方を『しりへ』（すなわちウシロの意）、羊蹄を『し』と読んだ。／アイヌ語ではマッカリヌプリという。いい名前だ。むしろこれを活かした方がよい。後方羊蹄山はマッカリヌプリの意訳であることを、私はバチェラーのアイヌ語字典を引いて知った。Mak は後方の意、Ari は置くの意、その二つがつまってマッカリとなったのではないか。ヌプリは言うまでもなく山の意である。つまりマッカリヌプリとは『後方に置かれた山』の意で、それを大和民族が後方羊蹄山と書いたのではないか。」と記した。なお、村上啓司の指摘については『日本百名山』にある。

初出＝「北海道の山旅」（「北海道新聞」一九六〇年十月、六回連載）、『山があるから』に収録。

⑩岩木山（一六二五メートル）

一九三〇（昭和五）年八月、一人青森を訪れ、酸ヶ湯、八甲田山、蔦温泉、十和田湖、岳の湯（嶽温泉）、岩木山を巡った紀行文から岩木山の部分を抜粋する。

陸奥山水記

岳の湯

十和田湖から秋田県の大館《おおだて》を経て弘前に着き、駅前の陸奥館に投じたのは昨晩の十時に近い頃だった。今日は岳の湯まで、そう思って久しぶりで朝寝をした。駅前から明日登るはずの岩木山がよく見える。いわゆる三峰三所大権現のその三峰（鳥海山、岩木山、巌鬼《がんき》山）が判然と見える。平地に孤立した山だけあって、のんびりと思う存分裾が延び、その整然たる容は、津軽富士の称も決して言い過ぎではない。見れば見るほど美しさが増してくる。万葉人の「不尽《ふじ》の高峰《たかね》は見れど飽かぬかも」という描写は微塵の感傷もない実感であろう。その歌はこの津軽富士にも言いあたる。余事ながら、万葉歌人は詩的精神なぞ持ち合わさず純然たる散文的精神に充ちていたとは、僕の尊敬信頼する友人の説であって、例えば「御食《みけ》向ふ南淵山《みなみぶちやま》の巌《いはほ》には落れ《ふ》るはだれか消え残りたる」という人麿の歌を示して僕の反省を促したのであるが、そう聞けばなるほどと僕にも思いあたる節《ふし》があった。

午後僕は旅館の前から百沢《ひやくざわ》行の乗合自動車に乗った。弘前の街を抜けて、村から村へと走る途中、岩木山の秀峰は絶えず僕の眼を楽しませた。四十分余りで百沢に着く。ここは「お山参詣」の表口であって、「奥の日光」の称のある岩木山神社のある所だ。岳行の自動車が来るまでの時間を見計らって参拝にゆく。建物は美しいには違いないが日光と呼ぶまでには随分距《へだ》たりがある。社殿の前に玉なす清水が溢れていた。

岳行の自動車とは荷物を満載したトラックのことだった。その上に十人余りのお客が乗った。しっかりと荷物にしがみついていなければ振るい落とされそうな、凸凹の激しい粗末な道だった。一度などは勾配の中途でトラックが後退し始め、ヒヤッと思ううち誰かが跳び下りて車輪に石をあてたので、やっと車が留まって事なきを得た。こんな物騒なこともあったけれど、この裾野の高原を徐々に上ってゆく眺めは格別だった。ここから仰ぐ岩木山にはもう先の姿はなかったが、目交《まなかい》に迫る山容はさすがに堂々として立派だった。山と反対の左の方に、村の在所が点々と見えるのも興があった。途中水のある所で一ぺん休み、一時間ほどで岳の湯に達した。

湯座を中央に十数軒の旅籠《はたご》が取り巻いている。どれも安普請の粗末な建物ばかりだ。一番山の見えそうな宿へはいった。部屋は汚かったが、縁先の欄干から、そそり立った岩木山の一峰鳥海山をまともに見上げることが出来た。電気も来ていないくらい辺鄙《へんぴ》な所だ。夕飯には汁鍋共のお膳がきた。おかずは何もなくキャベツばかりには閉口した。湯は豊富で熱かった。浴客達は搔木《かいき》と称する柄杓《ひしやく》様のもので、のべつに頭へ湯をかけているのが珍しく眼に写った。

夜中に烈しい雨の音を聞いた。

岩木山

早く眼が覚めた。曇天で時々雨が降ってくる。朝飯を持ってきた女中はこの分では今日は晴れまいと言う。遙々《はるばる》来たのにこのまま引返すのも残念だ。もう一日晴を待つだけの余裕もなくなっている。登ろうか止《よ》そうかためらっていたが、ちょっとの霽間《はれま》を見たので元気づいて登ることにきめた。七時五十分。雨雲のために頂も見えぬ山へ出かける僕を、宿の人達は物好きそうに見送ってくれた。

岩木山は森林の見るべきものもなく高山植物にも乏しく、唯一の取り柄は頂上からの眺望である。その眺望も空しかったとしたらただ疲れに登るようなものであろう。どうぞ霽れますようにと祈願しながら、岳の湯の裏手から山にかかった。しばらく行くと、「右岩木山道、左沢上り（近道）」という杭が立っていたので近道の沢上りを択《えら》んだ。硫黄で荒れた石ころの沢だ。霧がひどく二十間先とは見えない。硫黄の匂いが鼻を打つ。沢の途中で休んでいると、少し晴れてきて沢のつきあたりへんに黒森山の三角な峰が見えたので、これは有望だなと思ってるうちにまた曇ってしまった。五合目の棒杭を過ぎて間もなく沢は狭くなる。六合目あたりからはもう沢には水がなくなった。ネマガリダケの藪の中を分けてゆく。七合目についたのは十時頃、頂までは十四町二十四間、岳へは三十三町三十六間と書いてあった。藪を潜ってきたので全身露でビショ濡れだ。またやや晴れてブッシュの切れ目から、通ってきた湯沢や岳の湯が見下ろせた。この晴れ間に遙かに羽後の鳥海山らしいのが見えたので、〆めたと地図を拡げ、見える山を探っているうちに直ぐまた隠れてしまった。石ころの沢が終わってちょっとした平らへ出たので十分ほど休んだ。

　僕のこの紀行文もだんだんあとになるほど何だかひどく簡単な記録風なものになってきたことに気づく。すぐれた詩人の紀行文など読むと、その筆者がちょいとした眼前の微細な事象にも心を留め、ただそれだけを描いて全体の景色を彷彿とさせるような見事な文章によく出あう。芭蕉などもその一例であろう。自然に悟入《ごにゅう》すること深いほど、瑣細《ささい》なことも鋭く感じられるのであろうか。ふと視界を横切った鳥の飛び様とか、足元に揺れている草花の姿とか、そういうことまで永く深く刻みつけるように印象に残るのであろう。僕などは自然を見ることすこぶる大雑把で、ああいう効果のある叙景も出来ないのは残念であるが、これも天性ゆえ致し方がない。勢い僕の文章も無味乾燥か記録風なものになることは許していただきたい。

十時四十分、八合目、雨が降り出してきたので雨衣をとりだして着た。ついでに握飯も出して歩きながら食った。上の方で人声がすると思ったら学生が四人下りてきた。百沢から登ってきたのだそうだ。十一時十分、鳥ノ海の爆裂火口に着。磊落《らいらく》たる巨岩が見事であった。雨は霽れそうもなく眺望は全然問題にはならぬが、せめて頂上の祠《ほこら》にでも参拝しようと思い、ルックザックを乗越《のっこし》の所へ残して、安山岩のガラガラ崩れおちる道を登りかけたが、半分ほどで我《が》を折って引返した。十二時、元の所へ帰り、すぐに荷物を引っ担いで、百沢の方へ降りかけた。種蒔苗代《たねまきなわしろ》を過ぎ大沢の谷にはいる。藪に蔽《おお》われた狭い石ころの沢。ガクンガクン膝こぶしの痛くなるような下りだ。一時過ぎその嫌な沢を離れて広濶な台地へ出る。「焼止り」と称する所にトタン張りの立派な小屋があった。それからはなだらかな高原の一筋道だ。全体草地の気持のいい斜面、スキーで飛ばしたらさぞいいだろうと思う。ますますはげしくなってきた雨の中を、こうなったら濡れるだけ濡れろと、散歩でもしているようにブラリブラリと歩いて、岩木山神社の裏手へ出、百沢へ到着したのは二時十五分過ぎだった。

■一九三〇（昭和五）年〔二十七歳〕八月、八甲田山、十和田湖、岩木山を巡った旅で、酸ヶ湯、蔦温泉、岳の湯と、山の温泉に泊まった。

•一九二七年から東京帝大在学中ながら改造社編集部に勤務していた。私生活では、二九年から我孫子で北畠八穂《やお》（本名、美代）と暮らし、三〇年本所区小梅町に移った。二九年十一月に「津軽の野づら」を「新思潮」に発表。三〇年五月に「作品」が創刊され同人となる。十月には「オロッコの娘」を「文藝春秋」に発表し、文壇の注目を浴びた。

•三〇年秋、帝大を退学して改造社も退職し、文学の道を志した。この旅はその決断に先立つ時期にあたり、「陸奥山水記」冒頭では「心に痛手《いたで》を負うて世間がうとましくなったら、僕は諸君にそういう山の湯へ行くことを勧めよう。山の頂を往来《ゆきき》する雲に見倦《みあ》いたら、河原の石の上でぼんやり水の流れを眺めていてもよい。きっと諸君は、ゲーテのあのあまりに名高すぎるウェルテルの冒頭の文句を、我知らず繰り返すに違いない。——Wie froh bin ich, daß ich weg bin！（註：きみと別れてここに来たことを、ぼくはどんなに喜んでいるだろう〈井上正蔵訳〉）」と書いている。

初出＝「陸奥山水記」（「作品」一九三二年八月）、『わが山山』（三四年・改造社）に収録。『わが山山』は最初の山の著作集。宇野浩二が新刊評論「深田久弥と『わが山山』」（「文学界」三五年十月）に書いている。「井伏鱒二の文章の中に、冬の晴れた早朝、新宿の三越の屋上庭園から、四方の山山を眺望するところがある。その山山を筆者井伏に説明するのが深田久彌といふ人であつた、その時であつた。私はこの文章を読んだときこのやうな山山の通人を知つてゐる井伏鱒二を羨ましく思つた。……（『わが山山』を）深田久彌から贈られて子供が年玉を貰つた時のやうな嬉んでその日の内に讀了してしまつた。……『わが山山』を開くと、どの頁を開いても、彼の顔と彼の聲を彷彿しながら、彼から、彼の『山山』の話を聞く思ひがした。これで私はやつと井伏鱒二を羨む必要がなくなつた譯である。」

⑪**八甲田山**（一五八五メートル）

一九三六（昭和十一）年夏、暑く騒々しい鎌倉を逃れて、病身の妻・八穂、小林秀雄と一夏を八甲田の蔦温泉で過ごした。雨続きの晴れ間に八甲田大岳に登る。

八甲田と十和田

（略）

青森を発したバスは一時間半ばかりで、八甲田山中の温泉酸ヶ湯《すゆ》に着く。酸ヶ湯までは高さ約九〇〇メートルの登りで、登るにつれて山の眺望がよくなり、植物の地理的分布が判然とわかる。

我々のバスが青森市をはずれて、第五聯隊のある筒井という村を通る時、異様な風態の男が一人乗りこんできた。バスが走り出すと、「お父《と》うや」とあわててそのおかみさんらしい百姓女が、煮〆めたような風呂敷包みを二つ窓から渡した。

これが有名な鹿内《しかない》辰五郎だな、と直ぐ僕はそう勘づいてその顔を見た。日灼けのした顔に八字髭を貯えているが、見るからに純真そうな童顔で、もう老年に近い年配だが、その無邪気な服装のおかげで、年よりはずっと若々しく見える。軍帽を被《かぶ》りゲートルを巻き、右肩には喇叭《らっぱ》、左肩には水筒を下げているのだ。

鹿内辰五郎は八甲田山の主《ぬし》である。もう四十年も自分で好きで八甲田の山案内をしていて、この山のことなら地形でも植物でも知らぬものなしという爺さんだ。かつて理学博士武田久吉氏が八甲田山へ登って行かれると、突然氏の前に直立不動の姿勢を取って、師団長に対する敬礼の喇叭を吹いた男があった。それがこの八甲田仙人だったそうだ。武田博士が以前にこの山へ来られた時、この男に植物の名を教えられたことがあったので、その恩義に報いた次第であった。そういう奇行をまだ幾つも聞いていたので、僕は直ぐこの仙人に注意したのである。

果たして彼は、バスが雲谷《もや》峠にかかるあたりから、乗客の無聊《ぶりょう》を慰めるためか、最前席に座って、腰に差した一管の横笛を吹き始めた。バスが酸ヶ湯に近づくにつれて、右へ左へと迂曲して登るので、そのたびに乗客の身体が跳ね上がるように揺れるが、仙人はおちついて笛を口から離さず吹き続けている。

何しろバスの揺れ方がひどいので、酸ヶ湯に着くと、乗客一同ホッとした面持だ。僕等も降りて旅館の一室に通った。

六年前に僕は一人でここへやって来て八甲田山に登った。その時はこの鄙《ひな》びた山の湯が大へん気に入って、人にも吹聴したものだが、今度再び来てみて、以前の好印象が薄らぐのを感じた。ここから仰ぐ八甲田大岳の姿は依然として美しく、高原の空気の爽やかなことも元通りだが、その中にあって人の営みだけがいたずらに俗化してしまった。既往を偲《しの》んで現在の俗化を歎くのは、山岳人に通有の感傷かもしれないが、自然が美しければ美しいほど、我々はそれを傷つける俗悪な設備を憎まずには居れない。（略）

夕飯を終え、ランプの芯《しん》を細めて寝る。遠くで湯をかぶる音、直ぐ下を谷の流れる音、誘われるままに眠りかけていると、二つ三つ向こうの部屋で、東京の大学の先生連だという一行が、女中を全部集めて大騒ぎの酒盛りを始め出した。

それでもよく眠って、朝の眼覚めにまず仰いだ八甲田大岳の美しさったらなかった。斜めに朝日を受けて刻々に変わってゆく山の色が、何とも言えず美しい。こんな時本当に山へ来た幸福を感じる。外で喇叭の音がする。覗くと鹿内辰五郎が例の軍装をして吹いているのだ。やがて集まった湯治客の先頭に立って、朝露を踏みながら山へ登ってゆくのが見えた。

僕等は蔦《つた》温泉へ行くので、九時のバスを待って乗ろうとすると、「よう」と車中から声をかける者がいる、小林秀雄だ。彼は僕等より一日おくれて立ってきたのだが、粗忽にも秋田廻りの汽車に乗ったため、さらに一日おくれてしまったのだ、と言いわけをする。天井に窓のついた大型のバスに並んで腰かける。

酸ケ湯から蔦温泉までの道は、この前僕が歩いた時は細々とした小径《こみち》で、ほとんど人に出逢わず、僕は知ってる限りの歌を大声でうたいながら楽しく一人歩いたところだが、このへん一帯国立公園になって以来、坦々たる自動車の通る道が出来て、日に幾回かのバスがたいてい満員という変わりようだ。

しかしこの沿道風景は確かに推称に価する。約千メートルの高原だが、本州の北方に位するだけあって、他の地では見られない独特の風致を具えている。樹木はたいていオオシラビソ（青森トドマツ）で、しかもそれが風雪のために大きくならず、頭の方の枝はそがれたようになっている。このオオシラビソの木立がこのへんの風景を独特ならしめる一因をなしている。

（略）

蔦温泉はそういう欝蒼たる濶葉樹の中に埋もれたように在る。宿は一軒、湯は無色無臭で透き徹るように綺麗だ。誰でも蔦温泉へ一度行ったことのある人は、この湯だけはみんな口を揃えて賞める。湯垢一つ浮いて居ず、湯槽の底に敷き並べた板の木目まではっきりと見えるくらい透明だ。

僕等はここに一夏を過ごすべく腰をおちつけた。僕と妻は二階の八畳の「とち」の間、小林はその隣の六畳「ぶな」の間を占めた。滞在してまず驚いたのは雨の多いことだ。涼しいには涼しいが、来る日も来る日も雨ばかりだった。宿の人が別段不思議な顔もしていないところをみると、これが常態らしい。樹の繁茂するのも当然だ。その代わり水の豊富で綺麗なこともまた格別だ。方方に引水がしてあって始終流れている。用便所の下まで小川になっていて、落としたものを片っ端から流して行ってくれる。

（略）

こんなに雨が降るんだ、沼の出来るのは当たり前さ、と小林は言っていたが、蔦沼の奥の方にもまだ沼が三つ四つある。しかし蔦沼に較べるとずっと小さく、格別言うほどの風格は持っていない。

（略）

それからまた雨が続いて、その次に晴れた日に、小林と二人で八甲田登山に出かけた。バスで酸ケ湯まで行く。この日は久しぶりに気持よく晴れた。猿倉や谷地《やち》温泉の湯治客も十幾日目の快晴にめぐり合って、大勢甲羅干しに散歩に出ている。たいていは農閑期にやってきた近在のお百姓さんだ。そういうおかみさんお婆さんの一団が僕等のバスを手をあげて留めて、「酸ケ湯まで幾らで行く?」と訊《き》いた。「十七銭」と運転手が答えると、彼女等は円陣を作って何かコソコソ相談をしていたが、「早くしてくれ」と運転手が催促すると、その中の代表らしいのが一人進み出て、「もう少し負けぬかの」と言った。バスは乗客の笑声を載せてまた走り始める。もちろん彼女等は乗らなかった。

酸ケ湯でバスを棄てると、直ぐ二人は山道を登り始めた。今日は登山者も多い。ドシドシ人を追い越して、岩清水という気持のいい原まで行って一休みする。八甲田大岳が直ぐ眼の前に聳《そび》え立っていて、頂上まで紆余していている道がよく見える。その道を大勢の人が蟻のように登ってゆく。「煙も見えず雲もなく……」と笛の音が聞こえてくる。例の鹿内辰五郎が先頭に立って、吹きながら登ってゆくのだ。僕等も腰をあげてそのあとを追った。

おそらく八甲田山ほど手軽に美しい高山植物をたくさん見られる所はないだろう。ソウシカンバ、ナナカマド、オオシラビソ等の森林帯を抜け出ると、もう高山植物の咲いている領分になる。まず這松《はいまつ》が現れる。這松を見ると何か高山へ来たような気がするのも不思議だ。

這松の中を切り開いた急坂を登りつめると頂上だ。登山者（ほとんど全部が湯治客で、僕等のような純粋登山者は二人きりだ）が大勢寄り集まった真ん中に、鹿内辰五郎が立って、方々の展望の説明をしている。何しろこんなによく晴れた日は、夏の間に数えるほどしかないという幸運にめぐり合った。太平洋と日本海とを左右に見はるかすという山は、まず八甲田山以外にはないだろう。

帰りのバスに間に合うようにと僕等は大急ぎで頂上を登路とは反対側に降って、井戸岳に登り、さらに赤倉岳まで行った。ガンコウランとコケモモとが敷きつめている。その艶々した緑色は、どんな高価な絨緞《じゅうたん》も及ばないだろう。

帰途は井戸岳から毛無岱《けなしたい》という原のある方へ降りた。この原も美しかった。所どころに可憐な沼があって、その脇に姿のいい小さなオオシラビソが風致を添えている。まるで庭園みたいだ。

急いで降りたのだが、とうとうバスには間に合わなかった。ちょうど酸ヶ湯の見える所まで降りてきた時、バスは爆音を立てて動き出した所だった。仕方なく二人は、重い山靴を引き擦って四里の山道を蔦温泉まで歩いて帰った。

それからまた雨がつづいた。小林は急用が出来て八月二十日頃に東京へ帰ると、入れ代わったように島木健作君がやってきて、また隣同志の部屋で十日ほど一緒に暮らした。島木も雨の多いのにはおどろいている。

たまに雨があがるともう秋だった。あんなに咲きそろっていたヤナギランの花も綿になって飛び始めた。ナナカマドの実《み》が見事に赤くなった。赤トンボの死骸が沼の上にたくさん浮くようになった。

九月の始め、僕はまた新涼の高原を横切って青森に下った。

■一九三六（昭和十一）年（三十三歳）、八穂、小林秀雄と夏の蔦温泉に滞在した。八甲田山は三〇年にも訪れ、「陸奥山水記」に紀行文がある。このほか八甲田山について書かれたものは「八甲田高原」（『全集Ⅳ』「山の愉しみ」）、「山上の池沼」（『をちこちの山』一九五二年・山と溪谷社）、「日本百名山―その十　高田大岳」（「山小屋」一九四〇年七月）がある。
・一九三一（昭和六）年（二十八歳）、二月金沢歩兵第七聯隊に入営し、十一月除隊。三二年九月、鎌倉大塔宮前の借家に越し、三三年九月、同二階堂へ移る。十月には「文学界」同人となり、四四（昭和十九）年三月の応召まで「鎌倉文士」として恵まれた生活を送る。
・小林秀雄（一九〇二～八三）は、一九二八（昭和三）年東京帝国大学を卒業。二九年、「様々なる意匠」を「改造」に発表。三〇年から「文藝春秋」に文芸時評を連載し、文芸評論家として認められた。深田久弥との山行は、三二年十月の鳳凰山（今日出海と）、三三年秋の谷川岳、十一月の八ヶ岳（今日出海と）、三四年七月の鹿島槍ヶ岳、三五年七月の霧ヶ峰ほか、スキーにもよく出かけている。三三年には、広津和郎、宇野浩二、武田麟太郎、林房雄、川端康成らと「文学界」を創刊し、三五年から編集責任者を務めた。
初出＝「八甲田と十和田」（「日本評論」一九三七年九月）、「蔦より」（「文学界」一九三六年九月）から一部を加えて『山岳展望』（一九二四年・改造社）に収録。

⑫八幡平（一六一四メートル）

一九三三（昭和八）年から、正月は毎年のように蔵王にスキーに出かけた。一九三九年一月、仙台鉄道局の招待で訪れた八幡平で吹雪に遭う。

吹雪の八幡平

（略）

馬橇《ばそり》の終点坂比平《さかびたい》に着いた時は、正午に三十分前。部落としてはここが一番おしまいで、ここからいよいよ山の登りにかかるのである。馬橇を棄てて一行は一軒の家を借りて、その囲炉裏にドッサリ炭火をおこした。ずっと吹き曝《さら》されてきてからだのシンまで冷えきっていた僕は、初めて蘇ったような気になった。寒さでちぢこまった身体の皺《しわ》が、一つ一つ伸びて行くような快さである。熱いお茶を幾杯も飲み、連れの持ってきた干物の鰯《いわし》を分けて貰って食事をした。

何しろ十数人の一行である。それに仙鉄が東北の冬山視察のためと言うのだから顔がきく。おかげで僕等は、個人ではとうてい得られないような便宜を、いろいろ受けることが出来た。

腹を充たし、身体の隅々に飽和するまで煖《だん》を取って、再び出発だが、こういう時の立ちぎわくらい未練がましいものはない。これから登り道九キロ、蒸ノ湯（ふけ）までが今日の行程である。いったん歩き出してしまえばまた元気も出るのだが、快い火から離れて寒い雪の中へ出るまでが辛いのである。

スキーにシールを貼り、身ごしらえをして、さて一歩外へ踏み出すと、相変わらず雪は降っている。寒いので、一同家の前に勢揃いするや、直ちに全身に力を入れるようにして、一列になって歩き出す。村を離れて間もなく道は二つに分かれる。右へ真っ直ぐに行けば、志張《しばり》ノ湯、銭川ノ湯、トロコ湯などという温泉がある。いずれ自炊客相手の鄙《ひな》びた山の湯だろう。僕等の道は左にそれて、足跡のない雪野にスキーの条をつけて行く。途中の風景描写は省略して、約一時間半の後、一合目の小屋に達した。坂比平から五キロ、緩慢な登りである。この何合目というのは、八幡平の頂上まで付いているので、今夜の泊まりである蒸ノ湯はその半分の五合目の所に当たっている。赤いペンキを塗った罐詰の空罐が樹の枝に道しるべとして吊るしてあるが、二合目ではその空罐が二つ、三合目には三つ、という風に並んで下がっていた。

一合目の小屋で小憩してまた登り始める。これからがいよいよ山らしくなって、綺麗な白樺の林があったり、雪で覆われた沼があったり、急な上りがあったと思うと平坦になったりして、なかなか変化のある道だ。うっとりするような景色が随所に現れてくる。だが寒さも寒い。一行の中のラバさんという人が胸へ寒暖計をブラ下げていて、「マイナス十四度」なぞと大声で知らせてくれる。

雪のない時でもさぞ気持のいい谷地だろうと想像出来る、相当大きい原を横切り、雪でうまった沢を一つ越すと、やがて眼の下に蒸ノ湯が見えた。先を争うように滑り降りて玄関へ入る。ちょうど五時であった。入口の板の間のスキー置場兼食堂で、あつい甘酒を何杯かお代わりをしてまず人心地を取り返してから、靴をぬいで二階へ上る。二階の乾燥室があたたかいというので、一同そこへ入りこんだ。

（略）

翌日、極上の天気ではないが、もう日数もないので、今日はどうしても八幡平の最高点に登らねばならない。そこを越えて松尾鉱山の方へ下る予定である。

蒸ノ湯を出発して、始めしばらくは、大きな木立の間を縫って急な傾斜を登る。その頃はちょいちょい青空も見え、木の影が縞《しま》になって雪の上に映ることもあった。どうやら幸先がいいぞと喜んでいたが、そこを登り切る頃から少々怪しくなってきた。

例によって我々は十数人の大部隊、その尻っ尾に四人の人夫が付いてきた。人夫と言っても我々の雇った人夫ではなく、藤七温泉の屋根の雪を下ろしに行くため同じ方向の僕らのあとへついてきたのだ。四人ともスコップを担いでいたから、我々はこれをスコップ隊と呼んだ。藤七温泉というのは、八幡平の最高点から南へ下ったところにある山の湯で、もちろん冬は誰も住んでいない。

　急傾斜を登り尽くしてしまうと、あとは至極緩慢なだだっ広い原になる。もう大きな木も見えなくなって、丈の低いオオシラビソのてっぺんが雪の衣裳をまとってあちこちに頭を出しているばかりだ。いよいよこれから八幡平自慢の景色が開けてくるんだな、と思ったのもつかの間、すっかり曇って、雪が降り出してきた。数間先はもう濃い乳色で何も見えない。

　一行にはこのへんの地形に熟達した案内人が二人付いていた。さすが偉いもので、こんな濃霧に包まれても、どこかにちょっとした見覚えでもあるのか、それともカンにたよってか、少し左へ寄り過ぎたようだなどとコースを訂正しながら進んで行く。雪は次第にはげしくなって風さえ加わってきた。

　出発してから二時間で頂上へ着いた。頂上といっても別に頂上らしい登りはなく、今まで行進していた先頭が立ち留まって、ここが頂上だと教えたので、ああそうかと思ったほど、あっけなかった。まして眺めがきかないからなおさら頂上らしい気がしない。小さな祠《ほこら》と指示板があった。吹雪の中だ、長居は無用とその東側の八幡沼に滑って降りた。もっともいま東側なんていうのも地図を見ながら書いているからで、その時はどこをどう下ったのか、さっぱり分からなかった。ただ先頭任せについて行ったに過ぎない。

いくらか風あたりの弱いその沼（といっても冬だから雪野原になっている）へ下りてしばらく休んだが、動かないでいると寒いので、すぐまた出発する。そこから相当愉快な滑降を続けた。極上のすばらしい粉雪で、勢いのついたクリスチャニアがわれながらうまくいって、なかなか愉快だった。

そうして滑って行くうちに、先頭が留まって一同そこに集まった。方向が間違ったらしいという。案内人がそのへんを偵察してくる間、吹曝しの吹雪の中で長い間待たされる。間違ったことが分かって、また元の道を引返す。途中まで引返して別の方へしばらく進んで行ったが、これもあやしいというのでまたそこで立ち留まる。吹雪はますます猛烈になってくる。誰の眉も白くなって、頭巾からはみ出た髪の毛には氷柱《つらら》が下がっている。何しろ寒くてやり切れない。足踏みしたり、指先を動かしたりしているが、体温がどんどん冷えて行くような気がする。手袋などコチコチに型のように凍って、内かくしにでも入れて温めないことには手も脱げない（あとで聞くと、この時の温度は零下十四度、盛岡測候所の山の天候記録では風速二十メートル余だったそうだ）。

何でも源太森というのが見つかれば見当がつくのだそうだが、数尺先は何も見えないこの天候ではさすがの土地の熟達者も途方に暮れたらしい。こういう時である、下手に行動すると遭難するのは。寒いのには閉口したが、しかし遭難という不安は感じなかった。これだけのエキスパートが揃っていて、まさかこのままやられるなどとは思われない。

こうしていても仕様がないというので磁石をたよりにまた歩きだした。やはり違うといってまた立ち留まる。我々が立ち留まっている間、案内人の奔走は、見ていても気の毒なくらいだった。あっちへ行って見、こっちへ行って見しては、当の源太森の発見につとめている。一行のあとについてきて、八幡平の上で藤七温泉の方へ別れるつもりだったスコップ隊も、もちろん別れるどころではない、この隊と離れたら一大事とばかり、あとへくっついてきた。何せよこの連中は装備が不完全なので見る眼も痛々しい。もっとも当人たちは案外平気なものかもしれぬ。

少し霧が薄らいで、前方にぼんやりと黒い森が現れることもあるが、すぐにまた元の乳色になってしまう。こうして彷徨すること約三時間、ようやく源太森が見つかって茶臼《ちやうす》岳に達したのは午後の一時過ぎであった。

ここまでくればもうしめたものである。あとは松尾鉱山までの滑降である。あたり前ならここがうんとスキーの娯しみどころなのだが、何しろ猛吹雪と冷え切った身体の疲労とで、どこをどう下ったのか、ただ夢中で先頭のあとについて滑った。いったいスキーには調子というものがあって、調子に乗った時はわれながらうまいなあと緊張をつづけて行くものだが、いったん転び癖がつくと、気持がクサって、実にだらしなく何でもないところで転んでしまうものだ。鉱山までこのだらしなさで滑った。

松尾鉱山（注）へ着いたのは三時だった。この鉱山町はすっかり雪に埋もれていて、雪の下を坑道のように道が縦横に通じている。雪の壁は蓆《むしろ》で覆われて、曲がり角には電気が点《とも》っている。この地下道を通って、あたたかい鉱山の事務所に入ったときは、全く蘇生の思いがした。

おくれてスコップ隊も到着した。四人とも手先が凍傷にかかって紫色にしびれている。何しろ軍手一枚で押し通してきたのだから偉いものだ。皆して雪塊で指先を揉《も》んでやる。

事務所の人は実に親切だった。そこで食べたあつい蕎麦《そば》の味は今でも忘れられない。皆はそこで泊まることになったが、僕だけはどうしても帰らねばならぬ用事があるので、一休みしてから、屋敷台まで約五キロの道を下るため、またスキーをはいた。鉱山からこの屋敷台まで四対のケーブルが懸かっていて、絶え間なく空中を運搬車が往復している。運搬された礦物は、屋敷台から軌道によって花輪線の大更《おおぶけ》まで出るのである。

鉱山事務所から電話がかけてあったので、軌道列車は僕の到着まで二十分も出発を待っていてくれた。列車とは言うものの長々と貨車が続いて、その尻っぽに小さな旧式な客車が二つ付いているきりである。客車は満員だった。いずれも形相のただならぬ坑夫たちである。黒っぽく異様に着脹《きぶく》れているので、余計そう見えたのかもしれない。

大更へ出るまでに中間に一つ駅があった。その駅に差しかかろうとした時である。ドシンと凄い反動がきて、立っていた人たちが将棋倒しに倒れた。急停車にしてはひどすぎると思っていると、車内がにわかにざわめきだした。列車が正面衝突したのだ。皆について機関車の方へ行ってみると、機関士が負傷したとかで駅の建物に黒山に人だかりがしていた。前部の貨車が二、三輛脱線していた。

仕方なく大更までスキーをかついで歩いた。歩いて行くうちにだんだん日が暮れてきて、汗びっしょりになって大更の駅に着いた時は、もう真っ暗だった。駅へ着いてやれ一安心と思ったものの、今朝からの猛吹雪で汽車は目下不通だという。何時になったら開通するか見当もつかないという心細い話だ。

僕は駅員室へ入れて貰って、そこのストーヴで濡れたものを乾かしながら、こうなったら汽車が通るようになるまでここで頑張るつもりでいると、三時間ほどたって、いまラッセル車が通るからという報知が来た。それに乗せて貰うことになって、ようやくほっとした。

薄暗い灯りのラッセル車の片隅に乗せられて好摩駅まで出、そこで東北本線に乗り換えて盛岡へ着いた時は、もう夜半の十一時に近かった。あとで新聞を見ると同じ日に八甲田山で十数人のスキーの遭難のあったことが出ていた。東北のこの地方を荒した稀有の吹雪だったらしい。

注　この松尾鉱山は僕の行った年（一九三九年）の秋、大落磐の惨事があった。大きく新聞に騒がれたから、記憶のいい人はおぼえているだろう。

■一九三九（昭和十四）年〔三十六歳〕一月、仙台鉄道局が東北のスキー地紹介のために有名スキーヤーや新聞記者を招待した。二週間ほど前に秋田へ行った帰途、花輪線小豆沢駅（現、八幡平駅）にまわって八幡平へ行こうとしたが、馬橇の都合が悪く断念したばかりだったので、それに「喜んで馳せ参じた」。

•一九三三年から四一年まで、正月は毎年のように一高旅行部時代の「あざらし会」の仲間らと蔵王にスキーに出かけている。また、三九年三月には、廣瀬潔と富士山山頂から不浄沢の大滑降を記録している（72富士山）。晩年は回数が減るものの、出征中を除き、ほぼ毎年、家族や友人とスキーに出かけた。スキー仲間の姿を題材にした小説に「G・S・L倶楽部」（「SSS」一九三七年一月、『雪山の一週間』などに収録）がある。

•「あざらし会」は田辺（浜田）和雄、関野武夫、塩川三千勝、石原巖らを中心とした集まりで、スキー登山を得意とし、現役時代の大正末から昭和初年には、爺ヶ岳、鹿島槍ヶ岳積雪期初登頂など、活発な登山を行なった（石原巖「大正末期から昭和初年代　あざらし会のころ」『一高旅行部五十年』）。

初出＝「八幡平スキー行」（前半部は「温泉」一九四〇年三月）、『山頂山麓』（一九四二年・青木書店）に収録。

⑬**岩手山**（二〇四一メートル）
紀行文が見当たらない山の一つが岩手山。一九四〇（昭和十五）年三月から十二月まで雑誌「山小屋」に連載した「日本百名山」の最終回で取り上げている。

岩手山

青森行が盛岡を出て間もなく沿線のポプラ（だったと思う。落葉松《からまつ》だったかもしれない）の梢を透かして仰ぐ岩手山は、おそらく日本の汽車の窓から見る山の姿の中で、最も立派なものの一つであろう。眼近かに文字通りそそり立った岩手山は何か押し迫るような力を持っている。

「こゝにして岩鷲《いはわし》山のひむがしの岩手の國は傾きてみゆ」平福百穂《ひらふくひやくすい》のこの歌を、僕はこの麓を通る毎に口ずさむ。実際岩手の国が傾いてみえる位、岩手山は雄偉である。

盛岡市に或る一つの精神（それを僕ははっきりと感じるのだが、うまく云い表わすことが出来ない）があるとしたら、その精神の象徴は、この岩手山に尽きている。傲岸不遜とみえる位腰の坐った、優美とか纖細とかには縁遠くみえながら、しかも孤高の悲劇的人物を思わせるような、……

岩手山と鳥海山とを、僕は東北の山の双璧と思っている。一は剛悍、一は優美、厳父と慈母の封照である。この東北の名山を示すのに、この写真は貧弱すぎる。いずれ撮り直すつもりである。これは一月中旬の夕刻、東北線の好摩《こうま》駅から分岐する花輪線の一駅から望んだものである。

■一九四〇年（三十七歳）、朋文堂発行の月刊誌「山小屋」で三月から「日本百名山」毎月二山の連載を始めたが、十二月までの二十座で中断した。一座一ページで各号二ページ、筆者撮影の山姿の写真が添えられている。取り上げた山は連載順に、高千穂峰、乗鞍岳、岩菅山、妙高山、燧ヶ岳、至仏山、五龍岳、立科山、宝剣岳、高田大岳、白山、会津駒ヶ岳、薬師岳、太郎山（日光）、高妻山、霧ヶ峰、赤岳（八ヶ岳）、開聞岳、湯ノ丸山、岩手山。連載第一回には「日本百名山を選ぶのは、多年の僕の念願であった。（略）百名山を選ぶというよりは、むしろ、名山を巡礼したい気持ちである。」と記している（⑱霧島山）。

•単行本『日本百名山』の「後記」には「わが国の目ぼしい山にすべて登り、その中から百名山を選んでみようと思いついたのは、戦争前のことであった。その頃ある山岳雑誌に『日本百名山』と題して二十五座ぐらいまで連載したが、雑誌が廃刊になったのでそれきりでやんだ。しかし私は山に関しては執念深いから、戦後再び志を継いで、還暦の年にそれを完成した」と書いている。雑誌「山小屋」は戦前一二五号（四二年六月）まで刊行されているので、廃刊というのは思い違いであろう。

•平福百穂（一八七七〜一九三三）は角館生まれの日本画家で、アララギ派の歌人でもあった。一九六三年、角館と、百穂が「岩鷲山」の歌を詠んだ国見峠を訪れた紀行文「国見峠」（「小説新潮」一九六四年七月／『瀟洒なる自然―わが山旅の記』に収録）がある。「これは私の愛唱歌で、国見峠へ来たのも、この歌に惹かれたからだと言ってもいい。／あいにく岩手山の頭は雲に隠れていたが、その大傾斜がゆったりと盛岡の平野に延びた雄大な眺めは、私を堪能させるのに充分だった。峠でゆっくり休んでから、雪の急斜面を辿《たど》って国見温泉へ下った。」

・岩手山の別名「岩鷲山」について、「開聞岳」（『山頂山麓』）で、「開聞《ひらきき》岳が開聞《かいもん》岳となりさらに海門《かいもん》山となったのは、あたかも東北の岩手《いわて》山が岩手《がんじゅ》山となりさらに岩鷲《がんじゅ》山の別称を生んだのと、軌を一にしている」と書いている（(99)開聞岳）。

初出＝「日本百名山―その二〇　岩手山」（「山小屋」一九四〇年十二月）。

⑭早池峰山（一九一四メートル）

家族で早池峰山と姫神山を訪れたのは一九六〇年（『わが愛する山々』所収）。ここでは数年後の春、高原の自然をのんびり楽しんだ北上山地から陸中海岸の紀行を取り上げた。

北上山地と陸中海岸

急行「北斗」で盛岡へ着いたのは朝の五時すぎ、もう明るい。バスが出るまでに一時間半ほどある。旅の始まりは、何となく心が浮き立っているせいか、退屈はしない。まず新聞を買う。ざっと眼を通すだけである。待合室の一隅に簡単に食事する所がある。そこでトーストと牛乳の朝食をすます。

駅前へ出てみる。広場の中央に啄木の歌碑が建っている。黒い大理石に刻まれた歌は、

ふるさとの山に向ひて
言ふことなし
ふるさとの山はありがたきかな

そのふるさとの山の代表は岩手山だろう。それは盛岡から大きく見えるはずなのだが、今朝は雲に隠れている。青空は無くても、いい天気である。

日曜である。早朝の駅を賑わせているのは、これからハイキングか登山に出かけようとする若者たち。ナップ・サックに運動靴から、大キスリングに山靴まで、種々雑多である。そんなグループが乗物の発着ごとに現れては消えて行く。

待合室に腰をおろして、備えつけのテレビを見ながら、少しうとうとしていると、「これから朝の大掃除をいたしますから、皆さん、しばらく外へ出て下さい」。

その大声の終わらぬうちに、××教団全国美化運動と書いた鉢巻の青少年の一群がどやどやと現れて、片っ端から掃除を始めた。見ていて気持のいい甲斐甲斐しい働きぶりであった。

六時五十分発久慈《くじ》行のバスに乗る。盛岡の市街を離れて、右手に、木々の茂みを透して北上川を見ながら走る。緑は眼に爽やかだが、水の色がいけない。どうして岩手県人は、美しくあるはずの北上川をこう褐色に濁らせておいて平気なのだろう。

三十分とたたないうちに私は居眠りを始めた。長途のバスや自動車ほど、寝不足の旅行者に睡眠を誘うものはない。これから私は初めての北上山地に入ろうとしている。出来るだけ見てやろうと、重い眼蓋をこじあけるように開くのだが、駄目である。すぐ快い睡魔の俘《とりこ》になる。出発前幾晩も寝不足に苛《いじ》められた細胞が、いま仕事と東京から解放されて、一せいに仕返しを始めたようであった。

バスは北上山地の谷間へ入ったらしい。時々あける眼に映る景色は、一人二人乗り降りのある村の停留所、前庭に鶏の遊んでいる農家、道の脇を素ばしっこく流れる小川、桐の花、その他は両側の山地を覆った緑の氾濫であった。どこまで行っても同じような緑の山間であった。

葛巻《くずまき》という、北上山地へ入って初めての町へ着いたのは、二時間半後であった。両側の店の並んでいる背後はすぐ山である。十分の停車の間に、煙草に火をつけて町を一歩きしてくると、ようやくハッキリ眼がさめた。

ここから先、平庭高原までは緩《ゆる》い上り道で、途中、放牧から戻ってきたらしい牛の群れに幾つもすれちがった。全くの野放しで、うしろから牛飼いに追われながら三々五々と下りてくる。バスにおどろいて横へ逃げる可愛い仔牛も混じっていた。ヒマラヤでよくこんな風景に出あったことを、私はなつかしく思い返した。

眼の前に豊かな緑の草地がのびのびと盛り上がっている所で、バスをおりた。一緒の車で来た色とりどりのハイカーたちは、すぐその斜面へ登って行く。私はそこにたった一軒きりの売店兼食堂へ入って、早い昼食を食べながら、大たいの地形を頭に入れるために、東京を出しなに買ってきた五万分の一の地図を拡げた。未知の土地を訪ねる時の私の常套《じょうとう》手段である。

靴底に快い土の感触を楽しんで、道路からすぐ東に伸びあがった草地を登りかけた時、まず耳を打ったのはカッコウの声だった。カッコウはそれからほとんど休みなしに鳴いた。明るい高原の隅々まで響きわたるようにそれは鳴いた。竹に雀、柳に燕、という取合わせがあるなら、高原にはカッコウであろう。

その次に私をおどろかせたのは、斜面を覆ったミヤマアズマギクの群生であった。それは地面が紫色に見えるくらい、一面にビッシリ咲いていた。その中に翁草《おきなぐさ》やタンポポも混じっているけれど、主調はミヤマアズマギクである。翁草がこんなにあるところも珍しい。

おきなぐさに唇ふれて帰りしが
あはれあはれいまおもひ出でつも

というのは斎藤茂吉の『赤光』にある歌だが、もう花が終わって長い白髪をなびかせているものもあった。

見渡す限り広々とした、その草地を踏んで、「平庭岳頂上一〇五九メートル」と標柱の立っている所まで登った。頂上らしくもない高原の続きである。日曜のせいか行楽の人々があちこちに見えて、頂上付近ではテントを張って運動会をしている一群もあった。けたたましい音を立てて、オートバイの青年が次々登ってくる。その疾駆を許すほど高原はのんびりと大きい。

群集を避けて、地図に遠別岳《とおべつ》とある方へ登って行くと、山好きの私にはこの上ない嬉しい贈り物があった。彼方山なみの上に、一きわ高く岩手山がみちのくの王者の姿で立っていた。それだけでない。さらに左に離れて姫神山の優しい金字塔があった。空はすっかり晴れて、かつて私がその頂上に立ったことのある二つの山が、私に呼びかけてくるようであった。

私は花の敷いた草原に寝ころんだ。そしてうつらうつらまどろんだ。いい気持である。眼を開くと、まわりにはミヤマアズマギグがあり、カッコウが鳴き、岩手山と姫神山が午後の陽に次第に霞みながら立っていた。尾の長い鳥が鳴きながら眼の前を飛んだ。声でカッコウとわかったが、ブキッチョな飛びかただった。

私は立ち上がってまた登りつづけた。草地が灌木に変わって、春蟬が鳴いていた。遠別岳まで行くのはやめて、その手前の三角点のある頂上で引返した。遠別岳も、その左うしろに見える円頂の安家森《あっかもり》も樹木に覆われている。遠別へ続く鞍部の草地には、点々放牧の牛が見えた。

平庭岳の頂まで戻ってくると、もう人影はまばらになっていた。平庭峠の方へおりようとする所に、もう仕舞いかけている野天の茶店があったので、そこの腰掛けで、おでんを食べビールを飲んだ。茶店のおかみさんの話では、この次の日曜に「つつじ祭り」が行われるので、大勢の人で賑わうだろうと言う。しかし満山つつじという景色をほかで幾度も見ている私は、ここのつつじはそれほど自慢の種には思われなかった。それより高原に咲きつめたミヤマアズマギクの方がよほどましだと言いたいが、そんな野草では名所にはならないとみえる。

白樺林の中を通って停留所へ出、バスを待って葛巻へ帰り、そこの宿屋へ泊まった。静かな宿だった。くらやみに寝ながら、裏山でジヒシーン、ジヒシーン、と慈悲心鳥の鳴くのが聞こえてくると、やはり北上山地の山深い所にいることが感じられた。（略）

■北上高地の最高峰・早池峰山に登ったのは一九六〇（昭和三十五）年〈五十七歳〉八月、志げ子夫人、沢二と。小雨模様で山頂は霧の中だったが、翌日は快晴に恵まれ、姫神山に登って早池峰山や岩手山を望んだ。また、下車駅を間違えた偶然から、啄木の故郷・渋民を訪れることができた（『わが愛する山々』所収）。掲載の紀行は六四年五月末か六月初旬、雑誌の取材で訪れたもの。平庭岳（一〇六〇メートル）は葛巻町から山形村（現、久慈市）へ越える平庭峠近くにある。
•石川啄木（一八八六～一九一二）は、北上川が流れ、西に岩手山、東に姫神山を望む渋民村（現、盛岡市玉山区渋民）に育つ。「ふるさとの山に向ひて……」は第一歌集『一握の砂』所収。
初出＝「北上山地横断・陸中海岸の核心地帯へ」（「旅」一九六四年八月）、『瀟洒なる自然』に収録。

⑮**鳥海山**（二二三七メートル）

一九四〇（昭和十五）年四月、鳥海山の駒止（三合目）の畠中小屋に入った。戦時色が強まり、五月には文芸銃後運動に参加という暗い世相だが、山とスキーに夢中だった。

鳥海山の春

わが国には、海ぎわまで裾を引いた秀麗な山がいくつもあるが、出羽の鳥海山はその最も優れた一つである。したがって古から有名な山で、その歴史は一千年以上も溯《さかのぼ》ることが出来る。単に東北第一の高山であるのみならず、地質学上にも植物学上にも貴重な山である。だがいずれ鳥海山については委しく書くことにして、ここにはただ、昨年の春スキーで中途まで登ったなつかしい思い出を記すにとどめよう。

四月十三日、と言えばこの地方ではまだ早春だが、その日は特別うららかな、昔の人なら縹渺《ひょうびょう》という字でも使いそうなよい天気だった。吹浦《ふくら》というのは羽越線の酒田から秋田の方へ三つ目の小駅で、僕がそこへ降りたのは正午に近かった。もちろん陸橋などなく、降りたホームの片脇は田んぼといった工合である。その田んぼの中を川（吹浦川）が流れその向こう側は松林になっている。松林の裏は直ぐ海だが、ここからは見えない。乗ってきた汽車をやり過ごして、線路を渡って駅の表へ出ると、真正面に鳥海山がそびえている。

空は青く、峰は真っ白だが、冬の晴れた日のようにそのけじめがクッキリとではなく、暈《ぼ》かしたようにゆるんでいるのも春らしい。（略）

吹浦村は北海に面した一寒村に過ぎないが、昔の旅人には深い印象を刻みこんだ所とみえる。たしかにここの風景には、何か胸に沁《し》むような独特なものがある。

岬から引返して、網など干してある、魚の鱗くさい家の間を通って、大物忌《おおものいみ》神社の前へ出た。古来わが国の著名な山にはいずれも神が祀《まつ》ってあった。いやさらに古くは、山そのものを神とみなしてあがめたのである。鳥海山は大物忌神であった。承和五年（今から約一千百年前）に正五位下に授位されているから、その歴史の古いことがわかる。吹浦にあるのはその口ノ宮で、今は国幣小社になっている。石段を上って参拝する。

そんな風に歩き廻って暇をつぶしているうちに、坂本君の着く汽車の時間がきた。都会で激しい交通機関ばかりに慣れた眼には、何時間に一度かポッポッと煙を吐いて田畑の間を走ってくる汽車が、いかにものんきそうに童話じみて見えた。長身の坂本君が「済まん、済まん」と言って降りてきた。済まんことはお互い様である。お互いの失策を笑いながら、ともかく畠中《はたなか》さんのお宅を訪ねた。

畠中さんは吹浦の郵便局長さんで、お宅は村をはずれて少し上った野の中にあった。御主人はお留守だったが、奥さんと、御長男の若奥さんとが、親切に迎えて下さった。鳥海山の五合目あたりに畠中さんの山小屋がある。僕等はそこをお借りするつもりなのだ。友人の石一郎夫人の御紹介である。糧食を失くしたことを言うと、畠中さんの家のかたが野菜や、取れたての生き生きした飯蛸《いいだこ》や鰈《かれい》を買ってきて下さった。それから小屋へ一緒に行ってくれる人夫を頼むと、この頃は入手がなくて、とあちこちあたってみて下さった末、やっと一人探してきて下さった。青年と少年の中間くらいの子供だった。

これだけ用意が揃うて、もう僕等は汽車に乗りおくれたことも、糧食を失くしたことも、すっかり忘れてしまったように、元気が出てきた。午後の日は傾いてきたが、相変わらずうららに晴れ渡って正面に鳥海山が霞むようにそびえている。人夫は荷をかついで一足先に出て行った。僕等も小屋の鍵を借りて、厚く礼を述べ、スキーをかついでそのあとを辿《たど》った。畠中さんの小屋まで約二里ほどの行程である。

村を出るなり、もう爪先上がりの山道である。両側は果物畑か何かで、あちこちに働いている女たちは、お高祖頭巾《こそずきん》のようなもので頭を包み、鼻と口のあたりに横に一筋黒い布を締めているのが、仮装舞踏会にでも出て来そうな風俗で珍しかった。汗ばむような暖かさで、雲雀《ひばり》の囀《さえず》りが頻りである。

林を通り抜ける時には、二、三台の荷馬車が道のまん中に頑張っていて、男たちが材木を積んでいた。木の蔭に、何の花か真っ白な可憐な花が、春のさきぶれのようにかたまって咲いていた。

小一里ほど歩くと、木落《きおとし》坂というのにさしかかる。それを登りきろうとするあたりから眺めが展けて海が見えてきたので、腰をおろして一休みする。見たところ、入りこんだ丘陵つづきで、その果てに海が拡がっている。吹浦から北へ海岸伝いに、有耶無耶《うやむや》関址の突出がよく見えた。

残雪はこのへんから道ばたに現れたが、やがてそれから木ノ芽坂にかかると、ずっと続いていそうなので、スキーを穿《は》く。所どころは雪が切れて、枯草の上を穿いたまま渡った。右手に営林署の小屋を眺めて過ぎると、今度は陣屋坂というのになる。その坂を登った所は、あまり丈の高くない松林で、その間を道が通じている。松林はやがて、松と楢《なら》の入り混じった疎林にかわった。

もうだいぶ時も過ぎて、あたりは薄靄でも引いたように、ふんわりと暮れかけてきた。二人のスキーのきしむ音以外には、コトリともしない静かな夕だ。道が落葉松《からまつ》の林に入ろうとする所で、僕らより一足先に僕らの荷をかついで行った人夫が、畠中小屋へ荷をおいて帰ってくるのに出あった。この人夫が僕らと一緒に泊まって炊事の用意などしてくれるのだとあてにしていたのに、どうしても帰らねばならぬという。仕方なく賃金を渡して別れる。

落葉松の林の中の道はまっすぐだが、左にそれて、今逢った人夫の輪カンジキのあとがついていた。それをつけて行くと間もなく、林を出はずれた所が沢になって、そこに雪に埋もれた小さな小屋の屋根が見つかった。それが畠中小屋だった。吹浦の畠中さんの建てられた個人の小屋である。

お借りしてきた鍵で戸をあけると、直ぐ左手が高流しのついた勝手、右手は六畳くらいの一間、そこに茶簞笥やラジオの棚などあって、ひょいとアパートの一室へ入ったような感じだった。早速二人して泊まりの準備にかかる。まず台所を一捜索する。鍋も釜も庖丁も皆そろっている。米、味噌のありかも分かったし、炭も俵にいっぱいある。風呂桶まで具わっている。坂本君が七輪で火を起こす間に、僕は表へ水を汲みに行く。小屋の直ぐ前は谷川らしいがすっかり雪で埋まっていて、一と所だけ水を汲みあげる穴が掘ってあった。覗《のぞ》くと豊かな水が音を立てて流れている。

食事の煮え上がる間、居間のこたつに火を入れて、一寛ぎする。茶簞笥の中を物色すると、お茶道具一式、砂糖、海苔、使い残しの紅茶まで出てきて、僕が汽車の中に忘れてきた御馳走を惜しむ気もだんだん薄れてきた。馬鈴薯の味噌汁に蝶の煮つけという、山小屋にしては珍しいおかずで、夕食をたべる。

よく眠って翌朝早く眼がさめる。窓の緑色のカーテンを引いて山の方を見ると、美しい暁の色に晴れていたが、二度目に見た時はもう雲がかかっていた。風のひどく生あたたかいのが気がかりである。

朝めしを食い、弁当を作って、小屋を出たのは九時頃だったろうか、落葉松の林の上に出て、そこから灌木の茂った間を分け登って尾根に取りつく。この尾根伝いが夏道らしく、途中に鳥居など立っていた。緩慢なその道をスキーを滑らせて行くと、やがてその尾根が右へ折れる。そこから傾斜も今までより急になってきた。

目あての大平《おおだいら》の小屋が、正面の台地の端に立っているのが見えるが、あそこまで登らねばならぬかと思うとうんざりするほど、遥かに高く遠い。その大平小屋まで行っても、鳥海の頂上までの三分の一にも足りないのだ。

傾斜がグンと急になって、そこを喘《あえ》ぎながら登り尽くすと、広い台地へ出た。身体があふられるほど風が烈しい。登りつめた所に立っている大平小屋の蔭へ隠れたが、寒いので、小屋の窓を外してそこから中へ飛び下りる。小屋は屋根が破損していて、吹きこんだ雪が溜まっていたりしたが、建て方がガッシリしていて、修繕すればなかなかいい泊まり場になりそうである。ことに冬の鳥海山登山の根拠地としてはいい位置をしめているし、スキー練習のためにはもってこいの場所だ。

小屋の前は、大平という名の通り広い原で、その向こうに、スキー人垂涎《すいぜん》の的の見事な大斜面が懸かっている。幅も広く、傾斜も急で、大瀑布をかけたような趣にみえる。鳥海山の頂上へは、この斜面を登って行くのである。

小屋から海岸の方の見晴らしもなかなかよい。侘《わび》しげな海岸線がずっと続いていて、象潟のあたりまではっきりみえる。かつては奥の細道の芭蕉も辿って行った道である。

小屋の中は二つに分かれていて、一方には床《ゆか》が張ってあって大きな炉がある。片一方は土間で、どっさり薪が積んであった。僕らはさんざん苦労したあげく、ようやく湿った薪を燃えつかせて焚火を作った。火がだんだん大きくなると、何となく心ものんびりしてきで、二人で大声で歌をうたった。坂本君はテノールで音楽会に出たこともある。我々の仲間での音楽好きだ。

小屋の中はこんなにのんきだが、外では相変わらず風がヒュウヒュウ荒れている。時々吹雪になって、先が少しも見えなくなったりした。

一時間あまり待っているうち、どうやら晴れてきたらしい、前面の大斜面がすっかり姿を現してきたので、窓をよじ登って表へ出る。依然として風は強い。原を横切って大斜面を登り始めた。精を出して途中まで登った頃、またしても一面に霧がこめてきて、何もかも見えなくなってしまった。ともかく斜面の一番上まで登った。がここから先は霧に巻かれると危険だと聞いていたし、晴れそうな見込みもないので、残念ながらそこから引返すことにした。とある岩かげに陣どって、かじかむ指で弁当を食う。

シールを外して、帰りは速かった。またたく間に大平の小屋まで下り、それから畠中の小屋まで愉快な滑走をつづけた。

小屋へ帰って一休みする間もなく、二人で夕飯の準備にかかる。無人の小屋は僕らだけの暢気な気安さがある代わり、炊事という厄介なものがある。小まめな坂本君が高流しで庖丁など使っている間に、僕はバケツを下げて、小屋の前の雪で埋もれた谷川へ水を汲みに出る。雪の中に半坪ほどの穴があいていて、その下をゴボゴボと雪解けの水が流れている。傍らの灌木の枝を片手に握り、足場の悪い雪の段に足をおろして、片手のバケツで水を汲もうとした途端、薄くなった雪の段が崩れて、ハッと思う間もなく下半身が水に浸った。あわてて立ち直ろうとしたが、強い水の勢いが足を浚《さら》って、横倒しになった身体が雪の下へ流れ込んでしまいそうである。夢中になって灌木の枝にすがった。そしてようやくその流れから匐《は》い上がった時は、全身水びたしになってしまっていた。

震える身体で小屋へ飛び込むと、素ッ裸になり、毛布にくるまってこたつにもぐりこんだ。濡れたものを一枚、一枚こたつで乾かしながら、あの時谷川へ浚われてしまったらどうなったことだろうと想像した。真っくらな雪のトンネルの中を流れて行くうちに、パッと明るい所へ出る。そこはもう雪が溶けて谷川の現れている所だ。そこでうまく立ち直って岸へ匐い上がる。——そういう空想が止めどもなく湧いてきた。怖いというより何か楽しいような空想だった。助かったからこそそんなのんきな考えが浮かぶのである。

翌朝、あまり思わしい天気ではない。ともかく用意して出かける。昨日と同じように尾根を辿って、大平の小屋目がけて登る。昨日あんなに遠く思ったのが、二度目のせいか思いのほか早く、一時間足らずして、大斜面を前にした台地の一端に立った。その台地へ取りつく急坂は、スキーのエッジの立ちそうもないほどカチカチに凍っているので、少し右手の灌木の疎林の間を迂回した。

ここまで来ると、またもやガスである。何も見えなくなったので、昨日のように小屋の窓から入って焚火をした。今日も一時間あまりも休んだであろうか。ようやく明るくなってきたので、小屋を出て、前面の大斜面を登り始める。三分の二ほど上ると、再びガスが巻いてきて、お互いの姿さえ見失いそうである。ついに頂上を断念して、そこから下ることにした。

坂本君はスキーの名手である。一緒にスタートしたが、坂本君は近頃流行のテンポ・スウィングで、僕が転んで起きた時には、もう遥か下の方に小さくなってしまっていた。ザラメ雪にも成りきらず、硬軟縞になった滑りにくい雪面に悩まされながら、とは言うもののそれなりにまた面白く、大平の小屋の前で待っている坂本君に追いついた。

それから畠中小屋まで一滑り、小屋へ寄って跡始末をして下山の途に就《つ》いた。落葉松の林の間の道を滑って行くと、今にも芽を出さんばかりに薄赤くふくらんだその梢の上に、日本海が青黒く拡がっていた。いかにも早春らしい、印象に残る風景であった。

この季節の雪の解け方は実に早い。わずか二日の違いだが、行きしなにスキーを穿いた所はもう土が出て、枯草の間に水溜まりが出来ていた。欲張って出来るだけ無理をしてスキーをつけて行ったが、とうとう陣屋坂の途中でスキーを脱いで括《くく》った。そして折から降ってきた小雨に濡れながら、吹浦へ下って行った。

■一九四〇（昭和十五）年（三十七歳）、四月、「坂本君」と中腹からスキー滑降。「お互いの失策」は省略した前半に書かれている。夜行列車で待ち合わせたが「坂本君」が乗り遅れ、一方、深田はご馳走の入った風呂敷包みを網棚に置いたまま眠り込み、紛失してしまった。「坂本君」は不詳。

•畠中小屋は、畠中善彌（一九〇〇～九一）が個人で建てて登山者やスキーヤーに開放していた。畠中は東京中央電信局などに勤務の後、帰郷して郵便局長を務める。鳥海山の観光宣伝に尽力し、日本山岳会はじめ、多くの登山者と交流があった。

•石一郎（一九一一～二〇一二）は、アメリカ文学者で、スタインベック『怒りの葡萄』、ヘミングウェイ『武器よさらば』の翻訳で知られる。登山関係の訳書に、A・F・マンメリイ『アルプス及コーカサス登攀記』、E・ウィンパー『アルプス登攀記』など多数がある。
・深田久弥は、一九五二（昭和二十七）年十月、国体山岳部門の石川県監督として鳥海山に登った（「国体鳥海山登山」『山さまざま』所収）。このときの諏訪多栄蔵との出会いがヒマラヤ文献蒐集のきっかけとなった（「机上ヒマラヤ小話5　エヴェレスト文献」「岳人」五四年一月）。「私を今日のような蒐集癖にまで育て上げた責任の大半は、諏訪多栄蔵君にある。この博覧強記の山岳文献のオーソリティは、懇切丁寧に私にヒマラヤの新刊書を教えてやまなかった」（「本集め」『山があるから』所収）と記す。その後の交際の様子は「書簡集―諏訪多栄蔵宛」（『全集Ⅶ』）で知ることができる。
・諏訪多栄蔵（一九一一～一九九二・本姓田中）は戦前からヒマラヤ研究家として知られ、多くのヒマラヤ文献の刊行に携わった。著書に『マッターホルン』『ヒマラヤ山河誌』など。訳書にシプトン『地図の空白部』などがある。深田久弥没後、『ヒマラヤの高峰』の刊行に力を尽くした。
・深田久弥のヒマラヤ文献コレクションは、「九山山房」と名付けられた自宅の本小屋に収められた。六〇年代のヒマラヤ登山全盛期には、「九山山房」はヒマラヤ研究に訪れる人たちを迎え、〝ヒマラヤの梁山泊〟（近藤信行）といわれるようになる。この蔵書のなかの欧文図書は現在、国会図書館に所蔵されている。
初出＝不明。『山頂山麓』（一九四二年・青木書店）に収録。『山頂山麓』は戦前最後の山の作品集で、日中戦争が本格化した三七年から太平洋戦争に突入した四一年頃に書かれたもの。三九年十二月、満州・北支・蒙疆《もうきょう》二カ月の旅を終えてすぐの「薩南の山旅」ほか、二十篇の紀行、エッセーを収めた。

⑯**月山**（一九八〇メートル）

家族四人でテントを担いで縦走した飯豊山の帰り、飯豊山に同行してくれた藤島玄と二人で山岳信仰の名山を訪れ、芭蕉の足跡を偲んだ。

出羽三山

昔の人は足が速かった。足だけが交通機関だったから、歩き慣れていたせいもあるだろう。詩人といえば日本では病弱な体質が考えられがちだが、芭蕉などは相当たくましかったのではあるまいか。それを私は彼の歩きぶりから察しる。

『奥の細道』の旅程は門弟曽良の随行日記によって明らかにされたが、例えばその中の北陸海岸の旅である。七月十一日高田を発って、同十五日金沢に着くまでの五日間、連日十里の道を歩いている。私はそれを五万分の一の地図で計った。二日目の能生《のう》から市振《いちぶり》までの間は、途中に親不知の険をふくんで優に十里以上ある。その翌日の市振から滑川《なめりかわ》まではさらに長い。次の日の高岡までは暑さ極めてはなはだしかったとある。

旧暦七月半ばは今の八月下旬にあたるそうだから、さぞ残暑がきびしかったであろう。それを冒して、毎日十里以上五日も歩き続けたとは、おそるべき体力である。一説によると芭蕉は越後で不快な印象を持ったというから、早くそこを離れたくて急いだのかもしれない。それにしてもこの足の強さは、「暑湿の労に神《しん》をなやまし」などという表現から読者が受けるような、哀れっぽい歩きぶりではない。

芭蕉をここへ持ち出したのは、これから書こうとする私の出羽三山に、『奥の細道』を援用したいからにほかならない。私が友と二人、鶴岡の駅へ降りたのは、八月半ばすぎの午後おそくであった。駅前から遙《はる》かな月山は濃い群青《ぐんじょう》で、牛の背のようにゆったりと伸びていた。そしてその上に、

雲の峰幾つ崩れて月の山

私たちの仰いだ月山にも本当に雲の峰が立っていた。

芭蕉は旧暦六月三日新庄を発って、舟で最上川を下り清川に上陸、そこから歩いて狩川を経て羽黒山の南谷へ暗くなってから着いた。文明の世の私たちは鶴岡からバスで約五十分、羽黒山麓の手向《とうげ》まで運ばれた。ここには全国各地からの参拝者のための宿坊が並んでおり、境内に入ると出羽三山の総社務所があった。

出羽三山とは羽黒山、月山、湯殿山を言い、奈良朝時代崇峻天皇の第一皇子蜂子皇子の開山と伝えられる。中古修験道が起こるとこの三山を修行の道場とし、羽黒山伏の名が高くなった。彼等は全国に出かけて信仰を拡めたので、三山登拝の風が大いに起こった。私

たちも古例に従ってその順路を辿《たど》ろうというのである。

祓川《はらい》の神橋を渡って、杉並木の石段にかかった時には、もう日はとっぷり暮れていた。夜目にもみごとな天を突く杉の大木であった。その間を一段ずつ登って行くと、不意にキョキョキョキョと夜鷹が鳴いた。それがあたりの森閑をいっそう深めた。

石段は、一ノ坂、二ノ坂、三ノ坂と続き、二ノ坂を登った所で私たちは汗を拭いながら一休みした。二千五百段とかあるというこの石坂もみごとである。羽黒山中興の天宥法印の造営と聞いた。三ノ坂へかかる所から右へそれると、芭蕉の泊まった南谷の別院の跡がある由。彼はそこへ着いた翌日、俳諧興行をひらいている。

有難や雪をかをらす南谷

私たちは坂を登りきった所にある斎館に泊めて貰った。古い大きな建物である。勅使の間の隣の十五畳に二人だけの床を並べた。

翌朝、まず私を喜ばせたのは、緑の庄内平野を距《へだ》てて彼方《かなた》に、姿の凛々《りり》しい鳥海山を眺めたことであった。鳥海と月山、一つは颯爽《さっそう》と、一つは悠然と、相対して平野を見おろす、古い時代からの奥羽の名山である。

その日の午前を羽黒山の見物に費やした。山とはいうものの四百メートルほどの丘陵にすぎない。そこに三神合祭殿《さんじんごうさいでん》と称する大屋根の立派な社殿があり、中は参詣人で充ち、大神楽があがっていた。付近にはいろいろ見るものが多かったが、私には荒沢寺までの静かな裏道が、いかにも古い昔を偲《しの》ばせるおもむきで、気に入った。

そこから月山行のバスが出る。芭蕉は六月六日（陽暦七月二十二日）南谷から月山へ登った。「木綿《ゆふ》しめ身に引きかけ、宝冠に頭を包み、強力《がうりき》と云ふ者に導かれて、雲霧山気の中に氷雪を踏んで登る事八里、更に日月行道の雲関に入るかとあやしまれ、息絶え身こゞえて、頂上に臻《いた》れば、日没して月顕《あらは》る。笹を鋪《し》き篠を枕として、臥して明くるを待つ」と『奥の細道』にある。

南谷は三五〇メートル、月山頂上は一九八〇メートルであるから、一日で千六百余メートルの登りは、相当えらかったに違いない。しかし彼の健脚ぶりは冒頭に述べた通り。とうてい病詩人のわざとは考えられない。昔の文人で二千メートルに近い山に登った紀行は珍しいのである。

おぞましくも末世の代に生まれた私たちには登山バスがあった。俳聖が汗して登った道を、私たちは六合目の手前二百メートルの地点まで居ながらにして達した。そこから歩き始める。途中何合目ごとにある小屋はいずれも「笹を鋪き篠を枕とする」ような笹小屋である。

七合目から八合目までを、私たちはまだ大きく残雪のある斜面に道を採った。側の崖には、日光キスゲの黄色が帯のように咲き拡がっていた。雪の消えかけたあたりにはヒナザクラの可憐な花も見えた。

八合目で元の道に合すると、そこから弥陀ヶ原が始まる。もう高山地帯の様相で、高山植物の咲き溢れた草地のあちこちに、小さな池塘《ちとう》が美しい。仏生池とか、行者返しとか、普陀落《ふだらく》とか、信仰の山らしい名前が方々に残っている。

頂上の一等三角点は細長い尾根の一端で、エーデルワイスが咲いていた。あいにく曇って眺望はなかった。最高点からわずか下に、石畳を敷き、石垣で囲んだ月山神社がある。聖域であるから、穿《は》き物《もの》をぬいで参拝する。そばに参籠者のための石室《いしむろ》もあった。神官の林正近氏は教養の豊かな人で、私たちはいろいろ珍しい話を聞いた。

神社は月読命《つきよみのみこと》を祀《まつ》る。月山の名はそこから来ているが、庄内の平野から見ると、この山は月が半輪を空に現したような優しい姿をしている。由緒の古いことではわが国有数の山で、すでに貞観六年（八六四年）に月山神の叙位が国史に現れている。

私たちは頂上から少し下った所の鍛治小屋にその夜は泊まった。細道に「谷の傍《かたはら》に鍛冶小屋と云ふ有り。此の国の鍛冶、霊水を選びて、爰《ここ》に潔斎して剣を打つ。終《つひ》に月山と銘を切って世に賞せらる」とある、その小屋と同じ場所であろうか。

翌朝は絶好の快晴であった。私たちは再び頂上へ登り直した。視界の利かなかった昨日とうって変わって、眼の前には広々とした高原が横たわっていた。平野から眺めて月山がゆるやかに伸びた山容である通り、頂上付近はあちこちに大きな斜面が傾いている。南へ向かって思いきり伸びた緩い原を、私たちは高山植物をたずねたり、周囲の展望に眼を楽しませながら、さまよい歩いた。岩と花に敷きつめられた間に、ところどころ小さな池が光っている。

眺めは申し分なかった。鳥海はもちろん、蔵王も朝日も四顧の中にあった。何よりこの広濶な頂上の大高原、こんな雄大な頂上はほかにないだろう。

芭蕉は頂上の小屋で一夜をあかした後、「日出でて雲消ゆれば、湯殿に下る」。湯殿山は三山の奥の院と言われ、約九百メートルの下りである。彼は湯殿に参拝してから再び月山へ登り返し、その日のうちに南谷まで帰ったというから、これもなかなかの強行である。曽良の日記に「暮れに及びて南谷に帰る。甚だ疲る」とあるのも当然だろう。

湯殿山というものの、これも山ではなく、谷川の大きな岩から湯が滾々《こんこん》と噴き出していて、そこに神社が祀ってある場所を言うのである。その岩を霊岩とし、その湯を霊湯とし、それが御神体であって、本殿も拝殿もない。羽黒山で入峰修行し、月山に登って艱難《かんなん》に堪え、その功徳で湯殿山へ下って即身成仏する、すなわち生きながら仏になるお山であるから、人工の社殿を設けないという思想だそうである。

「惣而此《そうじて》の山中の微細、行者の法式として他言する事を禁ず。仍《よ》って筆をとゞめて記さず」と芭蕉は書いている。

語られぬ湯殿にぬらす袂かな

他言を許されぬ湯殿山の神秘にふれて、その有難さに感涙で袂を濡らした、という意である。

しかし信仰者よりは観光客で賑わうようになった今日では、湯を噴いている岩も、そのあたりも、どこか通俗的で、私には昔の有難さがさほど感じられなかった。おそらくそれは交通の便が開けて、はるばる奥の院まで辿りついたという実感が無いせいもあろう。現に私たちは月山へ登り返す必要はなかった。湯殿から四キロと下らないうちに湯殿山ホテルがあり、そこがバスの発着所となっていた。

もしバスがなかったら、ここからの帰りは大変である。六十里越街道と呼ばれた長い道で、バスに乗ってさえ山形へ三時間、鶴岡へは二時間半もかかる。私たちは鶴岡へ出た。道は深い山の中にうねうねと続いていた。途中素朴な萱《かや》屋根を持った家々が山腹に散在しているのが見えた。緑の濃い山に、その特徴のある萱屋根の大きな三階建てが、いかにも調和して美しかった。これが田麦俣の集落で、その古いおもかげは、民俗学者の注目するところとなっているそうである。

■一九六二（昭和三十七）年（五十九歳）、八月、藤島玄と二人。

・藤島玄（一九〇四〜八九）は飯豊連峰の精通者として知られ、著書に『越後の山旅』上下（一九七九年・富士波出版社）などがある。

・松尾芭蕉が江戸深川を発ったのは元禄二年三月二十七日（新暦一六八九年五月十六日）、四十五歳。松島、平泉、立石寺、新庄を経て六月五日（新暦七月二十一日）羽黒山に詣で、翌日月山に登った。

・「月山神の叙位」については、「信仰登山」（『山岳遍歴』）にも書いているが、木暮理太郎「山の今昔」（『山の憶ひ出』）に詳しい。『三代実録』によると、貞観六（八六四）年・従三位から元慶四（八八〇）年・正三位勲三等まで五回の記録が見られる。仁和元（八八五）年には、秋田城中と飽海郡神宮寺西浜に石鏃が降り、凶狄陰謀兵乱の前触れと占われ、大物忌神（鳥海山）、月山神、田川郡由豆佐乃賣神（現、鶴岡市湯田川）の三神を崇敬しなかったためだとして三神を厚く祀る命が出された。

初出＝「出羽三山（銷夏随筆）」「學鐙」（一九六五年七月）、『瀟洒なる自然―わが山旅の記』（一九六七年・新潮社）に収録。『瀟洒なる自然』は六二年から六七年に執筆した紀行、エッセー四十四篇をまとめたもの。六六年一〜五月のシルクロード踏査から帰り、「あとがき」に「西アジアの四ヶ月の旅行から戻るなり信州へ遊びに行って、私は自然の豊かさにおどろいた。私たちはいつも美しい自然の中にいるから、その美しさに鈍感になっている。」と記している。

⑰**朝日岳**（一八七〇メートル）

一九二六（大正十五）年、東京帝国大学に入学した年の山行。まだ登山記録も少なかった朝日連峰を、友人と二人でテント縦走した印象深い山旅だった。

朝日連峰・大鳥池

東北の朝日連峰は今は登る人も多くなり、道も拓《ひら》け、山小屋なども随所に建って、随分便利になったらしい。僕等がその朝日連峰を縦走して大鳥池に出、大鳥川を下って庄内《しょうない》へ抜けたのは大正十五年七月であった。

夏休みが近づいて来ると、本郷通りをゆく学生も何となく浮々して見える。海へ山への計画が、寄り合えばいつも話題に上ってくるのであった。そんなある日、山友達の塩川君から朝日へ行かないかと誘われた。朝日連峰と聞いても僕はまだそれがどのへんにある山かさえはっきり知らなかった。帰って早速地図を験《しら》べ、それからその紀行文の出ている『登高行』を借りて読んで、始めておおよその知識を得ると、僕の頭はもうその峰や谷についての空想でいっぱいになってしまった。

主唱者の塩川君と、他に南君と谷井君と、僕と四人で行くことになった。学校の前の西洋料理店で昼飯をたべながら、いろいろ持って行くものの分担を決めたり、四人ともに未知の山について語りあった。山へ行く楽しさは決して山へ登る時にのみあるものではない。出発以前から帰宅以後にまで続くものである。そしてたいていの物事は、その予想が大きければ大きいほど、いざ実際の現実に出くわすと失望するものだが、山行だけは、期待がいくら大きくても実際はそれ以上に素晴らしいものだ。これは山という偉大で豊富な自然に対して、我々人間の空想なんてものがいかにちっぽけなものであることを示すものだ。

（略）

大朝日岳露営地まで

七月八日、ついに晴れた。見える限り青空だ。ところが同行の谷井君が昨日から熱を出して寝ついてしまった。昨夜はかなり熱が高かったが、今朝は割合平気だ。しかしとても山へは行けそうもないので、四人でお互いに譲りあいの後、結局南君が看護に残って、僕と塩川君とが出かけることになった。残念そうな、済《す》まなさそうな谷井君等の元気づけに送られて、宿〔朝日鉱泉の古川屋〕を出発したのは八時半だった。

三日分の食糧と天幕とを二人で分担しているのでひどく荷が重い。しかしルックザックに目方のあることは何かしら僕等には誇らしい気持であった。その頃の山行には人夫も雇わない場合が多かった。それは金銭に乏しいせいもあったろうが、やはり客気に溢れた自負心によるものとみていい。無思慮な冒険は慎しむべきだが、ただ自分の労力を減ずるためだけなら人夫など雇う必要はない、という当時の僕等の思想であったろう。こういう見栄もたいていの登山家は一度は青年時代に潜って来たに違いない。

宿の裏手から朝日川の左岸の山腹をからんだ道を登り始めたが、その初《しょ》っぱなから急坂で、まだ荷に慣れぬ僕等は呼吸をはずませながら登って行った。尾根を一つ越して、朝日川の支流金山沢《かなやま》のほとりに出ようとするあたりで、突然眼頭《めがしら》に迫るように大朝日岳の姿が見えた。この重い荷を担いで今日のうちにあの峰の上に立とうとは思えないくらい、雄大に聳《そび》え立っている。金山沢を上りつめ、小さくなった谷川を右左に移りながら進み、急な山道を一頑張りすると、鳥原《とりはら》山の東にあるタンボに着いた。十一時半。

通常タンボと呼ばれているこういう山頂に近い湿原地帯には、きまって似たような趣がある。白馬《しろうま》岳の北の天狗原や苗場《なえば》山頂などがそうであった。それは一概に高原と呼ぶには少し差し控えたいような一種趣の変わった風景である。そういう所には丈の低い灌木が生《お》い、点在する浅い池沼には水芭蕉が咲き、踏めばジクジクするあたりにはモウセンゴケなど高山植物が繁茂している。僕はそういうタンボが大好きである。今鳥原山のタンボへ来て、疲れも一時に去ったかのようにいい気持になった。まだ雪は所どころにあったが、花は皆開いていた。北隅にある池水を御田《おだ》と呼ぶのだそうだが、僕等はそのほとりに腰をおろして、鳴き頻《しき》る小鳥の声を耳にしながら弁当を食った。

鳥原山の頂上へはそこから三十分くらいで着いた。大朝日、小朝日が直ぐ眼前にそばだち、その両峰の間に遠く、中岳、西朝日岳等を指差すことが出来た。ここからいよいよ尾根伝いになる。所どころカンジキの欲しそうな雪の上を渡って、小朝日岳の上に立ったのは一時五十分。何しろ荷物が重いので暇がかかる。ここの頂近くの急傾斜に差しかかった時などは、特に重荷が歎じられた。

這松《はいまつ》で覆われた頂上は狭いが、その展望は素敵だった。明日縦走しようとする峰伝いのコースが一目に見渡される。どの山にもまだベッタリ雪が残っているので、二千メートルにも足らぬ連峰ながら、ひどく雄大な感じがする。行手はなかなか遠い。振り返ってきた道を見ると、まだ僕等は朝日連峰の緒についたに過ぎなかった。展望をたのしみながら半時間ほど休む。

小朝日岳から灌木帯の急坂を落ちるように下ると、下りきったところが熊越《くまごえ》という名のある所だ。そこからまた大朝日岳につづく尾根を上り始める。この尾根は大へん緩慢で、途中大きな雪が残っていた。僕等はそのあたりで二度目の昼飯をたべ、それから今夜の露営に水の乏しいのを慮《おもんぱか》って、そこの雪解けの水で米を磨いでおいた。雪の消えているへんには、実に見事なくらいたくさんのミヤマウスユキソウが一面に咲いていた。その小さい星形の、真っ白なフランネルで出来たような花を、これが欧洲のアルプスで名高いエーデルワイスだと教えてくれたのは塩川君であった。Edelweiß という名前がいい。いかにも「高貴な白」と言いたい美しく気品のある花だ。高山にあるに似つかわしい。僕はエーデルワイスという名前の酒場が横浜などにあることを憎んだのである。

この緩やかな尾根が大朝日頂上への急斜面に続こうとするあたりに、今は鉄筋コンクリートの小屋が建ったそうだが、僕等の時はまだなかった。そういう小屋があったら厄介な天幕など背負わずに済んだのである。中岳に行く分かれ道でルックザックを残し、空身《からみ》になって大朝日の頂上へ登った。ここで始めて日本海を望んだ。佐渡ヶ島もよく見える。見渡す山々の中でも、北の方、月山を越えてあなたに、鳥海山のゆったり裾を伸ばした山容が実に立派に雄大に見えた。目差した連峰中の最高峰に立った喜びで、僕等は倦きず周囲の景色を眺めた。頂上から東南に派出した尾根にちゃんとした切明《きりあけ》があったが、これは鉱泉から直接に登る中ツル道なのであろう。時刻を見るともう四時半だ。風もなくあたりには夕方の静けさがあった。Über allen Gipfeln ist Ruh（なべて山嶺《いただき》にのみ安息《いこい》あり）

——僕はそういうゲーテの言葉を口ずさんでみるのであった。

頂上を辞して元の所に戻ってルックを拾い、大朝日岳と中岳との鞍部の残雪の傍に今夜の宿をきめた。雪解けでまだ草地はしめり、水たまりも所どころにあった。場所を選んで天幕《テント》を張り、そこらの這松の枯枝を焚木に集めてから、火を起こしにかかった。ところが木が皆湿っているのでなかなか燃えつかぬ。一時間近くも手こずり、苛々して二人とも突《つっ》慳貪《けんどん》に含み声になった頃やっと燃えついた。

夕飯を済まして食後の紅茶を沸かしていると、大朝日岳の上の方から呼声がする。今頃誰かなと思っていると、やがて声の主が三人降りて来た。商大の人達だった（注）。野川の方から猛烈な藪くぐりをしてようやく大朝日を越えてここへ来たのだという。滅多に人の影を見ぬ山の中で、同じ山好きの人たちと出くわすのは嬉しいものだ。お互いに名前を名乗りあうなど世間めいたことはしなかったが、その夜は満天の星を仰ぎながら、同じ焚火を囲んで紅茶や汁粉を啜《すす》りながらおそくまで話しあった。十時頃天幕にもぐりこんだが、寒くて充分眠れなかった

注　後年『登高記』という本を偶然読んで、この商大の人達はその著者の古沢一郎氏の一行であることを知った。氏等は長井線の時庭駅から野川の源流を溯って平岩山から大朝日岳へ登られたのだが、それまでにも四日を費やして居られる所をみても、その労苦が察せられる。（一九三四年追記）

大鳥池まで

山頂に近い幕営のせいか実に寒い。堪《たま》りかねたか塩川君も起き上がって、二人で外へ出

て焚火にかかった。三時半だ。まだあたりは薄暗い。朝飯の飯盒《はんごう》が煮えるのを待っているうちに、東の空が紅くなり、やがて連山の上に太陽が上ってきた。今までにもしばしば山の上で日の出を拝したことはあったが、この時ほど崇厳で見事なことはなかった。一点の雲もなく、朝日が次第に姿を現して、ついに完全な円となって山の端を離れるまでの、その間の刻々と変わる色彩の美しさは、形容に言葉がない。こういう見事さを見てこそ始めて、原始人がいかに太陽を崇拝し、いかに重大に神話に扱ったかが察せられる。都に居て塵に濁った太陽を仰いでいては、そういう気持を推し量《はか》ることも不可能であろう。

昼飯の分も焚き、天幕《テント》をたたんで、露営地を出発したのは六時だった。商大の人達は連日の疲れでグッスリ寝こんでいるのか、まだ起きて来ない。素晴らしい天気に寝不足も忘れて勇みたつ。尾根の東側の草地を踏んで行くと三十分くらいで中岳に着く。中岳から西朝日岳までの間、やはり東側の大きな残雪の上を歩いて行った。塩川君は鋲靴を穿《は》いているが僕は草鞋《わらじ》なので、アイゼンを持って来なかったことを悔やまれる箇所が所どころあった。残雪は尾根のへんから大きい谷の下までうずめ尽くしている。一度などは足を滑らして谷の底まで滑り落ちようとして、やっと途中で留まって事なきを得た。それからはどうも雪の上が怖くて雪のない所を行こうとしたが、雪のない所は藪が深くて歩きにくく、ついまた雪の上へ出てしまう。西朝日岳の肩へ着いたのは七時十五分。

西朝日から坪山を経て竜門山までの間は、ひどい藪に悩まされた。雪渓があって歩き易くなるとホッとするが、雪が切れるとまた藪の中に足をつっこんで悪戦する。ようやく竜門山に達し（八時二十分）その北側をからんで下ると、直ぐ百畝畠《ひやくうねばた》に着く。杭が一本立っていて「大井沢村落迄健脚三時間半」と書いてあった。ルックを投げ出して仰向けに寝ころぶ。

ここで第一回の昼飯を食って充分休んでからまた歩き始める。小さな丘を北面の雪渓を渡って越えると、もう雪も尽きて尾根筋へ出たが、ここから寒江《さがえ》山を越すまでは草地で非常に歩き易い。南寒江、三角点のある寒江、と越えて北寒江へ着いたのは十一時二十分。朝から照りつけられ通しなので顔が糊をはったようにヒリつく。行程ばかりで景色のことは少しも書いて来なかったが、東を見ても西を見ても奥深い谷が入りこんでいて、人間臭いものが何も見当たらない。山深く来たことが感じられた。行手にはいつも月山、その彼方《かなた》に鳥海山が残雪を光らせて、ゆったり聳《そび》えているのは、まだ行かぬ山ながら、親しみ深い気持を起こさせた。

北寒江山から尾根伝いに、西側の藪へはいったり東側の残雪の上へ出たりして、三方《さんぽう》境《ざかい》の手前の鞍部へ下り着いたのは十二時十分過ぎ、ここで第二回目の昼飯を食べて、小一時間ほど休んだ。横になっているとついウトウトと眠くなる。

三方境を越えて、もう今日の縦走の最後の峰以東岳《いとう》も間近だと思うと、おのずから気もゆるみ、重荷の疲れと寝不足と終日照りつけられていたのとで、さすがの僕等もだんだんダレてきた。一日晴れていた空もこの頃から煙るように曇ってきた。狐穴という気持のいい場所につく。水も薪もあり、直ぐ眼の前におちついた以東岳を仰いで、理想的な露営地だ。何だかこのままここに寝てしまいたくなるような物静かな仙境だった。

以東岳の三角点に立ったのは正三時だった。ついに朝日連峰縦走の望みを果したのだ。振り返ってみると昨日から辿ってきた山々が蜿蜒《えんえん》として連なって見える。よくもあれだけの山並をこの小さな足幅で歩いてきたものだと思うくらい遠い。年老いて自分の一生を振り返ってみた時にも譬《たと》えようか。抑え切れぬ喜びのうちに何か寂しい心持もあった。

眼の下に深く、亀の子の形に見える大鳥池がひっそりと静まりきっていた。周囲を山に取り巻かれて、まるでその山深い神秘をここにエッセンスしたかのような幽邃《ゆうすい》な眺めだった。秘境というのはこういう所をこそ言うのであろう。僕等はこの池を見下ろし、また振り返って連峰を眺め、直ぐここを降るのが惜しくて、長い間山頂を去りかねていた。

直ぐに馳け降りられそうに見えた大鳥池も、実地にあたってみると池まで二時間近く要した。始め以東岳から大鳥池に向かって派出した尾根を伝って笹藪の中を行く。ひどい急傾斜だ。笹の尽きるあたりから判然とした切明《きりあけ》があった。一四〇〇メートルへんから東俣《ひがしまた》の方に下ると、笹藪は灌木に変わり、その間をしばらく行くと急な雪渓になっている。その雪渓を下ってようやく東俣の沢に出た。疲れた。河原に腰を落として飯の残りを食べ、休んで元気を入れかえて沢を下って行くと、間もなく大鳥池の畔《ほとり》に出た。

大鳥池は高い山の間に落ちこんでいるような湖水なので、池畔にほとんど平地らしいものがない。僕等は山裾の、水の浅い所を徒渉して中俣の沢へ出た。水は思ったより生温《ぬる》く、水底にたくさんのいもりが透けて見えた。中ノ俣からさらに西俣の沢へ辿りつく。やっとここに狭い幕営地を見つけて、テントを張りにかかった時は、もうあたりはすっかり夕暮れていた。

焚木は潤沢で今度は直ぐ燃えついた。夕食の出来上がる頃には全く暗くなって、湖水とその周囲にそそりたった山々が魔物じみた神秘さに見えた。仰げば鏤《ちりば》めたような星空だ。明日もまた上天気に違いない。充ち足りた腹と一日の疲れとで、テントにもぐりこむと直ぐ夢もなく眠った。

大鳥川を下る

テントの朝は眼ざめ易く、四時頃に起き出て食事の支度にとりかかった。太陽はちょうど亀の子形の右脇から上ってきた。まだ谷々には多くの残雪があった。小鳥が喧しいほど頻鳴《しき》く。湖水の岸辺は浅いが急に深くなる。透明だがやや黒ずんでいて、綺麗などというよりは不気味な色に見えて、底の知れないような深さを思わせた。その水面に小さな水鳥などの浮いているのも見えた。

朝めしを終え、弁当を作り、沸かした紅茶を水筒につめて、すっかり出かける用意を済ましてから、なお一時間ほど僕等はこの幽境の風光を眺めたのしんでいた。塩川君は場所を択んでは写真を撮って廻る。一点の曇りもない快晴で、また幸福な今日一日の旅を思わせた。

名残惜しい一夜の宿りを出発したのは七時半だった。岸伝いは駄目なので、約百メートルばかり亀形の左脇の方へ藪の中を上る。そこで大鳥池ももう見納めだった。僕等は振返ってもう一度よく眺めた。一生のうち再びまたこんな所へ来れるかどうか疑わしい。北アルプスなどならば幾へんも行く機会に恵まれようが、東北の山の、テントなど担いで行く所へは、忙しい身体の再び訪れる暇があろうとは思われない故に、ことさら眼底に深くこの景色を刻みつけておきたいと願うのであった。

一〇〇二メートルの山と三角池《みすみ》の鞍部を北に下ったあたりで道に迷ったりして、ようやく大鳥川の縁に下りつくまでに一時間半もかかってしまった。もう今日はこの川を下って部落へ出さえすればいいのだ。僕等は今度の山旅もこれで九分通り終えたつもりでいた。

この最後の一日がそんなにも僕等を苦しめようとは夢にも思っていなかったのだ。僕の読んだ紀行文は八月末の記録であったせいか、この行程は案外楽に書いてあった。ところが水量の多い七月初旬の大鳥川下りはそんな生やさしいものではなかった（僕達より二日おくれてやはり大鳥川を下られた吉沢氏一行も、「思へば大鳥川は凄い所であつた」とその紀行の中に述懐して居られる）。僕も今までに幾度か徒渉の経験はあったが、こんな凄い徒渉はこれが始めてであった。

大鳥川を下ってゲンダン沢の落合いまでは道らしいものがあった。ところがそれからずっと道がなくなってあちこち徒渉のし通しだった。少しでも通れそうな所を択《よ》って、川筋を右左に渡りつつ下って行ったが、水量が多くて臍《へそ》まで漬けてしまう。その上水勢が激しいのでうっかりすると押し流される。杖をつっかえ棒に一歩一歩を用心しながら渡るのだが、ちょっとでも身体がよろめくと足元を浚《さら》われそうだ。押し流されたらそれこそそのままお陀仏だ。

冷水沢落合いの少し手前で、嬉しいことに一人の鮎釣《いわな》りの姿を見つけた。馳け寄って訊《き》くと、この川筋を下るより他に道はないという。またこれから川下にはまだまだ凄い徒渉が幾箇所もあるという。今までの徒渉にも懲りているのに、この上凄いのがあると聞いて、このまま動きたくない気持であった。その鮎釣りに頼んで水先案内をして貰うことにした。

ここから泡滝まで、地図で見れば三キロにも足らぬが、実に悪戦苦闘した。しばらく川ぶちが辿れてやれ嬉しやと思っていると、直ぐ行きつまって徒渉とくる。鮎釣りは慣れて身軽だが、僕等は重い荷を背負っている。それでも足の長い塩川君はまだいいが、僕は乳あたりまで濡らしてしまった。背中のルックザックが水に浮いて、それと一緒に身体まで浮き上がりそうになる。今にも流されそうになってようやく踏みこたえたことも幾度かあった。

やっと泡滝へ辿りついたのは一時すぎ。その滝を見下ろせる岩の上で、ズブ濡れになった身体を干しながら飯を食った。泡滝は見たところ大きい滝ではないが、花崗岩の間に霧のような水沫を飛ばして、渦巻く淵に落ちこむさまは、やはり名瀑の名に背かない。

これで大鳥川の悪場も過ぎて、それから下流は川原も広くなり瀬も緩くなったので、相変わらず徒渉を繰り返したが大した怖れもなく、三時過ぎ右岸の一支流サラブチ沢へ着いた。そこから一時間余り歩いて、左岸から流れこんでくるニコブチ沢の少し手前あたりから道があった。その沢の落合いのところに炭焼小屋の跡があり、半分に壊れた橋がかかっていた。ここで最後の徒渉をする。もうこれで水に漬かることもないのだと思った時は沁々《しみじみ》有難かった。川を渡ったところで残った飯を食う。腹が減っているのに、もう食べるものは何もなくなって、飯盒の底に残った飯に生味噌をつけて一粒余さず食った。

最初の人家を見たのは六時すぎ。それから疲れて馬鹿みたいになった足を引きずって、上田沢の小さな旅籠《はたご》宿に着いたのは九時に近かった。飢えた煙草を胸いっぱい吸いこみながら、今日の辛かったことを思い返していたが、翌朝勘定書を見ると「スクスマ十五銭」と書き加えてあった。まだ敷島が十五銭の頃であった。

翌七月十一日もまた快晴。ゆっくり宿を立って落合村まで歩き、そこからオートバイの後ろに自動車の箱をくっつけたような奇妙な軽便自動車に乗って、鶴岡市まで走った。依然として行手に鳥海山の雄姿を眺めながら。

■一九二六(大正十五)年(二十三歳)、七月、四人で出かけたが、朝日鉱泉で一人が熱を出したため、塩川三千勝と二人になった。強い印象を受けたこの山行については、「朝日連峰の思い出」(『全集IV』に収録)、「テントの一夜」(全集II』に収録)がある。『日本百名山』には結城哀草果の歌があげられているが、朝日連峰にまつわる和歌についてては「朝日連峰の思い出」に詳しい。五九年七月には、山形県主催の登山講習会で三十四年ぶりに大朝日岳を訪れた(「山と御対面」『山さまざま』)。

•塩川三千勝は一高旅行部時代からの友人で仲間内のリーダー的存在だった。この山行も塩川が慶応山岳部部報「登高行」の記録を読んで誘ったものだと記す。塩川は一九四一年一月、栂池で雪崩に遭い死去(「山に失った友」『瀟洒なる自然―わが山旅の記』所収)。

•深田久弥は、一九二六年四月、一高を卒業して東京帝国大学文学部哲学科へ進んだ。一年を通じて活発に山に出かけているが、五月には八ヶ岳・硫黄岳で同行の吉村恭一が滑落死している(「山に逝ける友」『わが山山』所収)。また、この年まで山では草鞋履きだったが初めて登山靴を誂えた(「晩秋の金峰山」『をちこちの山』所収)。

・吉沢一郎(一九〇三〜一九九八)は、草創期の東京商大(現一橋大学)山岳部で活躍。海外登山研究の第一人者であり、一九七七年の日本K2登山隊では総指揮。日本山岳会副会長を務めた。著書『登高記』『山へ』ほか、訳書も多い。このときの商大パーティは、吉沢、村尾金二、村瀬和四郎の三人だった。村尾は日本山岳会会員で、後年、藤島敏男、近藤恒雄、望月達夫らとともに、深田久弥とたびたび山行をともにしている。

・ゲーテの詩「なべて山嶺にのみ安息あり」は『旅人の夜の歌』の冒頭部分で、ゲーテ三十一歳の一七八〇年、チューリンゲンのイルメナウ滞在中、キッケルハーン(八六一メートル)の山小屋の壁に書いた。シューベルトの歌曲としても親しまれている。深田久弥は後にこの詩を「なべて頂の上に」(『雪山の一週間』)で使っている。韮崎市・深田記念公園の碑にも残された言葉「百の頂に百の喜びあり」に通ずる。

初出=『わが山山』(一九三四年・改造社)に収録。

⑱蔵王山（一八四一メートル）

一九三三（昭和八）年から一九四一年までほぼ毎年、一高旅行部時代の仲間たちと蔵王で正月を過ごした。一九三四年一月の紀行。

吹雪く蔵王

（略）

山形着七時、駅前の旅館で朝めしを済ましてから、自動車二台に分乗して半郷という村まで行く。ここで馬橇《ばそり》に乗り換えるのだが、馬橇が一台しかないのでそれにスキーやルックザックを積んで、僕等は先頭に立って歩いてゆく。いい天気になった。風もなくポカポカ日差しさえ照ってきた。気の早い連中はもう上着さえぬぐ。歩きにくい雪道をしばらくは元気よく歩いて行ったが、途中で空《から》の馬橇を見つけると、たちまち軟化してそれに飛び乗ってしまう。いずれ劣らぬ山の猛者《もさ》だが、利用出来る限りは身体を楽にしたがる仲間だ。宿屋の直ぐ脇にテントで一夜を明かすてぃの意気は、やはり中学生時代に限るらしい。

二台の無蓋の馬橇を連ねて、スッスッと雪道を上ってゆくと、始めて雪の山へ来た幸福が身に沁《し》みる。空は晴れ、日は暖かく、雪の光が眼に眩《まぶ》しい。行手には蔵王山塊がドッシリ構えていて、近づけば近づくほどその堂々さを増してくる。凄い崖を見せた三宝荒神山から、右へ、地蔵山、熊野岳と並んで見える（熊野岳は蔵王山の最高峰、標高一八四一メートル）。何日か後にはあの頂上に立つのかと思うと、その山容も一しおなつかしい。振り返ると、遙《はる》か遙か向こうに、消え入るように真っ白な雪の峰が穂を並べ立てている。その左の方のは飯豊《いいで》山塊、右は朝日連峰と指摘された。

そういう景色を眺めながら、馬橇は曲がり曲がった道を緩々《ゆるゆる》と上ってゆく。僕等は昨日まではあの雑踏した都会の真ん中に居たとは思えぬ心地で、久しぶりで自分の領分に返ったように楽しく談笑しながら進んで行った。昔、高等学校でアイヘンドルフの怠け者の小説を教わったことがあったが、その怠け者もやはりこんな風に馬車に揺られながら、雪道ではなかったが、楽しく呑気に山道を上って行ったことを覚えている。話の筋はすっかり忘れたがその中にあった詩の一節だけは今も記憶に残っている。

Ich aber mir die Berg' betracht'
Und lach' in mich vor großer Lust
Und rufe recht aus frischer Brust
Parol' und Feldgeschrei sogleich :
Vivat Österreich !

全くこの気持だ。そして今は Vivat Zaō だ。

途中で甘酒を飲んだりチョコレートを食ったりして、ようやく目差す高湯へ着いた時はもう一時を過ぎていた。僕等はその狭い温泉の一番奥の小高い所にある、その名も高見屋という見晴らしのいい宿へはいった。

着いた晩から吹雪だった。しかしスキーに来て雪に降られるのは当たり前だ。翌日、練習場《ゲレンデ》では面白くないというので様子見かたがた山へ出かけた。蔵王へ上る夏道通り、七曲がりの坂から見晴坂の上まで登り、そこでシールを剝《は》いで元の道を下ってきた。さすが寒いだけあって素敵な粉雪だ。ほんのわずかの勾配でも猛烈にスピードが出る。吹雪の中なので眼先が利かず、速力が出だすと不意に何かに突き当たりそうで思わず倒れてしまう。練習場では一かどの技が出来そうでも、山へ来るとまだまだ駄目だ。それも広いスロープを滑降するならまだしも、こういうややこしい地勢になると、練習場での自信もどこかへ行ってしまう。

しかしやはりスキーの面白さは山に限る。登山の楽しみを差し措《お》いても、緩急変化のある地勢を滑り降りる愉快さを思えば、練習場などでボヤボヤ暇を潰《つぶ》しているのはもったいないくらいだ。全く、この山の滑降の愉快さを知らぬ人は人生において最大の楽しみを逃していると言っていい。これこそ王者の悦楽にも比すべきものであろう。

アザラシ会のバッジにも、garrio, scando, labor（駄弁《だべ》る、登る、滑る）と刻んである通り、疲れた身体を温泉で伸ばして、夜皆で炬燵《こたつ》を囲んで無駄話をするのは、スキーにつきものの楽しみの一つだ。十人からの者がどうにか一つ炬燵の掛蒲団に割りこんで途方もなく進展する無駄話の仲間入りをする。武田博士の豊富にしてかつ辛辣《しんらつ》な話題が一座を賑わせる。好謔《こうぎやく》百出、笑い声が絶えない。誰も彼もスキーと山登りと、それに劣らず駄弁るのが何より好きな寄合いで、年末年始の休暇を百パーセントに利用してやって来た連中ばかりだ。

峨々温泉から蔵王を越えてきたという浜田〔田辺〕和雄兄にここで数年ぶりに逢えたのも嬉しかった。この人は僕の最も尊敬する山男中の山男で、高等学校の時から僕はよくこの人に伴れられて山へ行った。アザラシ会の連中でこの浜田先輩に引率されなかった者は一人も居まい。凄い山好きで、今は松江高等学校の植物の先生だが、九時に試験を済まして十時の汽車で山へ飛んできたという熱心さだ。いい樹氷の写真が一枚撮りたくて毎冬蔵王へ詰めに来るんだという話。

大晦日《おおみそか》の夜おそくまで一同団欒しているところへ、突然宿の主人が蔵王遭難の報知を持ってきた。東京市役所の三人のパーティで、昨日午頃峨々の宿を出たまま帰らぬのだという。

冬の蔵王ほど紛れ易い難しい山はない、そのためほとんど毎年のように犠牲者が出る。頂上がだだっ広くて一度吹雪やガスに見舞われると見当がつかなくなるそうだ。尾根一つ間違えても大変なことになる。冬山の恐ろしいのはそこだ。例えば刈田岳から峨々へ降るコースにしても、よほど慣れた人でも、吹雪になるとまるで見当違いをするということを、昨夜も浜田さんが委しく説明していたところだった。

この吹雪ではとうてい助かるまい。捜索に行くにしたって容易ではあるまい。山ではよく遭難事件に出くわす僕も、やはり何か不安な気持を抱いて床にはいった。

翌元日も雪。この地の風習では元旦に餅を搗《つ》くそうで、朝飯には搗きたての餅の雑煮に納豆餅にお汁粉と膳中餅だらけだ（ついでに記しておけば、ここは山の湯にしては相当に御馳走があって三食付き一泊一円二十銭。東京で遊ぶよりはずっと安いわけだ。湯は少し皮膚にヒリヒリするような硫黄泉）。スキーに来ては元日も何もない。腹を詰めると直ぐ外へスキーに出かける。この温泉の近くにはゲレンデの他に、手頃な山スキー練習用の地形がたくさんあるのがいい。今日はゲレンデのうしろの方を一廻りして帰ってきた。

いよいよ明日は頂上へ登ることに決めて、寝る前にワックスを塗ったり、ルックザックを整えたり、すっかり準備して寝《しん》に就《つ》いた。翌ればまた雪。テレモスに熱い紅茶をつめ弁当を貫って出かける。先日行った道をドンドン登る。皆元気でテンポが早いので汗が流れる。ずっと先の方に二組のパーティが見えたが、見晴坂を上ってコーボルト・ヒュッテへ行くまでに追いついてしまった。コーボルト・ヒュッテというのは山形高等学校の山小屋で、窓の大きな感じのいい小屋だ。Kobold とは山霊という意味で、ゲーテの詩にも出てくるそうな。小屋がいっぱいらしいので中へ入らずに直ぐまた登りつづける。しばらく行くとザンゲ坂というかなりの急坂に出る。戻りにはここをどう降ろうかなどと楽しい空想をしながら、ジグザグに登ってゆく。

蔵王の樹氷の美しさは有名なことだが、このあたりの見事さはそれこそ何とも形容の言葉がない。全くフェアリー・テールの国だ。針葉樹が一本一本独立してそれぞれ紡錘形にこんもり雪を被《かぶ》って並び立っている。仔細《しさい》に見るとどんな小枝の先にもキラキラ光る霧氷が美しく凍りついている。樹氷は上に行けば行くほど風あたりの激しければ激しいほど、ますます見事になる。美しいものほど困難な所に置きたがるのは神様の理法なのであろう。股くらい沈む深い雪をラッセルして、ようやく三宝荒神山と地蔵山との鞍部に達した時には物凄く寒気がしてじっとして居られない。皆の眉毛は白くなり、帽子からはみ出た髪には氷柱が下がっている。雪は絶えず降っているし、もし風でも荒れて今来たシュプールが消されようものなら、それこそ遭難の怖れがあるので、そこから引返すことにした。新雪が深いので一度下手な転倒をしようものなら起き上がるのに大変だ。二、三度僕が転倒している間に、仲間のスキー猛者連はたちまち姿が見えなくなってしまった。

ヒュッテに戻って昼飯をたべ、今度は往路とは別な、林の中の滑走路を通って温泉のお宮の裏へ降りてきた。途中足をブッシュに突っ込んで猛烈に引っくり返った拍子に、とうとうもう一方の足首を捻挫《ねんざ》してしまった。

名残惜しいが、東京に用事があるので、翌日僕達四、五人が先に帰ることにした。色の黒い宿の主人がスキーを穿《は》く所まで見送りに来て、スー・ハイル！　と片手をあげて祝福してくれた。馬橇ではあんなに遠く思った道も、スキーで滑るには短過ぎた。

蔵王から帰ってこの四、五日、いくら食べても腹が減って仕様がない。わずか一週間に足らぬスキー行だったが、僕の胃袋は久しぶりに本然の野性を取り返したのであろう。そのうちまた胃袋がしみったれだしたら、僕は早速スキーを担いでどこかへ出かけるつもりだ。

■一九三四（昭和九）年〔三十一歳〕、石原巌の誘いで、一高旅行部時代の仲間の「あざらし会」で出かけた。

•石原巌は、一九二六年、田辺（旧姓浜田）和雄、塩川三千勝とともに積雪期鹿島槍ヶ岳初登頂。この紀行の頃は梓書房「山」の編集長。武田博士は武田久吉（一八八三〜一九七二）。植物学者で日本山岳会創立者の一人。著書に『明治の山旅』などがある。省略した前半で「年老いても意気盛ん」と記しているが、当時五十一歳。田辺和雄は、一高旅行部の三歳年上の先輩で、登山について最も強い影響を受けた。東京帝大では武田久吉の指導を受け、その後も高山植物の研究を続けたが、一九六一年、踏査旅行中の南アフリカで病死した。『山とお花畑　原色写真で見る高山植物』全三巻（深田久弥の紀行文十八篇を収録）、『日本高山植物図鑑』（武田久吉と共著）などの著書がある。

•蔵王については著作が多く、「雪の中の正月」（一九三四年・『全集Ⅱ』に収録）、「蔵王と五色」（一九三七年・『山岳展望』に収録）、「樹氷」（一九四一年・『山頂山麓』）、「夏の蔵王」（一九五九年・『山があるから』に収録）、「蔵王回想」（一九七〇年・『全集Ⅳ』に収録）がある。「雪の中の正月」では「妻の小言を聞きながらも、僕はスキーに出かける。昔から僕はどんな無理をしても、したいことはやり通すたちだ。スキーの誘惑には勝てない。／北国に育った僕には、雪のない正月は何か物足りない」と書いている。スキーには文士仲間と出かけることも多かった。

•引用の詩は、ドイツ後期ロマン派の小説家・詩人ヨーゼフ・フォン・アイヒェンドルフ（一七八八〜一八五七）のAus dem Leben eines Taugenichts（のらくら者の生涯）第九章のもの。〈さあわれわれその山見れば／うれしさにひとりした笑み／いさましく胸よりさけぶ／暗號《あいず》にて鬨《とき》のこえなる／オーストリア萬歳をこそ！〉（『愉しき放浪児』関泰祐訳・岩波文庫）

初出＝「吹雪く蔵王（スキイ日記）」「文藝」二巻二号（一九三四年二月）、『わが山山』（一九三四年・改造社）に収録。

⑲**飯豊山**（二一二八メートル）

一九六二（昭和三十七）年夏、「山と高原」に連載中の「日本百名山」執筆のための山行だが、一家四人でテント泊まりの縦走という楽しい山旅だった。

テントかついで

山登りの初めと終わりに温泉のつくのは、日本にだけある天の恵みである。私たちの出発点は雲母《きら》温泉であった。登山の一番盛んな真夏というのに、この温泉の客は私たちのほかにはいなかった。

幹線ばかり急行で走る人々にはあまり用のない米坂線、その小駅越後下関《えちごしもせき》からバスで二十分くらい、朝東京を発った私たち一家四人は夕方その温泉に着いた。途中新潟の藤島玄さんとそのお嬢さんが加わって、若い者同士は、さっそく親たちの知らぬ映画の話などに耽《ふけ》っている。

翌朝、温泉から杁差《えぶりさし》岳がピラミッドの形でよく見えた。この奇妙な名前を持つ山は、飯《い》豊《で》連峰の一番北にあって、私たちはその山を手初めに連峰を縦走しようというプランである。飯豊連峰は今年新潟県の国民体育大会で山岳部門の山行地に選ばれたから、幾らか世に現れたかもしれない。新潟、山形、福島の三県にまたがるこの奥深い山は、戦前は昔からの一本の登拝路があるだけで、あとはほとんど未開の境で、凄い藪漕ぎか、残雪を踏んで行くよりほか道がなかった。

近年ようやく登山者がふえてきた。その開発には、この山と三十年も取り組んできた藤島玄さんの努力をあげねばなるまい。玄さんによれば、ほかの山は「あんなものは山ではない」飯豊山ほどの山があるか、という愛着ぶりである。

雲母温泉からトラックに乗って最奥の大石部落まで行くと、そこにガイドの高橋千代吉君ともう一人の青年が待っていた。東京から持ってきたテントや食糧を運ぶには、この二人の背を借りねばならない。旧の盆で、千代吉君の家は里帰りの家族で賑わっていた。その庭で荷物を作り直して、部落をあとにした。

大石からその日の泊まりの大熊小屋まで、異常の暑さだった。夏は登山は涼しいだろうと思うのは大間違いで、雪線以上の山のないわが国では、しぼるほど汗をかかねばならない。道は谷川を見おろす岸の高みについていたが、谷間だから風がない。おまけに十数本の支流を横切るので、そのたび上り下りがある。汗、汗、汗、汗、……みんな水を浴びたように汗に濡れた。

一番後からおくれて歩いていた私は、汗にへこたれていたのだろう、道を踏み滑らせて谷側へ落ちようとした。とっさに右手で摑《つか》んだのが切株であった。匐《は》い上がったが掌の窪に溢れるほど血が噴いている。家内を呼び返して手頸を止血し、それから掌を上にして歩いた。私は傷口を見るのは大嫌いだから、軍手をはめたまま山旅を過ごしたが、帰宅して恐る恐る見ると、十文字に裂けて肉が出ていた。数日は原稿を書かないですむ口実になったが、全癒するまでに一月以上かかった。

すっかり暑さにやられて夕方大熊小屋に着いた。自炊の山小屋である。四人の男は酒好きだから、まず持参の一升瓶が空いた。

翌朝、小屋を出発して間もなく、大熊沢を渡るところで、私が跳び越えた岩へ、すぐ後から中学三年の次男が跳んできて、私に衝突して跳ね返されて水に落ちた。寝袋など入っているから身体に似合わず大きなルックが浮子《ブイ》になって、その下で彼は必死に蛙泳ぎで岸に着いた。

助かったから大笑いになったが、落ちた刹那はドキンとした。まかり間違ったら、沢《たく》二《じ》ヶ淵と次男の名前がついたかもしれない。初め震えていたが、歩くうちに濡れ鼠は乾いた。

今日は急な登り一方で、相変わらず汗をしぼった。一ノ峰を越え、二ノ峰を越えると、眼下に新六ノ池があった。残雪の裾から流れる冷たい水をガブガブ飲んで昼食。

池からすぐ上に朳差岳が悠揚とした姿で立っていた。その頂上までの大草原には、可憐なマツムシソウが地が紫に見えるほど咲いていた。

豊かな拡がりを持った優しい頂上で、新発田《しばた》山岳会の人々に会って記念撮影をした。彼らは険しい谷を登ってきたのだが、まだ何人かが姿を見せないと案じていた。飯豊には、雪渓を登ってくると断崖にぶつかって、進退きわまる谷が幾つもあるそうである。

その晩は大石山と頼母木《たもぎ》山の鞍部で、ネマガリダケを刈り倒してテントを張った。私たち一家のテントは新調したばかり、使い初《ぞ》めである。そのすぐ横へ、入口を向かい合わせに、玄さんたち四人がまるで蚊帳みたいな手軽なテントを張った。寝ると背中がゴツゴツするのはネマガリダケの上だからである。

翌朝テントを出ると、すぐ眼の前に深い谷を距《へだ》てて、昨日の杁差岳が貫禄でそびえていた。飯豊連峰の北の抑えにふさわしい、品のある威をそなえていた。いい天気である。その日は一日じゅう尾根歩きだった。高山植物に彩られた気持のいい原があちこちにある。牛に食わせたいほどエーデルワイスの咲き充ちている所もあった。頼母木山、地神《じがみ》山、扇ノ地紙、門内岳、と幾つも峰を越える。それらの頂上が一つとして同じではない。それぞれの個性を持っている。

峰は次から次へと現れてくる。それがただのピークではなく、皆いっぱし堂々たる風格をそなえている。そして深い谷がそれらの峰のあいだへ食いこんでいる。玄さんの自慢ももっともである。これが本当の山かもしれない。

北股岳を越えた十文字鞍部で弁当を食べ昼寝をした。それから梅花皮岳《かいらぎ》、烏帽子岳《えぼし》、その間にはひっそりした美しい池などもあって、天狗ノ庭と呼ぶ草地をテント場にした。ウイスキーを廻して夕食にしていると、月が上った。さすがセーターなしでは寒い。

翌日は御西岳《おにし》の一端に荷をおいて、最高峰の大日岳へ往復した。その途中のニッコウキスゲの大群落はみごとだった。頂上からさらに奥へ行くと、大きな雪渓があって、雪の消え際から待ちかまえたように色とりどりの花が頭をもたげていた。雪の中に冷やした果物の罐詰を食べ終わると、二人の息子は韋駄天のように、来た道をすっ飛んで行った。

御西岳は峰というより厖大な原だった。途方もなく広い。高原散策の気分である。行手の飯豊本山が遙《はる》か彼方《かなた》に見えたのが、次第に近寄って、やがてハイマツと岩石の間を登ると、その頂上だった。三角測量のヤグラが立っていて、その下に奉納の大きな錆びた剣がおいてあった。そのへんで私が穴あきの古銭を拾ったことが示すように、ここが昔から飯豊信仰登山の終局地点であった。

その参拝道を下って行くと、間もなく飯豊山神社があった。私たちは表口参道を逆に採ったことになるが、神社からの下り道には、御前坂《おんまえざか》だの、御秘所《ごひしょ》だの、草履塚《ぞうりづか》だの、信仰登山の盛んであった昔の由緒の名が残っていて、今まで歩いてきた原始的な飯豊連峰が人間臭くなってきた。しかし表口からはるばる登ってきた信者たちには、ここは雲上の世界であったのだろう。

夕方、切合《きりあわせ》小屋の下の崖の中途にわずかの平地を見つけてテントを張った。もう食糧が無くなっていた。実は出発地点でうんと買い込むつもりでいたのを、文化嫌いの玄さんは、米と味噌に限定してしまったのである。そのくせアルコールだけは充分に仕入れたので、それに不自由しなかったが、女子供は食べ物に困った。東京から持ってきた一本のハムが唯一の栄養源だったが、小口から切られる分がだんだん薄くなり、それも尽きた。切合小屋に罐詰でも売っているかとアテにしていたのに、何もなかった。

しかし最後の晩は陽気で、入口をくっつけて立てた二つのテントは一つの部屋になり、夜おそくまでいろんな歌をうたっていた。

四日間の晴天に恵まれ、最後の五日目もそれに続いた。種蒔《たねまき》山を経て三国岳、表口登山道はそこから一ノ木部落の方へ下るのだが、私たちはその夏切り開いたばかりで、まだ通った人は数えるほどしかないという新道を採った。これは牛ヶ岩山の背を伝って行くもので、飯豊のぬしの玄さんにも初めての踏査であった。

深いブナ林の中に道が通じている。幅広く切ってあるが、何しろまだ踏まれていないので、道は片傾《かたかし》ぎになっていて歩きにくかった。牛ヶ岩山の平らな頂上にさしかかると、林間に心地のいい草地が開けていて、神秘な池が静かな水をたたえていた。池のまわりにはモウセンゴケが小虫をつかんでいた。

「こんな美しい池に名前がなくちゃ」

みんなそれぞれ勝手な名を言った。

「お豊ヶ池はどうだろう」

お豊さんは玄さんのたった一人の愛嬢で、高校二年、勝気なサッパリした性質である。飯豊の一字を名前に貰って、親父さんの山行にはよくついて行く。

「お豊ヶ池とつける以上は、お豊さん、ひとつ泳いでみせなくちゃ」

翌年出た飯豊連峰の登山地図には、ちゃんとオ豊ヶ池と記されてあった。

それからの道は長かった。五段山から急な下りになって、あとはブナ林の尾根道になる。ブナの大木の白い斑《ふ》のある幹には、時々鉈《なた》で字が入れてあった。その古い痕《あと》から察して、よほど以前にここに道があったらしい。

谷地平と呼ぶ湿原のふちを行くと、お化けのような大きなミズバショウがのさばりかえっていた。初夏あの清楚な白い花を咲かせた植物の成れの果てとは思われない。

ようやく山道から抜け出たとたん、また平地の酷熱が襲ってきた。五枚沢という最奥部落までの道の暑かったこと！　しかしそれが苦労の納めであった。村の電話で呼んでもらったタクシーで到着した熱塩《あつしお》温泉は、古風なゆったりした宿で、疲れた手足にはあつい温泉が、ひもじい腹にはお膳に溢れる御馳走が、待っていた。

■一九六二（昭和三十七）年（五十九歳）八月、志げ子夫人、森太郎（十九歳）、沢二（十四歳）、案内役の藤島玄、藤島豊子、高橋千代吉ほか一名での山行。飯豊山は「日本百名山」（「山と高原」）には同年十月の連載四十四回に掲載された。

•藤島玄（本名源太郎・一九〇四〜八九）は新潟県の山、中でも飯豊連峰に精通し、『越後の山旅』上下（一九七九年・富士波出版社）などの著書がある。日本山岳会越後支部初代支部長。この山行については「天幕かついで」（『全集』Ⅳ付録月報4）に書いている。

•志げ子夫人はこの山行の思い出を「飯豊山旅のこぼれ話」（「アルプ」二二二号・一九七六年八月）に書いた。「第二夜は本当に素晴らしい幕営でした。昼間の暑さが嘘のようにヒンヤリとし、日光黄菅の咲き乱れる丘の上高く遅い月が登りました。家中揃っている気易さは留守のひとを考えず山に浸っていられます。」

初出＝「テントかついで」（「小説新潮」一九六四年十月）、『瀟洒なる自然―わが山旅の記』（一九六七年・新潮社）に収録。

⑳吾妻山（二〇二四メートル）

一九三九（昭和十四）年一月、蔵王で出会った藤島敏男らと五色温泉から家形山、一切経山を経て吾妻小屋に泊まり、土湯峠から横向温泉、沼尻へのスキー山行。

五色から沼尻まで

朝から幾度も窓ガラスを透かして見るのだが、雪はいっこう止みそうもない。時々思わせぶりな陽が差して、今度は晴れるかなと喜ぶのも束の間、直ぐまた元の細かい絣の雪になってしまう。同じく晴れるのを待っていた他の一組は、あきらめて雪の中を降ってしまった。ここは青木小屋。僕等三人は昨日夕方、吹雪を犯して五色からこの小屋までやってきたのだ。

幾度来てみてもここは居心地のよい小屋だ。僕等だけになるとなおさらのんびりとしてしまって、紅茶など沸かして飲み、「さあ出かけよう」なんて積極的な姿勢を誰も示さない。倦《あ》くまで伸びて、ようやく腰をあげて出発の支度にかかったのは、もうお昼に近かった。

青木小屋から約三十分の登りで、吾妻山荘の前に出る。入口なぞなかなか洒落ている。ちょっと中味を拝見して行こうか、というつもりでスキーを脱いだのだが、中へ入るとそこの暖かい空気にほだされて、ここで昼飯を食って行こうということになってしまった。

吾妻山荘は横浜ドックと武蔵高校という妙なコンビの共有で、造船所らしい装飾と、高校らしい無頓着さとが、小屋の中に現れているのも面白い。ちょうど武蔵高校出身とおぼしい大学生が五、六人居て、お茶やおかずの接待にあずかった。

吾妻山荘からさらに三、四十分ほど登ると、家形《いえがた》小屋がある。ちょうど家形山のふところに抱かれたような位置で、山小屋の在りかとしては申し分のない理想的な場所だ。その家形小屋を横に見過ごして、僕等は家形山の肩に続く雪の斜面——誰が名づけたのか、いわゆる家形のフンドシを登り始めた。東の方が青く晴れて来たが、こちらはまた灰色の重い空で、粉雪を飛ばす風がつめたかった。

ジクザクを幾回か繰り返して、ようやく肩に着く。とたんに身を切るような風が真正面から吹きつけてきた。直ぐ眼下には、真っ白な原となった五色沼が、円戯場の底のように見える。その傍に一切経《いっさいきょう》山が大きくそびえ立っている。僕等はその円戯場の北側の腹を辿《たど》って進んだ。

北側から西側の平らな所へ降りた時だった。突然物凄い寒風が、僕等を五色沼へ吹き落とさんばかりの勢いで襲ってきた。僕等は身を屈めて風をやり過ごし、しばらく歩いてはまたやり過ごしていたが、この風から逃れるためにはこの個所を早く通り過ぎるほかないことに気づき、風によろめきながら、無我夢中で遮二無二突進した。

やっと少し風の和らいだ所まで辿りつくと三人顔を見合わせて思わず笑い出した。何にしてもひどい風だった。風の品評会があったら出品してみたい、そう言うKさんは、ちょっと脱いだ間に犬の皮の手袋を吹き浚《さら》われてしまったそうだ。風の通り道としてこの個所は有名な所だが、こんなひどい風に逢ったのは始めてだ。

さっきの風のつめたさで痛くなりかけた手先を揉《も》みながら、緩い上りを一切経の肩目がけて登って行く。幾らもなく上に着いた。この頃の山行には時間の記録なんてものを一さいつけたことがないので、時刻は忘れてしまったが、その上から吹き曝《さら》されてガリガリになった斜面を降りかけた時は、だいぶん日も傾いていた。時々吹雪が猛烈になって、まるっきり先が見えず、指導標を見当てるのに苦労した。ちょっとの晴れ間に、遠方に赤い丸を見つけると、全く「助かった!」と思う（この指導標は、赤く塗ったブリキの円盤を木の枝に、木のない所には高い棒の上に、打ちつけてある）。

硫黄製煉所跡に降り立った時は、もう夕方の光で、それがこのへんの景色をいっそう魅力あるものにしていた。周囲を山に囲まれた平地は、本当に山の中という感じのする何か侘《わび》しいような、楽しいような、いつまでいても倦くことのないような、全く気持のよい原だった。その一隅に、製煉所の形骸だけの小屋が、見棄てられたように残っているのも、かえってここの景色によい点景となっていた。

製煉所跡で道が左右に分かれているが、その右を取って、進んだ。道は吾妻小富士を巻くようになっている。今夜の泊まり場の吾妻小屋はこの小富士の西南麓にあると聞いていたので、それらしいものを探しながら行ったが、どうしても見つからない。栂林《つがばやし》の中をあちこちと見当をつけて歩いているうちに、日は容赦なく暮れて、薄暗くなってきた。

その時ふと振り返って向こうの方を見ていると、微かに屋根のようなものが木立の隙に見える。半信半疑で少し引返してみると、確かに屋根であることがハッキリしてきた。

「ウッカリ顔を出したばかりに見つけられやがった」さっきまではどうなることかと心配していた僕等は、蘇《よみがえ》ったように嬉しくなって、その小屋目がけて進んだ。

階段を上って、大きなストーヴが真ん中にある部屋に入ると、もうランプが点《つ》いていた。泊まり客は僕等以外に誰も居なかった。仙台鉄道局お自慢のこの小舎は、スキー小舎としては全く贅沢なもので、下手な田舎の宿屋などよりずっとましだ。部屋の片側は寝る場所になっていて、我々庶民階級の間では使いそうもない重厚な藁《わら》ブトンが敷き並べられている。

一月六日のことで、ちょうど満月の晩だった。風は強かったが空はすっかり晴れて、青い月の光が、二重ガラスを透して室内まで流れこんだ。玄関まで出てみると、直ぐ前に吾妻小富士がクッキリと月光の中にそびえている。このままにしておくのが惜しいような美しい晩だった。ストーヴにうんと薪を放りこんで、おそくまで話をして倦きなかった。

翌朝、薄陽が洩れてきたので、急いで小屋の外へ出て写真を撮ったりしたが、準備をして出発する時には、また雪が降り頻《しき》っていた。今日はほとんど下り一方なのでスキーのシールをはずして出る。木の幹に打ちつけられた赤い円盤の指導標を、先、先、と見つけ出しながら、深い栂の林の中を進んで行く。三人で代わる代わる新雪をラッセルして行くのだが、大して深い雪でもなく、それに小屋を出たばかりの元気だから、いささかの苦労も感じない。こんもりと雪をかぶった大きな木のスクスクと立った見事な景色で、見惚れながら、その間をさまよい歩くようなゆとりのある気持だった。雪は相変わらず降っていたが風はなかった。静かな美しい樹林だった。

そのうち幾らか下り気味になって、スキーの走るままに身を任せていると、次第に速力がついてきて、やがて見下ろすような急傾斜が現れた。今まで列になって滑ってきたが、そこから順番が乱れて、思い思いの滑降でわれ先にと下る。

何回か転倒して真っ白になって坂を下り切ると、そこは雪にうもれた小さな谷川で、その向こう岸の雪の中に、思いがけなく家が現れた。屋根に掲げられた大きな看板で、幕ノ湯〔幕川温泉〕へ来たのだとわかった。一軒の宿がまるで寂しさに肩を擦り寄せたような風に立っている。

犬に吠えられながら戸をあけて入ると、土間に火のぬるいストーヴがあって、男が一人留守番をしていた。ちょうど昼の時間だったのでストーヴに火を焚いて貰って濡れた手袋など乾かしながら、弁当のパンを食った。雪の山の中にポツンと取り残されたような、何だか心細いような温泉宿だ。それでも番人が居るところを見ると、利用するスキー客もあるのだろう。現に昨日は十幾人の一隊が通って行ったと話していた。そう言えば僕等も途中から、まだ幾らか残っているそのシュプールに便乗してきたのだ。

糧と熱とを身体に詰めて出発。宿の前からしばらく登ると、直ぐまた降りになる。勢いに乗じて滑って行ったら、前日のシュプールが行き止まりになって消え、指導標も見えなくなった。こりゃおかしいとそのへんをあちこち探したあげくようやく左の方の谷に指導標を見つけた。

その谷沿いに滑って行く。橋があって右岸に渡る。山の中腹を辿る細い道だ。ところどころ雪が崩れて歩きにくい個所にぶつかる。谷はだんだん深くなってゆく。その谷の底に、新幕ノ湯〔新幕川温泉〕の一軒宿が扉を固くとざしてしょんぼりと立っているのが見えた。

ようやく谷沿いの道を離れて、広い所へ出ると視界が展けて、遠く雪空の下に福島の平野が見え、眼近には鬼面山《きめん》がその名の通り厳《いか》つい岩の峰をそば立てている。その山裾の斜面に散らばっている屋根は野地温泉であろう。そういう風景を見つつ行くうち、ひょこりと土湯峠《つちゆ》の上に出た。「土湯峠、海抜千二百七十四米《メートル》」と新しい道標が立っていて、立派な観光道路（注）が通じている。元はこんな立派な道ではなく、峠ももっと上の方に通じていた、とかつて雪のない頃ここを通ったことのあるFさんが話した。どこの峠でもそうだが風あたりが強いせいか、雪は吹き払われて地面の岩が現れていた。

この峠から真正面に見えるはずの磐梯山も曇っていて見えず、せめて横向《よこむき》温泉までの滑降を楽しみにしていたのだが、新道路は大きいカーヴを繰り返して緩くついている上に、風に吹き払われてカチカチになっているかと思うと、行手を拒むような大きな吹溜まりがあったりして、あまり快適ではなかった。横向に近くなって、ようやく滑降らしい滑降が出来た。

横向温泉の宿の前にはスキーが幾本も雪の中に立ててあった。沼尻のスキー客がここまで遊びに来たのであろう。僕等は素通りして帰途を急いだ。高森という部落までは滑ったが、それからあと約一里の真っすぐな平坦な道にはほとほと退屈した。疲れてきたからなおさら長く感じたのかもしれない。やっと耶麻軌道の終点の沼尻駅へ着いたのは三時頃だったろうか。寒い軌道に乗って川桁《かわげた》に出、その日の夜行で東京へ帰った。

注　この観光道路は前年（一九三八年）十月十五日に、七年の歳月と五十八万円の工費をかけて、ようやく完成したのだそうだ。土湯を起点として、耶麻軌道の終点沼尻駅に至る延長三〇キロ、幅員四間のドライヴ・ウエーである。この開通によって、会津若松と福島市は、今までのように郡山迂回路を取らずに直接結びついて交通上・産業上に大きな利便を与えるようになったという。

▒一九三九（昭和十四）年（三十六歳）四月の山行で、藤島敏男（Fさん）、田中菅雄と三人。

•『日本百名山』に書かれた西吾妻山スキーツアーは一九六二年四月、藤島敏男と二人（「春のスキー」「楽しいわが家」一九六八年四月／『全集Ⅳ』に収録）。

•藤島敏男（一八八六〜一九七六）は、この後、一九五九（昭和三十四）年の両神山・御座山から最期の茅ヶ岳まで「年長の友人」として多くの山行をともにする（藤島の記述では二十九回）。後に日銀監事、日本山岳会名誉会員。一高旅行部時代、木暮理太郎の講演に触れ、一九一九年の皇海山、二〇年の利根川水源行に同行する。二〇年には森喬、案内人の剣持政吉と谷川連峰を初縦走。三五〜三八年までヨーロッパ勤務で、ヴェッターホルン、マッターホルン、ブライトホルンほかの山々に登った。著書に『山に忘れたパイプ』（七〇年・茗渓堂）がある。

•青木小屋は、板倉勝宣（「五色温泉より高湯へ」『山と雪の日記』所収）や槇有恒も訪れており、現在は東海大学学生会緑樹山荘として再建されている。吾妻小屋は現在の吾妻小舎で、一九三四年（昭和九）年、鉄道省仙台鉄道局が当時の二八〇〇円（現在の一千九百万円以上）を投じて建設した。

初出＝「五色から沼尻まで」（一九三九年・帝国大学新聞）、加筆して『山の幸』（四〇年・青木書店）に収録。

㉑安達太良山（一七〇〇メートル）・**㉒磐梯山**（一八一九メートル）

安達太良山は一九六〇（昭和三十五）年、地元の人たちと、磐梯山は一九五七年、志げ子夫人、沢二と訪れたが、それ以前から万葉の山として憧れた山であった。

万葉登山

三十数年前「万葉集の山の歌」という文章を書いたことがある（拙著『山岳展望』収録）。別に万葉集を勉強していたわけではないが、富士山や立山や筑波山などを詠んだ有名な歌を知っていたから、山好きの立場から書いた。今日になっても万葉集の知識は前と変わりはない。ただ山登りをしているうちに、前には知らなかった山の歌を幾つかおぼえた。それを書いてみる。

万葉集に出てくる一番北の山は、「海行かば水浸《みつ》く屍《かばね》山行かば草生《む》す屍大君の辺《へ》にこそ死なめ顧みはせじ」を詠みこんだ大伴家持の「陸奥国《みちのく》より金《くがね》を出《いだ》せる詔書を賀《ほ》く歌」一首に出てくる「陸奥《みちのく》の小田《をだ》なる山」であろう。

その反歌三首の一つに、

天皇《すめろぎ》の御代栄えむと東《あづま》なる

陸奥《みちのく》山に黄金《くがね》花咲く

とあり、万葉考証家はこの山を宮城県遠田《とおだ》郡涌谷《わくや》町の北三キロ余にある山地に同定している。その山ぶところに今も黄金《こがね》山神社が訪う人もなく鎮座しているそうである。これはわれわれの概念の山よりも鉱山《やま》に近いから、問題とするに足りない。

福島県には万葉に詠まれた山が三つある。一つは、東歌に出てくる、

安太多良《あだたら》の嶺《ね》に伏す鹿猪《しし》のありつつも
吾《あれ》は到らむ寝処《ねど》な去りそね

みちのくの安太多良真弓《まゆみ》弾《はじ》き置きて
撥《せ》らしめきなば弦著《つらは》かめやも

の安達太良山（一七〇〇メートル）である。この山は万葉の歌よりも今は高村光太郎の詩によって有名になっている。私は十一月中旬雪の降る中を登った。

もう一つは、

会津嶺《あひづね》の国をさ遠《どほ》み逢はなはば

偲《しの》びにせもと紐結ばさね

会津嶺が磐梯山の古名とされているのは、この山を知っている人には納得出来よう。会津を代表する山はこのほかにはない。安達太良山についても磐梯山についても、私は『日本百名山』の中に書いたので、それ以上付け足すことはない。この二つの山はたいていの人は知っていようが、三番目の歌、

安積香《あさか》山かげさへ見ゆる山の井の
　浅き心をわが思はなくに

の安積香山を気をつけて見る人は少なかろう。これは猪苗代湖の東南にある額取《ひたいどり》山にあてられている。私はまだその頂上を踏まないが、近くの御霊櫃《ごれいびつ》峠（八七六メートル）の上からその山容をつくづくと眺めた。

郡山《こおりやま》市の北、古の安積宿であった日和田《ひわだ》町の東北方にある一円丘を安積香山とする説もあるそうだが、山びいきの私はやはり額取山としたい。御霊櫃峠の上から、遠くに安達太良、その左に磐梯、すぐ眼の前に額取と、万葉の三山を見渡した晩秋の好天の一日を忘れられない。

（略）

■安達太良山は一九六〇年（五十七歳）十一月、郡山市役所の藤森英二、岳温泉の佐藤竜一郎と登山。紀行は『わが愛する山々』に収録。高村光太郎『智恵子抄』の山として書かれる。磐梯山は一九五七年（五十四歳）九月、志げ子夫人、沢二と登った（堀込靜香編『人物書誌大系14深田久弥』による）。紀行文はなく、『日本百名山』の記述が唯一。

・御霊櫃峠を訪れたのは一九六〇年十一月、安達太良山に登った翌日のこと（「安達太良山」『わが愛する山々』所収）。

・万葉集にあらわれる山について書いた文章は、「万葉登山」のほかに「万葉集の山の歌」（『山岳展望』・㊹筑波山）、「越中の二上山」（『全集V』）がある。それぞれに書かれた歌人と山は次の通り。「万葉登山」は省略した後半で、筑波山、足尾山（葦穂山・六二八メートル）、黒檜山（久路保の峰）、榛名山（伊香保嶺）、子持山、赤見山、三毳《みかも》山、佐野山、新田山、碓氷峠を挙げた。「万葉集の山の歌」は、富士山（山部赤人、高橋虫麿）、筑波山（高橋虫麿、丹比国人）、立田山（高橋虫麿）、立山（大伴家持、大伴池主）、安達太良山、榛名山、子持山、足尾山。「越中の二上山」は、大伴家持に詠まれた二上山《ふたかみ》（富山県・二五九メートル）を訪れたエッセー。

初出＝「アルプ」一九六九年二月号。『全集V』に収録。

（略）

会津駒ヶ岳

㉓会津駒ヶ岳（二一三二メートル）

一九三五（昭和十）年、田辺（浜田）和雄と尾瀬、燧ヶ岳登山の後、単独で焼山峠（沼山峠）を越えて檜枝岐から登る。下山で道を誤り遭難寸前の体験をした。

会津駒ヶ岳は会津の名山である。人々は会津と言えば第一に磐梯山を思い出すが、駒は磐梯よりも約三百メートル高い。高いだけではなく上品な山である。ただ不便な奥深い所にあるために登る人は少ないが、僕はこういうあまり人に騒がれないつつましい山が好きである。

登山口は会津の檜枝岐《ひのえまた》という村から通じている。村の人はここが日本一の山奥の村落だと言っているが、なるほど隣村までは三里、郵便局までは五里、汽車のある所までは、もし歩くとしたらたっぷり二日はかかるという山の中だ。

山深くはいりこむと、平家の子孫だという部落がよくある。僕の行った所では越中の有《あり》峰《みね》、飛騨の白川《しらかわ》、信州の鹿島《かしま》など、皆そう言い伝えられていた。そう聞けば、家のたたずまいなど昔めいており、行き逢う村人の顔さえ何となく雅びてみえたが、しかしそう見えるのも畢竟《ひっきょう》は旅人のロマンチシズムなのであろう。大きな波瀾興亡に乏しいわが国の歴史では、平家滅亡ということが唯一のロマンチックな出来事であったから、山深い所に住む人々は、好んでこの美しく悲しい運命を、わが身にあてはめてみたかったのかもしれない。

（略）

僕がそこ〔檜枝岐〕を訪れたのは六月の半ばであった。そこへ行く前に尾瀬の燧岳《ひうち》に登り、頂から北を望むと、会津駒ヶ岳の優しく美しい姿が堪らなく僕の眼を牽《ひ》きつけた。急にそこへ登ってみたくなり、その翌朝、連れの友人と別れてただ一人、尾瀬沼畔の長蔵小屋を出発して、焼山峠〔今の沼山峠〕を越え、会津駒の麓のその村に行ったのであった。四里の山みちを重い荷を背負って、村へ着いたのは十時ちょっと前だった。

丸屋《まるや》という宿の縁に腰を下ろし一服して、小ルックに入用なものだけをつめかえて、再び明るい六月の空の下へ出た。実川《み》〔下流で阿賀野川となる〕の川っぷちに沿うて百軒ほどの家数がある。歩いて行くと、道端にズラリと粗末なお墓が並んでいて、直ぐその脇に葱《ねぎ》など作ってあった。大きな藁《わら》葺きの屋根の下に三階になって窓のついている農家のさまなどが珍しく眼を牽いた。その壁一面にいくつも燕が巣を営んでいて、親鳥が雛に餌を含ませている光景を眺めていると、久しく忘れていた幼な心が湧いてくるのであった。もう東京に居ては初夏の空にふさわしい燕の白い腹の飜《ひるがえ》りなどは見られない。

やはり藁葺きの棟の長い家があって、障子が幾枚もはまっている。お寺かなと思ったが、前庭に奉安庫があったので小学校だと分かった。日曜でもないのに森閑として物音もない。

「学校は休みですか」

通りがかりの媼《おうな》に訊《き》くと、

「ええ、今朝先生が下《しも》へ下ったで」

という返事であった。先生は二人だそうだが、いかにも山里らしい暢気《のんき》なところが気に入った。

村はずれの橋を渡ると、直ぐそこから登山道が通じている。橋のたもとに、早稲田高等学院の生徒二人の駒ヶ岳遭難の碑が、高田早苗学長の手跡に刻まれて立っていた。それは一九二六年（大正十五年）十月十九日の出来事であった。一行三人は霧に巻かれて道を失った上に、季節はずれの新雪に見舞われ、ついにそのうちの二君（注）が疲労凍死したのであった。同じ年の五月には僕も山で同行の友を失っていたので、この駒ヶ岳の遭難は当時僕の脳裡には強く刻みこまれた。僕はいまその石文《いしぶみ》の前に脱帽して、若くして山に逝《い》った二人の生命を悼《いた》んだ。

登山みちは始めのうち、両側の谷の瀬音が聞こえるほど痩《や》せた尾根筋をグングン登る。一人旅の気儘から幾度も道の真ん中に座りこんで、飴チョコをしゃぶりながら休んだ。潤葉樹が茂っていて眺望は利かないが、あたりいっぱいの若葉の青さに、はらわたまで染まりそうであった。蟬の声が喧しかった。

濶葉樹林が針葉樹林に入れ変わろうとするあたりから、残雪が切れ切れに現れてきた。やがて雪がベッタリと続いて、疎《まば》らな針葉樹やダケカンバの幹の間に、眼の覚めるような景色が出てきた。どれが駒の頂上か分からないような蜿々《えんえん》と伸びた峰が、長城のように立ちはだかっていて、その腹には素晴らしい残雪だ。僕は息を飲んでその旺《さか》んな美しさに見とれた。写真を二枚つなぎ合わせてもなお這入《はい》りきらぬほどの長大な峰であった。

勇躍して頂上めがけて、真っ直ぐ雪の上を登って行った。空はよく晴れて何とも言えぬいい気持であった。今日この快晴の日に、この壮観を恣《ほしいまま》にしているのは、この全山に僕一人かと思うと、あまりに自然が豊富すぎて喜びに圧倒されそうであった。

登るにつれて遠くの山が見えてくる。燧岳はキッカリと二つの峰（俎嵓《まないたぐら》、柴安嵓《しばやすぐら》）を並べてピラミッド形にそびえている。その右に悠然とした恰好の至仏《しぶつ》山、燧と至仏の中間には、峰の長い武尊《ほたか》が遠く霞んでいる。ふり向くと、赤薙《あかなぎ》から錫《すず》ヶ岳に至る日光の山が手に取るように指顧出来る。燧の頂上からは太郎山に隠れて見えなかった大真名子《おおまなご》山も、ここからははっきりと望めた。

頂上近くまで登ると、そのへんだけ雪は無くなっていて草原の中に小径《こみち》が通じている。

駆け上るようにして三角点へ着くと、ドッとルックザックを放り出した。何よりもまず、また新しく見えてきた山の展望だ。貪るように山を眺める。ここから尾根つづきの中門岳はまだ真っ白だ。西の方越後の魚沼駒ヶ岳・中ノ岳の立派さはどうだ。那須の赤崩山のガレがよく見える。遠く遠く消えるように微かに飯豊《いいで》連山が浮かんである、などとまず知っている山々を眺め渡してから、三角点の櫓《やぐら》に使ったらしい丸太に腰をかけて、ルックの紐を解いた。

腹に詰めてしまうと、今度は地面の上に地図をつなぎ合わせて、ゆっくり未知の遠い山の詮索にかかった。三ッ岩（この山は立派だ）、坪入、高幽、丸山岳、と近くの山は直ぐ分かったが、中門岳の上あたりにウジャウジャと見える連山は容易に見当がつかない。地図でみると大して高い山もないのだが、残雪が豊富なので、どれもこれも一流の山みたいに頑張っている。あれは毛猛《けもう》、あれは浅草岳、とまあいい加減に一人で決めて、一時間ほど山を見ながら過ごした。

残り惜しい頂上を下りかけると、ようやく日は傾いて、残雪の上に細かい縞《しま》の影がキラメキ出した。それが何とも言えず綺麗だった。帰りは早い、いい気になって滑るように駆け下りているうちに、雪の消えかけた地点まで来たが、うっかりして道との接続点を見失って、深い藪の中へはいりこんでしまった。困ったことになったと、何か見覚えのありそうな地物を探して歩いたが、どこもここも似たような地勢で、来た道がどうしても見つからない。藪の中をゴソゴソ一時間あまり間誤ついているうちに、いい加減腐ってしまった。それに今朝五時からの労働でだいぶん疲れた。

その時、見下ろす限り雪でうずまった谷が一筋、眼の前に現れた。くたびれてクサクサしていたせいか、その谷がひどく魅惑的だった。そうだ、こんな藪の中をモゾモゾするより、いっそ谷へ下りてしまおう。地図で見ても別に岩のしるしもないし、大した悪沢にも思えない。その方が手っ取り早い！「迷ったら尾根に上れ、決して谷へ下るな」という登山術の不壊《ふえ》の金言を無視して、僕は一気にその谷を滑り降りた（あとで分かったが、僕の迷った地点は、頂上から南南東方一七八〇メートルのコブを、登山道がV字形に巻いている所であった。そこは道が急廻転している上に、同じような尾根が三本も出ているので、つい迷ってしまったのだ。僕が下ったのは、そのコブから真南に出ている急直な沢であった（陸測五万分の一「檜枝岐」参照)。

その沢を下り切って流れに出た時、思わず僕はしまった！と感じた。少しの徒渉さえ嫌わなければ大したこともなかろうと軽く考えたその沢は、雪解けの水で勢い烈しく両岸を洗っている。仕様がねえ、と覚悟を決めて、始めしばらく狭い岸を無理に辿《たど》っているうち、右手から流れてくる本流とぶつかった。流れはますます太く烈しくなった。もう岸は通れないので、片側の藪の中をからみだしたが、藪くぐりは何としても辛くそれに遅々として進まないので、自然と川っぷちへ降りてくる。少し岸を辿れてやれ嬉しやと思ってると、直ぐ今度は岩壁に行手を遮《さえぎ》られる。うっかり向こう岸へ移って、引返すのに徒渉点を血眼《ちまなこ》になって探したりした。

こうして岩を攀じ登ったり、藪に引っ掻かれたり、臍《へそ》まで濡らしたりして、三時間あまり悪戦苦闘した。しまいには淵のそばの石にガッカリ腰を下ろして、パンの残りを食いながら、今夜はここで一晩寝て元気を恢復《かいふく》しようかと思った。水は無心にゴウゴウと流れている。気を引き立ててまた歩き始める。

やっと川のほとりに踏跡らしいものを見つけてホッとした。それを見失わないように辿って行くと、間もなくヒョッコリと行きしなの登山口に近い所へ出た。もう夕闇は濃くなっていた。ズボンを二、三ヵ所ズタズタに裂いて、眼のふちに丹下左膳のような打ち傷を作って、宿に帰り着くと、主人は、あまり遅いから今迎えに行こうとしていたところだ、と言った。わけを話すと、「それは大変だった。でも上ノ沢へ降りられてよかった。下ノ沢は下降絶対不可能で、早高の生徒が死んだのも下ノ沢へ降りたからです。その時は屍体をわざわざ尾根まで持って上って運び出しました」と話した。げに恐ろしいのは未知の沢である。どんな小さな沢でも決して見縊《みくび》ってはならぬと、胆に固く銘じた（上ノ沢下ノ沢とは、駒ヶ岳登山路の左右の沢をいう)。

夜は濡れたものを乾かしながら、囲炉裏の脇で、主人や若主人(他になお九十に近いという老主人が居た)とおそくまで話をした。気持のいい宿であった。宿帳を付けようとすると、住所、職業、族称などの他に、特徴という欄がある。

「そこへは何も書かなくてもいいんです」

主人は恐縮しながら言った。

注　西田健哉、吉野玉雄の両君。

■一九三五(昭和十)年(三十二歳)六月の紀行。『日本百名山』の一九三六年は誤記であろう。

・一九三五年の山行は、三月の栂池で雪崩(「雪崩と雪盲」『山岳展望』)、この会津駒ヶ岳での遭難寸前、続けて北ノ又川では流されそうになり(「大津岐峠を越えて銀山平へ」・㉕魚沼駒ヶ岳)、八月の光岳では暴風雨で停滞して遭難の誤報が流れるなど波乱に富んでいる。

・前年、初の山の著作『わが山山』を刊行。三五年六月には石原巌と額田敏の紹介で日本山岳会入会(会員番号一五八六)。文芸面では「あすならう」「オロッコの娘」などをまとめた初の長編小説『津軽の野づら』(作品社)を刊行し、文壇の評価を得る一方で、ますます山へ傾倒していった。

・当時の鎌倉での生活について、太宰治のエピソードがある。この年の三月、二十五歳の太宰治が鎌倉の深田宅を訪れた。八穂と同郷の縁もあり、深田の作風と人柄を慕い、それ以前に手紙のやり取りがあった。太宰は都新聞の入社に失敗し自暴自棄で鎌倉に向かい、深田宅を訪ねたあと自死を企てるが失敗する。「ここを訪《おとな》うみちみち私は、深田氏を散歩に誘い出して、一緒にお酒をたくさん呑もう悪い望や、そのほかにも二つ三つ、メフィストのささやきを準備して来た筈であったのに、このような物静かな生活に接しては、われの暴《あら》い息づかいさえはばかられ、一ひらの桜の花びらを、掌に載せているようなこそばゆさで、充分に伸ばした筈の四肢さえいまは萎縮して来て、しだいしだいに息苦しく、そのうちにぽきんと音たててしょげてしまった。なんにも言えず飼い馴らされた牝豹《めひょう》のように、そのままそっと、辞し去った」(「狂言の神」)。このときの様子は北畠八穂『透った人人』(一九七五年・出帆社)にも書かれている。

初出＝「山の手帖2――会津駒ヶ岳」(「山」昭和十一年六月号)、『山岳展望』に収録。

㉔**那須岳**（一九一七メートル）

一九六一（昭和三十六）年の年末、「日本百名山」「ヒマラヤの高峰」の月刊誌連載を抱え、最も多忙な時期であったが、思い立ってひとり那須へ向かう。

那須岳

正月はスキー宿か山小屋で過ごすのが例であったが、近年どこへ行っても混んでいる。それが尋常の混雑ではない。そんな目にあうよりもと、ここ二、三年家にいることにしたが、さて家にいても無為である。やはり出かけた方がいい。

暮の三十一日、急に思い立って、昼すぎの汽車で上野を発ち、那須へ向かった。恐れたほど混まず、黒磯までのディーゼル・カーも、そこから湯本を経て大丸温泉までのバスも、楽に腰かけられた。那須野の空は奇麗に晴れて、茶臼岳の頂には綿菓子のような噴煙がまつわり、それが夕陽に染まって美しかった。まず幸先がいい。

バスの終点で降りた時は、もう薄暗くなっていた。大丸温泉はスキー客で満員と聞いて、やはりそうか、と私はガッカリした。私だけではない、おなじバスで来た一人の登山者も宿を探しているふうである。その二人を、運よくも停留所の前の茶店で泊めてくれることになった。

寒い一室に通され、運ばれてきた置きごたつに向かいあってみると、その相客は私くらいの年配、風采も態度も温厚で、一見して山慣れた人と察した。何せ五十なかばの年で、独りで雪の山へやってくるのは、相当の山キチに違いない。

二人が打ちとけた山友達となるには、三十分とかからなかった。N氏はウイスキーを出し、私は持参のおセチ料理を拡げた。山の話になるとキリがない。ビンが空になるまでしゃべりあった。

「いいお年越しですな」

「ほんとうに静かで」

ラジオもテレビも、もちろんスキー客の騒音も聞こえず、私たちはいい気分で一九六一年の除夜を送った。

翌朝はすばらしい天気で明けた。すぐ眼の前の山は白銀に輝き、振り返ると那須の大野が薄いモヤに煙って、伸び伸びとラクダ色に拡がっている。よき元日かな。二人は新しい雪の上に今年最初の山への第一歩を踏みだした。スキーは二人とも持って来なかった。那須へ登るには不要と見たからである。

鉱山事務所を過ぎると、左手にドッシリと最高峰の茶臼岳、右手にハダレ雪を鏤《ちりば》めた岩肌の朝日岳が、真近に迫ってくる。予想したより雪は多かったが、踏跡がついていたので、難なく両峰の間の、峰ノ茶屋と呼ばれる鞍部に着いた。粗末な形骸だけの小屋がある。

鞍部に立ってまず眼を打ったのは、反対側の三倉山に続く長大な連嶺であった。雪をつけるとかくも山は立派になるものか。二、三のパーティがそこに休んでいた。いつも山でかわすアイサツが、今日は「おめでとう」であるのも新年らしい。私たちはその鞍部に荷をおいて、軽装で茶臼岳へ向かった。

茶臼岳は活火山で、不完全な如雨露《じょうろ》のように、山のあちこちから小さな蒸気を噴きだしている。その硫黄に染められて雪が美しい黄色を呈している所もある。登るにつれて、那須連山の朝日岳・三本槍岳を越えて遙か北方に、吾妻山群が見えてきた。しかしそのうち空が曇って、頂上に着いた時は、もう遠方はすっかり消えてしまった。頂上のあたりは地熱のため雪が溜まらず、散乱した石の上に雪帽子が載っているだけである。石の祠があり、それには海老の尻尾が祠を隠すほどくっついていた。北側は大きな深い火口になって、口碑によれば、これは大同二年（八〇七年）の爆発で生じたという。

その火口を一周してもとの鞍部へ戻ってくると、もう天気はすっかり崩れ、今朝のうららかさはどこへか、寒さに震えながらおそい弁当をたべる始末だった。

鞍部から剣ヶ峰と呼ぶ前山の中腹を巻いて朝日岳の登りにかかる頃から、雪になった。朝日の頂上に立ったが、白い気体のために何にも見えず、しばらく待っても晴れそうな見込みもない。私たちは三斗小屋へ下る道を採った。熊見曽根の一頂点を経て、尾根を下るようになっている。ワカンをつけた若い三人組が先へ行くのが見えたが、吹きまくる風でその踏跡はほとんど消され、私たちは自分で道をつけて行かねばならなかった。雪の下は匐松《はいまつ》かシャクナゲで始末が悪い。うっかり踏み外すと腰のあたりまでもぐって、脱出が大変である。

粉雪を巻きあげる強風にあふられながら、寒い、辛いのほか、何の楽しみもない稜線を下って行くうちどうも様子が変である。道を間違えたらしいが、何しろ視界が利かないので、どう迷ったか見当がつかない。深い雪の中をモゾモゾしていると、一瞬晴れて私たちの辿るべき尾根が、彼方《かなた》に高く延びているのが見えた。よかったとは思うものの、こんな時の登り返しほど辛いものはない。

痩尾根になって、しかも吹雪はますます募った。稜線の蔭に風を避けてパンの片を頬張り、元気をつけてまた猛吹雪の中へ出る。ようやく隠居倉《いんきよぐら》ノ頭《あたま》と呼ぶ白い円頂に着いた。地図で見ると他愛もなく簡単なのに、雪の道はどうしてこうも長いのだろう。

円頂から谷間にある三斗小屋温泉までは、風あたりは避けられたが、灌木の中のかなり長い下りであった。夕方、雪もやんで、静かな空に白い山の立っている姿は、身に沁むような美しさであった。

温泉にはもう灯りがついていた。二軒ある宿の、上の一軒へ入った。さすが正月休みで宿は登山者で混んでいて、ようやく私たち二人にあてがわれたのは隙間だらけの建付けの悪い粗末な四畳半の一室。しかも薄暗いランプの下に小さな火鉢一つでは、何とも侘しく寒く、私は浴槽に逃避した。

同じ那須の温泉と言っても、湯本のような贅沢なものから、この三斗小屋のような素朴なものまである。三斗小屋という変わった名は、この山奥へは牛も四斗俵の米が運べず、三斗俵にしたからだと言い、またこれは三ノ小屋の転化で、猟師が第三の根拠地にしたからだとも言う。もちろん冬にこんな温泉へ来るのは登山者以外あるまい。

ランプも不足したのか浴場はくらがりで、天井から冷たい飛沫が落ちてくるさまであったが、やはり温泉は極楽である。湯槽の一隅に身を漬けたりあげたりしながら、寝るまで私はそこで過ごした。

夜中に窓の破れ目から顔の上へ粉雪が舞いこんでくるのを覚えたが、しかしよく眠った。明けて正月二日、天気は好ましくなさそうである。ゆうべ二人の相談では、今日は大峠へ行き、そこから三本槍岳へ登るつもりであったが、この空模様と積雪量では無理なことがわかった。私たちはもう冒険をしない年齢に達していた。あっさりあきらめるのに何の異議もなかった。

初老の二人は、温泉から直接峰ノ茶屋の鞍部へ出て帰ることにして、ゆっくり宿を出た。道は葉の落ち尽くした林の中を通じている。踏跡を消した新しい雪の上を歩くだけで、爽やかな気もちである。急がない私たちを元気な若者の一隊が追い抜いて行った。途中、猛烈な勢いで煙を噴きあげている茶臼岳がまことに立派に見えたが、それもやがて雪雲に隠れた。

鞍部への登り口に、新築の避難小屋があって、先の一隊が休んでいた。今夜はここに泊まるらしく、小屋の中は奇麗に清掃してあった。私たちはそこで弁当を拡げた。

めしを食って外へ出ると、吹雪に変わっていた。登るに従って、それは烈しくなり、濛々と雪煙を巻きあげる地ふぶきのため、少し離れた相手の姿さえ見失いそうになる。物凄い風で、時々地に伏さなければ吹き飛ばされようとする。鞍部へ近づくにつれて、猛威はいよいよ加わり、二人は這いつくばってほうほうの態で稜線を越えた。

この鞍部は昔から風の名所として知られている。全部の風がここに結集されて吹き抜けるかのようである。何にせよ言語道断な風であった。そこを越えて下り道にかかったが、風はなおも追いかけてきて、私たちを吹雪で包んだ。その吹雪が朝日岳の黒い岩肌を白いカスリ模様に染めているのが、最後のすばらしい眺めであった。

吹き溜まりの深雪に苦労して鉱山事務所まで下ると、あとはもう何でもなかった。大丸からバスで黒磯へ出ると、駅のプラットホームには着飾った人たちが群れていて、私たちはここで新年の気分にめぐりあった。（略）

■一九六一（昭和三十六）年（五十八歳）から六二年の年末年始の紀行。

•一九六一年は、「シルク・ロード」（「世界の旅」六〇年三月〜六一年十一月）、「日本百名山」（「山と高原」五九年三月〜、六一年十二月で三十四回目）、「ヒマラヤの高峰」（「岳人」五九年三月〜、六一年十二月で三十六回目）の月三本の連載をこなしていた。

•那須岳については「甲子温泉」（「文学界」一九四〇年十二月、『山頂山麓』に収録）の紀行があり、このとき（四〇年十月）は甲子山から赤崩山（旭岳）に向かう途中で熊に出会って引き返している。

•省略した最後の部分ではこの正月の山岳遭難について記している。記録によれば、大荒れの天気により、正月四日間、全国で二十三人が死亡、行方不明一人、負傷者三十二人となっている。

初出＝「新年の山」（「學鐙」一九六三年一月号）、改題して『山岳遍歴』に収録。

㉕魚沼駒ヶ岳（二〇〇三メートル）

「日本百名山」連載直前に登った魚沼駒ヶ岳には紀行文がない。一九三五（昭和十）年六月、会津駒ヶ岳に登った翌日、越後三山を望みつつ一人檜枝岐から奥只見へと歩いた。

大津岐峠を越えて銀山平へ

檜枝岐《ひのえまた》の宿でぐっすり眠って、翌朝眼が覚めると、その日（六月十五日）もまたうららかな晴天だった。さて今日はどこへ行こう、沼田街道を下って会津若松に出ようか、引馬《ひきうま》峠を越えて鬼怒川の上流へ抜けようか、いっそここまで来たついでに大津岐《おおつまた》峠から銀山《ぎんざん》平を訪ねてみようか、宿の縁側で靴の紐を締めるまで決心がつかなかった。どうせ汽車のある所までは途中一泊しなければならぬ、それならやはり山の中を通った方が面白かろうと、ようやく銀山平に決めたのは、ルックを背負って立ち上がってからであった。山へよく行く人は経験しているに違いないが、山にはいると容易に決心がつかないことがある。そしてそれがほんのわずかの、秤《はかり》の傾《かし》ぎほどの気持の差で、決断がつくものである。

檜枝岐から焼山峠〔沼山峠〕の方へ、麒麟《きりん》手《て》という耕作部落まで引返して、そこから大津岐峠の上りにかかる。大津岐峠は名前は峠だが、三角点のある峰を一つ越すのだから、グングンと急坂の登りだ。シャツ一枚になって喘《あえ》ぎながらだいぶん登ったと思う頃、前方に女の声がする。追いついてみると、手甲脚絆《てこうきやはん》に荷物を背負った母娘《おやこ》らしい二人連れだった。

「あッ、びっくりした！」

娘の方が、突然の僕の靴音に驚いて、叫び声をあげた。

聞けば、これから峠の向こう側にある開墾地まで出かけるのだそうだ。檜枝岐の人達は皆村から二里三里の土地まで開墾に出る。そこに耕作小屋を建てて開墾に従事するのだ。だが一九四五メートルの大津岐峠を越えてその向こう側まで耕作に出かける勇気には僕も感じ入った。都会で珈琲《コーヒー》など飲みながら流行をあげつらいする女どもには及びもつかない生活であろう。

その二人と道連れになって話しながら登っていった。頂上近くになるともう一面の雪だ。やっと気持のいい頂上についた。昨日ほど空気は澄んでいないが、よく晴れているので、今日もまた倦くほど山を眺めながら、二人と並んで弁当を食った。

峠からの降りは、しぜんと馳け足になるような坂道だ。二人を残してサッサと降る。こちら側は直ぐ雪がなくなって、間もなく森林帯にはいる。まるで花筵《はなむしろ》でも敷いたように、イワカガミの赤い花が咲き群がっている所もあった。タムシバの白い花も今が盛りだ。

ずっと尾根伝いの降りだが樹が高いので眺めはない。嫌になるくらいグングン降って、ようやく中門岳から落ちてくる沢へ降り立った。明るい河原の大きな石の上に腰をかけて、いま降ってきた緑の山を見あげながら一しきり休んだ。ここから道はずっと川に沿うて降る。道沿いに立っている濶葉樹の見あげるばかりに高く、幾抱えもありそうな幹の太さに眼を驚かせながら、チラチラ光の洩れる木下道《このしたみち》を歩いて行った。道は左岸に移ったり、右岸に移ったりする。

タキ沢との出合いを過ぎてしばらく行くと、始めて広々とした原へ出た。開墾地だ。数軒の耕作小屋が建っていて、赤と白との測量の旗が畝《うね》の間に飜《ひるがえ》っている。ここは日暮《ひぐらし》平というのだそうで、いかにものんびりとした別天地のような安らかさがあった。僕はこういう山中桃源境の生活を想い、甘美な田園小曲風な空想を描くのであったが、現実にしてみれば、粒々《りゅうりゅう》皆辛苦の生活に相違ない。

日暮平を過ぎて対岸に移ると、そこは柳《やなぎ》平という開墾地だ。道ばたを子供たちが馳け廻ってあそんでいる。チェリーの空箱をやると、その銀紙を珍しそうにして大切にしまった。柳平は日暮平よりずっと狭い。その土地が幾町歩あるかということなども聞いたのだが今は忘れてしまった。こんな山奥の、山と川に挾まれたわずかの平地をも見棄てておかないわが国の農夫の根強い勤勉さを錦繡綺羅《きんしゅうきら》の人々は想うべきであろう。

そこを過ぎて間もなく只見《ただみ》川との合流点へ来た。さすがに本流だけあって水量も多く見事な流れだ。その上に架せられた危うげな橋の上に立って、岩と岩とのあいだをたぎり落ちる水勢をしばらく眺めていた。只見川を渡ると左岸に原野が展けている。ここから下流一里あまりが銀山平だ。只見川を境にして福島県から新潟県に足を入れたわけだが、越後の農夫たちもやはりここまで開墾の手を伸ばしている。しかし会津側に較べるとまだまだ未開墾のままの原野が残っていて、萌え出したばかりのワラビがたくさん生えていた。ワラビを摘みながら下ってゆくと買石原《かいしっぱら》という所へ出た。ここは昔銀山のあった跡であって、鉱石の屑が黒く地を覆っている。そのあたりに毀れ傾いた墓石がいくつも並んでいて、安政何年何何童女と刻名のあるものなど、何か憐れな感じを催させる。銀山が盛んに発掘された頃は数百軒の家が立ち並んでいたそうで、今でも近くに恋《こい》ノ岐《また》沢とか傾城《けいせい》沢とかいう、昔の名残を偲ばせるような名前が残っている。それが廃坑以来荒れるに任されていたのが、近年ようやく開墾小屋が建って、ボツボツ耕され始めたのだそうだが、しかしまだ開墾は初歩で、大方は原野の姿を保っている。買石原には茅葺きの小屋がたった一軒あるきりで、雑草が生い茂り、何にせよあんまり気味のよくない所だ。

　しかし風景はなかなかいい。そこから半みちほど降って浪拝《なみおがみ》という所へ出ると、川幅の広い只見川の清流が実に美しく、その対岸に岩肌がそそり立っている。川っぷちに温泉が湧いている。コンクリートで湯槽《ゆぶね》を囲んだだけの露天の湯で、外には何もない。元湯は手も漬けられないほど熱い。僕はそこで手拭いをしぼって顔をふいた。こんなに豊富な湧湯が惜しげもなく只見川に流れ放しにしてあるのは、何としてももったいない話だ。昔は元禄姿の遊女が数多このあたりを徘徊《はいかい》していた、とそこの立札に書いてあった。浪拝には銀山寺という一宇が建っていたが立ち寄らずに須原口まで降った。朝から高い峠を越えての歩きずくめなのでだいぶ疲れた。須原口へ辿りついた時はもう夕方だった。

その夜は須原口の開墾事務所に泊めて貰った。ちょうど満月の夜で、湯から上がって表へ出てみると、只見川の対岸の峰から大きな月がいま離れるところであった。その峰の上に立った一本の松が月影に掠《かす》められて枝が数えられるほど澄んだ空であった。

翌朝、またも晴天だ。小鳥の声が喧しい。起き上がって前の小川へ顔を洗いにゆく。あたりの叢《くさむら》はすっかり露に濡れて、爽やかな初夏の朝の風だ。

山の端を出た陽がカッと差す頃には、もう朝飯も済まし、大きな握飯も作って貰って、縁で山靴の紐を結んでいた。今日もまた恵まれた空の下に楽しい山旅をつづける。小屋の払いは八十銭だった。

山鼻を曲がると北《きた》ノ又《また》川の畔《ほとり》に出た。美しい川だ。これからずっとこの川に沿うて上る。道は草むらの中を細々と通じている。細越《ほそごし》という開墾部落（茅葺きの農家が三、四軒もあったろうか）を過ぎて間もなく、中ノ岐川との合流点へ出た。中ノ岐川は幾らか細いが、水量は北ノ又川に劣らない。平ヶ岳から落ちてくるこの川は、深い深い谷を幾めぐりかして、ようやくここに流れ出てきたのである。僕はしばらく佇《たたず》んで、その勢いのいい流れをみつめていた。いつの日か僕はまたこの谷を奥深く分け入らねばなるまい。

そこを過ぎてしばらく行くと、地図に神蜂《かんばち》という名のついている岩壁にぶっつかった。道はそこで途絶えている。ここさえ越せば道はまたおのずから開けるだろうとその岩を越え始めた。岩の上の藪を高廻りしてやっと一まず川っぷちに降ると、さらにまた岩壁が行手をはばんでいる。高廻りするにしても今度の岩はどうも越えられそうもない。思案に困って向こう岸をみると、どうやら道らしいものがみえる。なお探すと道しるべの石も積んである。

よし向こう岸へ渡ろう。靴を濡らすのが惜しいので、裸足《はだし》になって靴を手に提げた。ヒザまでまくりあげて、なるべく浅そうな所を択って渡りかけたが、水勢は思ったよりも強い。底の石が水垢でツルツルしていて足が滑る。踏みしめる足が軽くてちっとも力がはいらない。これは駄目かなと思ったが、これより他に進む道もないのだ。構わず突っ切ろうと流れの真ん中へんまで出ると、水勢はますます強い。もう戻るにも戻れない。頑張れ頑張れ、と心の中で元気をつけながら、もう二、三間で向こう岸という所で、とうとう足を掬《すく》われて身体が浮いた。雪解けで水量の多い時だ、流されればそのままお陀仏《だぶつ》だ。僕は夢中で掻くようにして、二、三間流される間に向こう岸へ匐《は》い上がった。濡らすまいとした靴はもちろん、ルックザックのポケットの中まで水がはいった。全身ビショ濡れだ。河原の石の上で僕は素っ裸になった。そして濡れたものを河原に拡げた。着物が乾くまで、僕は裸のままあちこち歩いたり腰を下ろしたりして、大声で歌をうたった。太陽は暑かった。いい気持だった。

やっと乾いたので、猿又から順番に身につけ始めた。下着の薄いシャツを着てその上にルックザックを引っ担ぎ、生乾《なまがわ》きのものはルックの上に拡げたりブラ下げたりして歩きだした。歩いているうちに干せるだろう。

道は再び元の岸へかえる。先に懲りて今度は靴を穿《は》いたまま徒渉した。瀬が浅かったので難なく渡れた。それからまた川ぶちの草原の中の道を辿る。草を鳴らしてしきりにトカゲが逃げる。時々蛇もいる。

中荒沢《なかあら》という沢が流れこんで来る川原から、荒沢岳《あらさわ》がよく見えた。岩の穂先を並べたてたような、荒々しいが颯爽《さつそう》とした感じの山だ。

ついに石抱橋まで来た。ここで北ノ又川と分かれて枝折《しおり》峠〔現在の明神峠〕へ登ることになる。僕はその粗末な橋の上に腰を下ろして、弁当を食った。ブラ下げた足の下は蒼い淀をなしていて、弁当の包紙を投げると、それは幾度も淀の中で渦巻いてから流れて行った。直ぐ眼の前には魚沼駒《うおぬまこま》ヶ岳が豊富な残雪を光らせて聳《そび》え立っている。頂の方に雲がかかっていて、いくら待ってもそれが取れなかった。

枝折峠の上りにかかる。この峠は昔銀山へ往復の通り道だったので、一合目毎にさまざまな名前がついている。五合目の所で栃尾又《とちおまた》へ直接に降る道が岐れていた。僕は道ばたでウドをルックのポケットにいっぱい取った。もうウドも丈《たけ》伸びて憎々しいくらいに大きくなっているが、日蔭の所を探すとまだ食べられそうなのが幾本も見つかった。

もう少しで峠の上へ着くあたりに、問屋場《とんやば》と称するわずかの平地があって、そこだけまだ雪が残っていた。銀山の盛んな頃、ここで銀や食料を仲継したということをあとで聞いた。ここまで登ると眺望が素晴らしい。直ぐ眼前に北ノ又川を距《へだ》てて、荒沢岳がそのギザギザの峰をそばだて、その右うしろに中ノ岳と兎岳が真っ白な姿で立っている。二千メートル級の山とは思えない立派さだ。

ついに峠の上に立つ。名前は峠だが実は一二三六メートルの三角点のある一つの峰だ。それだけに眺めは広い。囲いだけの御堂があって、五、六人くらいの仮寝の宿には間に合いそうだ。

峠から降りは、疲れたせいもあってか、実に長かった。坂も急だ。振り返る毎に、小倉山から駒ヶ岳に続く尾根が眼の前に長々と延びている。あれもあんまり楽な登りじゃないな、と思いながら、聾《ろう》するくらい蟬の喧しい新緑の中を、足に任せて降って行った。

ようやく坂を降り切って佐梨《さなし》川のほとりに出た。川は谷底のような深い下を流れている。そこから大湯《おおゆ》までは一里足らず、坦々たる道だった。疲れた足を大湯の宿まで引きずって来た時には、もう陽はだいぶん傾いていた。（略）

■一九三五（昭和十）年（三十二歳）六月、燧ヶ岳、会津駒ヶ岳のあとの山旅。奥只見は五三（昭和二十八）年着工された電源開発によって、奥只見ダム、田子倉ダムなどに沈み、当時の面影はない。六二年、只見ダムを訪れた紀行「新緑の散歩道・奥只見」（「マドモアゼル」一九六二年六月。『全集Ⅳ』所収）がある。
•魚沼駒ヶ岳（「山と高原」一九六三年一月掲載）には六二年十一月、地元登山家の桜井昭吉と登った。六二年には、八月の飯豊山（同年十月掲載）、月山（十二月掲載）、九月の平ヶ岳（十二月掲載）と、越後の山を地元登山家の藤島玄、伊倉剛三、桜井昭吉らと集中的に歩いた。

•『日本百名山』に書かれた高頭式《たかとうしょく》（仁兵衛《にへい》／一八七七～一九五八）は越後の豪農に生まれ、地誌、紀行文研究をもとに一九〇六年『日本山嶽志』を出版。一九〇五年、日本山岳会創立にあたって多大な資金援助をした。『日本百名山』文中の辞世の句は「三山を持ちてゆきたし死出の旅」ではないかという説もある（高辻謙輔『日本百名山と深田久弥』白山書房）。

初出＝「村・山・峠など」（「現代」一九三五年十月）の一部と「山峡の湯」（「現代」三六年八月）を合わせ、改題して『山岳展望』に収録。

㉖平ヶ岳（二一四〇メートル）

この山も単独の紀行文がない。一九六二（昭和三十七）年、このころ多くの山行をともにした「年長の友人」藤島敏男らと訪れた。山の友人について書かれた文章を掲げる。

山の友人たち

薬舌居士藤島敏男

いまに舌ガンにかかるよと言われるくらい毒舌をもって聞こえているが、その毒舌は私には薬舌とひびく。居士が私に手ごころを加えているわけではない。苦ければ苦いほど私には薬になる。

しばらく私が山から遠ざかっていると、旅先の山の宿から「貴公、どうした。タガがはずれたか、しっかりして貰いたい」などと言ってくる。一緒に山を歩くとこんなに楽しい連れはない。口をついて諧謔《かいぎゃく》と洒落《しゃれ》が飛び出してくる。地上では辛辣《しんらつ》な居士の舌も、山へ入ると素直になる。山には皮肉を浴せる材料がないからだろう。

湿潤な日本の社会風習の中で、居士の言行がカラリと乾いていることも爽やかである。成心がないから後くされがない。山へ行っても同じだ。休む。各自食べ物を取り出す。居士は薄く切ったパンに嗜好物を塗っている。果物を小さく切って頬張っている。決して仲間に物を勧めない。「食べたくもない物を配ったりするのは、あれは押しつけだね。親切ではなくて無礼だ」と居士は言う。

居士は個人の自由を尊重する。わずらわされるのも嫌なら、わずらわすのも嫌である。休んでいると、「お先に行くよ」居士はさっさと歩き出す。勝手にふるまって、しかも不協和なところがない。

夕方里へ近づく。居士がパイプをくわえながら快調な足どりであるのは、下にはバクシュ（麦酒）が待っているからだろう。

望月機関車

ここ十年来、私の山行の半数以上は望月（達夫）君と同行している。その中の若干は本書（『遠い山近い山』）に収められているが、まだ書かれずにいるものも幾つかある。

去年の正月休みに伊那の山へ行った時も、望月君が一緒だった。三日目、三峰《みぶ》川沿いの市野瀬から舟峠というのを経て分杭峠へ出ようと出かけた。途中道がわからなくなり、粉雪の舞う中をゴソゴソ藪を分けていたあげく、断念して引返すことにした。帰り道で、無人の破れ小屋で一休み、すぐウイスキーの栓が抜かれたのは、同行に呑んべえが揃っていたからである。

望月君はその方はあまりいかない。ところがどうした風の吹き廻しか、その時最初にいい気持に酔って一同を抑えてしまったのは彼であった。だけではない、彼は美しい渋い声を張りあげて歌いだした。それが私たちのようなデカンショのたぐいではなく、一流の本格品である。いつ彼はこんな高級な芸を仕入れたのであろうか。その夜、宿へ戻ってからの酒盛にも私たちは彼を離さなかった。そしてそのレパートリーの広さと年期の入りかたに一驚した。

歌などは一例にすぎない。望月君は表面に見せびらかさないが、あまたの goût の所有者である。おそらく本職の経済、銀行、証券よりも、文学、美術、演劇の方の知識が深いのではないかと思われる。内外の山に関する記録、歴史、伝承などについても実に詳しく、それは彼の貪欲な読書力と丹念な探究心によるものだろう。ヒマラヤその他海外の山や人について書いたものだけでも、ゆうに一冊の本になるのではあるまいか。

近年は野の仏に強い興味を抱いている様子で、道端の道祖神や峠の上の地蔵尊を見つけると、彼はただでは通りすぎない。考証もさることながら、撮影に移っても光線がどうの環境がどうのと本職はだしである。何事であれ、徹底的でなければ気のすまぬ性分らしい。

えてしてこういう文献派は実行力に欠けるものだが、望月君の山登りの馬力のあることにも甲《かぶと》をぬぐ。たいてい彼の綿密な計画によって、私たち仲間の登山の行程が決まるのだが、先頭にたってトットと歩くのはたいてい彼である。今年の正月休みには、私たち仲間は彼を加えて南アルプス傍系の御池山へ行った。雪の中を登って行くのは私には辛かった。休憩になってホッとしていると、一番先に腰をあげて歩き出すのが彼であった。

「おい、見ろ、望月機関車が動きだしたぞ」

貨物列車の一番おしまいにつながって引っぱられて行く貨車のような体で、こんな時ほど機関車が憎たらしく見えることはなかった。

■平ヶ岳は一九六二年〈五十九歳〉九月に、藤島敏男、伊倉剛三、桜井昭吉、星四郎（ポーター）の五人で訪れた。伊倉剛三は地元小出出身の登山家。六〇年の聖岳、六七年の未丈ヶ岳にも同行している。『日本百名山』の記述以外に平ヶ岳の紀行文は見つからない。

•藤島敏男については「⑳吾妻山」の解説参照。藤島敏男は一九二〇（大正九）年七月、木暮理太郎とともに奥利根を探った。奈良沢川、幽ノ沢から小沢岳、丹後山、大水上山、平ヶ岳へ県境稜線を縦走し、大白沢山北から猫又川を尾瀬ヶ原に下り至仏山を経てヘイズル沢から藤原へ下る探検的登山だった（木暮理太郎「利根川水源地の山々」『山の憶ひ出』所収）。

•望月達夫（一九一四〜二〇〇二）は、東京商大予科時代より小谷部全助らと山岳部で活躍し、ヒマラヤ研究にも業績を残す。三井信託銀行から証券会社で経営陣を歴任。著書に『遠い山近い山』（一九六八年）、『折々の山』（八〇年）、『忘れ得ぬ山の人びと』（八六年・以上茗溪堂）、訳書にメイスン『ヒマラヤ』（一九五二年・白水社）、ロングスタッフ『わが山の生涯』（一九五七年・白水社）などがある。五九（昭和三十四）年十月の両神山、御座山の山行（深田久弥、藤島敏男と三人、『わが愛する山々』に収録）以降、北海道の山々、奥秩父、西上州など多くの山旅をともにした。六〇年一月、深田久弥とともに笊ヶ岳を目指した紀行は『わが愛する山々』に収録。日本山岳会副会長・名誉会員。初出＝「薬舌居士」（藤島敏男『山に忘れたパイプ』付録／一九七〇年・茗渓堂）、改題して『全集Ⅴ』の「山の友人たち」に収録。「望月機関車」（望月達夫『遠い山近い山』付録／六八年・茗渓堂）、「山の友人たち」に収録。

㉗巻機山（一九六〇メートル）

一九三六（昭和十一）年春、スキーで訪れた。前半は山名考証に割かれ、登山とともに山岳探求にますます傾倒してゆく。

巻機山

巻機《まきはた》山は十数年前から僕の耳に快い名前であった。その頃僕等の山友達の一人がこの山を目差した。何でも信越線で越後の小千谷《おじや》に廻り、そこから十数里歩いてようやく山麓に達するということであったから、当時僕の如き山岳初学者にとっては全く見当のつかない遥《はる》かなる山であった。

しかし巻機という語の感じと響きのいい発音が、好きな山として僕の印象に残った。良い名前というものは何となく懐かしく印象に残るものである。いま僕の好きな山の名を思い出してみると、雨飾《あまかざり》山、雁《がん》ヶ腹摺《はらすり》山、女貌《にょほう》山、守門《すもん》山、荒船《あらふね》山、等がある。こういう山は名前を聞いただけで行ってみたくなる。どこか人を牽《ひ》きつけるような魅力を持っている。

地図（陸測五万分ノ一、越後湯沢）の上で巻機山とあるのは、一九六〇メートルの等高線に固まれた頂上の広い峰だが、委《くわ》しい詮議になるといろいろ異説があるらしい。

しかしそれは近代の登山家が、どんな小さな峰にもいちいち名前が無くては済まされない詮索癖から、土地の猟師や案内人の自分勝手な名付け方をさも重大視して採用したがために起こった混乱であって、僕にすればあのへん全体を漠然と巻機山と呼ぶことに賛成したい。尾根つづきの牛ヶ岳や割引山をさえ巻機山の中へ含めたい気持である。いにしえの人はそういう大まかな名づけ方で、遙かに山を望んで満足していたのであったが、現今の登山家は、ほんの瘤《こぶ》みたいな突起にも名前がないと承知しないのである。しかも彼等が重大視するそういう名前にも、はなはだたよりない聞き違いが少なくないのである。

（略）

その巻機山に僕が登ったのは四月の九日であった。T君と二人で八日早朝上越線の塩沢駅に下車した。塩沢町は『北越雪譜』の著者鈴木牧之翁の生地である。あわよくば清水まで三里余の途中まで自動車が通じはしないかと考えてきたのは、途方もない誤算で、例年にない大雪のこととて塩沢の町は二階並《なみ》に歩くほどのうず高い雪であった。

駅前の旅館の囲炉裏ばたで、買ってきたばかりの汽車弁当を食べながら、清水までの人夫を一人探してきて貰った。その人夫にスキーその他を担いで貰い、僕等は荷を軽くして出発する。

登川《のぼり》の谷は蟹《かに》沢を過ぎるあたりから、次第に両側の山が迫ってくる。赤土を混じえた大きな底雪崩が右にも左にも出ていた。朝からの霧で遠い展望はなく、ただ道の長いのを嘆じながら、それでも昼までに汗びっしょりになって清水に着いた。障子のはまった分教場の二階が、直ぐ足の下にあった。ベビーオルガンと若干の机が並べてなかったら、誰もこれが教室だとは気づかないだろう。斜面に散在している村の一軒に這入《はい》ると、外に慣れた眼には中は真っ暗だった。前年の春、厄介《やっかい》になったことのある家である。昼飯を終えて人夫を返し、僕等は近くの斜面へスキーを穿《は》いて遊びに出たが、雨が降ってきたのでしばらく滑って宿に戻り、囲炉裏をかこんで家の人といろいろ話をした。ここの家族（小野塚嘉一郎宅）は皆いい人で親切だ。夜床につくと雪解けの雨だれの音が雨でも降っているように絶えず聞こえ、時々ドドッと地響きするような雪崩がいくつも聞こえた。

翌朝、上天気とは言えないが所どころ青空が見えて、だんだん晴れそうな模様だ。案内を連れて八時二十分に宿を出る。その方が歩き易いのでスキーは背負って行った。やはり大きな底雪崩があちこちに出ていた。

檜穴《ひのきあな》ノ段をジグザグに登る急傾斜は辛かったが、段に上ってしまうと、思わず歓声を発するような気持のいい広やかな大雪原だ。陽さえ差してきた。腰をおろして遠くの山を眺める。大源太山と七ッ小屋山のうしろに仙ノ倉、万太郎、茂倉の連嶺が、動く雲の合間に見えた。その右手に、特徴のある苗場山が左下がりの大斜面を横たえている。もっと奥の方の山は雲に隠れて見えなかった。直ぐ傍らには谷を距《へだ》てて、例の天狗岩（すなわち僕のいう破目山《わりめき》）が黒々した岩肌でニュッとそびえ立っている。たしかに一偉観である。T君が微かな音をききつけて雪崩！　と叫ぶ。あそこだ！　という方を眺めると、ワリメキ沢の一枝沢に、底雪崩の落ちてゆくのが見えた。

底雪崩は跡はすさまじいがその割に怖くはない、と案内の小野塚正生が言う。音がするし速力もそう速くないから逃げる余裕があるという。怖いのはホウロという奴で、これはまるで電気みたいに早く来るそうだ。ホウロというのは上層の新雪雪崩のことである。いま一つミゾレというのも怖い。これはザラメ雪の雪崩のことだそうである。

上の檜穴ノ段にかかる頃から、風が北に変わって、足元の方からガスが湧いてきた。やがてそれが一面に拡がって、何も見えなくなってしまった。霧雨さえ吹きつけてきた。しかし何といっても春の山だ。手套なしでもそう冷たくはない。前山（一八六〇メートルの峰）の急傾斜面にかかる前に、ゆっくりと弁当を食った。

この前山は戯れに偽《にせ》巻機と呼ばれている。ガスなどかかった折にはここが巻機山の頂上だと偽って、帰りを促す案内も居るそうである。僕等もその偽巻機まで登って降るつもりであったが、さてその上に行ってみると、もう一息のところで本当の巻機の頂上まで行かなければ気が済まなくなった。この前山と巻機との鞍部は霽《は》れていたらさぞ気持の良さそうな所に思われる。夏には、お泉水がいくつも現れて、南京コザクラがビッシリ敷きつめる所だそうである。

しかし今は、少し離れると前の人さえ見失いそうな濃いガスだ。前山から二十五分でついに巻機山の頂上に立った。時計を見るとちょうど一時三十分。

自分のぐるり以外は何も見えない。案内人がこの方面はどこといちいち指差して教えてくれるが、まるで盲目がものを聞いているようでさっぱり要領を得ない。「こんな平たいところがズッと続いているんですよ」と説明されて僕等は腰をかがめて透《すか》して見るようにしたが、ただ五、六間先までが仄白《ほのじろ》く拡がっているだけであった。

スキーをつけた下山は早かった。完全にザラメ雪にはなり切っていず、雪質が不平均で、うまくスキーの調子の取れない所もあったが、それでも千メートルあまりの滑降は痛快な運動であった。途中時々立ち留まっては休んだが、あっけないくらい早く下に来てしまった。宿についたのは三時ちょっと過ぎたばかりだった。

巻機は実にいい山だ。スキーゲレンデとしても素ばらしい。僕は厳冬の粉雪の頃か、あるいは残雪の間に高山植物の咲き乱れる候かに、是非もう一度晴れた巻機山を存分に楽しみたいと願っている。

■一九三六（昭和十一）年四月〔三十三歳〕の山行。「T君」は田辺（浜田）和雄か。

•省略した前半は、『日本百名山』にもある割引山の山名考証で、『北越雪譜』の「破目山《われめき》」が天狗岩（一五七八メートル）であり、陸地測量部の地図製作にあたっての取り違えと当て字によって現在の割引岳となったのではないかとする。また、同様の当て字の例として聖岳や近傍の威守松山についても記している。

•一九二四（大正十三）年三月、一高旅行部の浜田和雄と稲積豊二が巻機山にスキーで登った。おそらく積雪期初登頂（稲積豊二「雪の巻機山初登頂」『一高旅行部五十年』）。

•「ホウロ」について、省略した「注」で『北越雪譜』の「ほふら」という項目を引用している。ホウロとはホウ（泡）雪崩で、爆風を伴う大規模な乾雪表層雪崩。鈴木牧之（一七七〇～一八四二）は越後塩沢の豪商の生まれで、商いのかたわら文筆もよくし『北越雪譜』『秋山記行』などを残した。『北越雪譜』は雪や雪国越後の生活、伝承について書いたもので、貴重な民俗資料とされる。一八一一（文化八）年の苗場山登山も記されている。現在は岩波文庫で読むことができる。

初出＝「山の手帖1――巻機山」（「山」一九三六年五月号・梓書房）。『山岳展望』（一九三七年・三省堂）に収録。『山岳展望』は『わが山山』に次ぐ二冊目の山の著作集。『わが山山』の紀行、随想中心の文章から、山名考証や山岳展望、登山史、万葉集の山など山岳探求の比重が高まり、以後の山岳紀行文のスタイルとなる。

㉘燧岳（二三四六メートル）
一九三五（昭和十）年六月、尾瀬、会津駒ヶ岳、大津岐峠から奥只見の山行の後に書かれた「尾瀬の印象」から抜粋。

燧岳

燧《ひうち》岳は火山だけあって姿の美しい山である。しかし尾瀬湖畔から仰いだ限りは、美しい線は見られない。頂の四つの峰がゴチャゴチャしているし、山裾に引いた線も端整ではない。三平峠まで退がってみても同様である。尾瀬ヶ原からでは、いくらか頂上のゴタゴタは清算されるが、しかしまだ真に端麗な姿とは言い難い。会津の駒ヶ岳から望んだ燧が一番形がいいと聞いていたが、行ってみるとなるほどここからは、二峰を擡《もた》げた左右均勢の美しい金字塔に見えた。しかし駒ヶ岳より大津岐《おおつまた》峠からの方が、前に邪魔になるものが少ないだけに、もっと良かった。

しかし僕が最も美しい燧を望んだのはアヤメ平だ。右に伸びた線がややいびつな所もあるが、大体においては純正な、富士型である。しかもここからは前に遮《さえぎ》るものがなく、ほとんどその全貌を見得るのである。広い原の向こう果てに、泰然と根を張った燧の英姿を眺めると、さすがは北方の雄という感が深い。

燧が富士型をなす頂上の二峰を、俎嵓《まないたぐら》、柴安嵓《しばやすぐら》と呼ぶ。尾瀬方面から見て右手の峰が俎嵓であって、ここに二三四六メートルの三角点がある。左手の柴安嵓はそれより二十メートルあまり高い。燧より北には本邦これより高い山はないのである。妙高火山群の火打山は燧岳より百メートルあまり高いが、位置としてはわずかに南に位している。

燧岳の登山路は、沼尻から入りこんだナデックボという沢通しに通じている。沢はかなり急峻だが、一歩ごとに眼界が展けてきてふり返ると遠くの山が次第に見えてくる。二時間くらいで急坂を登り切ると、爆裂火口趾につく。ここで誰でも長時間の休息を取って、眼下の尾瀬沼に見入ることであろう。頂上の俎嵓へはそこから三十分くらいである。

山と名と位置とに興味のない人には、索然たる記述かもしれないが、燧岳からの山岳展望をここに語らずには居られない。八ヶ岳の赤岳が日本中部山岳の絶好の展望台とすれば、燧の頂上は関東の山々の無二の展望台であろう。全くここからの遠望は素晴らしい。

まず日光の山から眺め渡すと、左から、女貌《にょほう》、小真名子《こまなご》、太郎（大真名子は太郎のかげになって見えない）、男体《なんたい》、根名草《ねなぐさ》、前白根《まえしらね》、白根、錫《すず》ヶ岳、とつづき、その右うしろに皇海《すかい》山がどっしりした形でわだかまっている。その前壁をなして、鬼怒沼《きぬぬま》林道の山々、物見山、燕巣《えんそう》山、四郎岳と連なっている。

会津方面を眺めると、眼近く尾根の長い駒ヶ岳の連峰が見え、その左に丸山岳、さらに左手に遠く微かに羽越国境の飯豊《いいで》山を望み得るのは思わぬ儲けものである。会津駒の右手は幾重とも知らぬ山波で、その果てに那須の連山が一きわ高く頑張っている。

越後側では、魚沼駒ヶ岳、中ノ岳、兎岳、等が颯爽たる高山的風貌を示し、その前面に荒沢岳、灰《はい》ノ又《また》山が並び立っている。それらから左を辿ってゆくと平ヶ岳となり、さらにそのうしろに上越国境の山々が簇々《そうそう》と見えてくるのだが、あまり記述が長く煩雑《はんざつ》になるから、このへんで打ち切ることにする。

最後に最も僕を狂喜させたのは、燧から駿河の富士を望んだことであった。それは赤城の黒檜《くろび》山の右肩に微かに頭を覗かせていた。これが今までに僕が富士山を望んだうちの最長距離である。

■燧ヶ岳へは、一九三五（昭和十）年六月（三十二歳）、田辺和雄と登った。その後、一人で檜枝岐から会津駒ヶ岳に登り、大津岐峠を越えて奥只見に抜けた（㉓会津駒ヶ岳、㉕魚沼駒ヶ岳）。

•『日本百名山』に、木暮理太郎（当時六十二歳）と初めて会ったことを書いている。木暮理太郎（一八七三〜一九四四）は、田部重治とともに探検登山時代のパイオニアで、日本山岳会第三代会長。深田久弥が好んだ山岳展望について「望岳都東京」（『山の憶ひ出』）にある通り精力を注いだ。山名考証「二、三の山名について」、近代登山以前の山の歴史「山の今昔」などの著作に影響を受けている。

初出＝「尾瀬の印象」（「明朗」一九三六年七月）、『山岳展望』に収録。「尾瀬の印象」にはほかに「アヤメ平」「尾瀬ケ原」「三条滝、平滑ノ滝」「尾瀬沼」を記す。

㉙至仏山（二二二八メートル）

一九二六（大正十五）年十月、一高旅行部時代の仲間たちと利根川、楢俣川狩小屋沢を溯行。至仏山を越えて尾瀬ヶ原を訪れた。「至仏山」の項を抜粋。

至仏山を越えて尾瀬へ　至仏山

夜が更けるにつれてさすがに寒い。トロトロとしばらく眠るが、寒さに負けて直ぐ眼がさめる。また眠る。またさめる。眠ったような眠らぬようなそんな状態で過ごしているうちに、本当に寒くて堪《たま》らなくなってくる。一人二人と起きてきて消え残った焚火のまわりに寄って薪をくべ始める。直ぐに大きな火が燃えあがる。そのそばで膝小僧を抱いたままトロトロとする。時間をきくとまだ一時を過ぎたばかりだ。星が見える。かと思うと、パラパラと木の葉を打って雨滴が落ちてくる。

三時頃から皆起きて食事の仕度にかかった。日の出までに朝めしも済まし弁当も作り万端準備を整える。五時半頃白んできた。六時十分出発。空模様は東は明るいが西の方は暗い。白い雲が動いている。

いよいよ沢筋に沿うて上り始める。上るにつれだんだん空も晴れてきた。今日は素晴らしいぞ、と思うと胸がときめいて足も軽い。所どころ小さな瀑《たき》に出あったが、難なくその縁《ふち》を攀《よ》じ登っては越え、一歩一歩と足元が高くなる。一時間ほど上った頃、沢の正面が展けていてそこに憧れの至仏《しぶつ》山の頂が見えた。しばらく休んでまた登りにかかる。高くなるに従い紅葉がいよいよ美しくなる。北風で空が実によく晴れてきた。

上流の方で相当困難な瀑が二、三あったが、全身に飛沫を浴びたり、滑り落ちそうな岩に這い登ったりして、ようやく切り抜ける。もうかなり沢筋を上ったと思う頃、悠揚《ゆうよう》たる至仏の全容が現れた。満山の紅葉だ。その間に点々と浮島のように巌石が聳立《しょうりつ》している。優美な紅葉の色調と、それを引き緊めるように峻厳な感じの巌石と、双方相俟《ま》って、実に見事な眺めだった。今までの山旅に、僕は忘れ難いいくつかの景色を数えることが出来るが、この時の眺めもその一つに加えている。この見事な眺めをそのまま万人に伝える法があったなら、僕は一生をささげても悔いないとさえ思う。

八時三十分、沢の中途で飯を食って休んだ。それから少し登ると、沢が緩《ゆる》くなってお庭のような気持のいい所へ出た。陽がポカポカあたって暖かいので、何度も休んでは山を眺めた。そこらあたりにはもう高山植物が繁茂しているので、僕はまた浜田君に名前を教わった。しんぱく、はくさんいちげ、がんこうらん、きんろばい、ちんぐるま、……

もう頂上も間近だ。そこで僕等はなるべく峰に取りつき易いようにと沢を離れて左の方の尾根を伝うことにした。しかしやはりもっと沢を上りつめた方がよかったのかも知れぬ。

藪の中に這入りこんでしまって少なからず苦労をした。ようやく藪を抜け出ると今度は巌石を攀じ登ること数十回、ついに功成って頂上に達した。時に零時十五分、露営地を出てから六時間を要したわけである。

かねて話には何十ぺんも聞いていた尾瀬ヶ原を始めて見下ろした。原一面まるで燃えるような代赭色《たいしゃ》で、ずっと燧岳《ひうち》の裾まで伸びている。その美しいことは譬《たと》えようがない。原の向こう端にはピラミッド型の燧岳が相応ずるが如く聳《そび》え、その左うしろに大杉岳、会津駒ヶ岳、中門岳等がつづいている。北に眼を転じると平《ひら》ヶ岳から兎岳に至る利根源流の連嶺が手に取るように見渡せ、その他上越国境の山々もほとんど指呼のうちにあった。さらに遠く浅間山、八ヶ岳、南アルプスまで望むことが出来た。まことに王者の宴《うたげ》に臨んだとてこれほどの快楽は味わわれないであろう。

僕等は東を望み西を顧みて、長いあいだ頂上で遊んだ。空は完全に晴れきって、秋の陽がさんさんと照っている。一時半ようやく腰をあげて下山の途につく。頂上からやや北に進んで貉沢《むじなつつあわ》を下りかける。よく滑る沢だと聞いていたが、なるほど沢を下りきるまでに皆何回か滑り転んだ。やった！　と思うともう転んでいる。失敗《しくじ》ったというよりも巧くかけられたという気がして、腹が立つよりむしろ可笑《おか》しくなる。

三時四十五分貉沢を下りきっていよいよ尾瀬ヶ原に踏みこむ。しばらく行くと県設の小屋があったが、今夜の僕等の泊まりは、なお一里も原を横切って、沼尻《ぬじり》川とヨッピ川の合流点近くの玉城《たまき》の小屋まで行かねばならぬ。

湿原を歩いてゆくと、踏む足許がフカフカとしてくるぶしへんまで沈む。その下からジクジグと水が染《し》んでくる。所どころに壺沼がいくつもあって、中には島みたいに草の生えた地面が浮いているのもあり、その上に乗るとジワリと沈む。尾瀬の特産だというネムロカワホネという水草も教わった。

道はその広い湿原の中を長々と一本つづいている。ようやく夕暮れてきた原の中を、僕等は一列に並んで、時どき立ち留まって話をしあったりしながら、歩いて行った。原の両側の山は一面に紅葉の色で、左手の景鶴《けいづる》山にはニュウ岩が見え隠れした。行手真正面には燧岳が颯爽たる姿でそばだち、振り返れば至仏山がドッシリと控えている。尾瀬ヶ原を挟んでこの二雄岳が、一は峻厳、一は雄大な山容で相対しているさまは、ちょっと類のない壮観といっていい。

長い原を横切って、地図（五万分の一「藤原」）のヨッピ川のピの字へんにある玉城の小屋へ着いたのは五時半過ぎだった。小屋は四間に六間もあったろうか、よく見る山小屋通りの、中央に通路があってそこで焚火が出来るようになっている、あの式の建物である。番人が居たので食事を頼み、僕等は炉辺に足を伸ばして、愉快だった今日一日を語りあった。

一昨日湯之小屋の炉ばたで栗を食い過ぎたのに違いない、昨日一日何となく腹工合が変だったが、それが今日になっても直らない。夕飯を食って間もなく寝たが、夜中に二、三度便所に起きた。やや下痢の傾向があった。人の寝静まった小屋の扉を押して外に出ると、一面に明るい月光だ。そのシンシンとした中に一人つくばって腹を下しているのは、何か侘《わび》しい気持であった。

■一九二六（大正十五）年〈二十三歳〉十月の山行。この年の四月、深田久弥は東京帝大文学部哲学科に進んだ。一高旅行部の仲間、浜田（田辺）和雄、塩川三千勝、塩川佐久雄（三千勝の弟）、前沢利成、熊谷太三郎と登る。
•十月七日、上越南線終点の沼田からガソリン機関車の「建築列車」で大穴に入り、利根川に沿って藤原に至る。八日湯ノ小屋、九日楢俣川から狩小屋沢を溯行。沢の途中で露営して、十日至仏山に登り、ヨッピ川の玉城の小屋、停滞して十二日長蔵小屋、十三日三平峠から戸倉に下った。上越線（一九三一年全通）開通前で、誰にも会うことのない静かな尾瀬だった。焚き火を囲んで、ハイネの Auf Flügeln des Gesanges（「歌の翼に」メンデルスゾーン作曲）を歌ったり、学生らしい山旅の様子が書かれている。

•塩川三千勝は銀行家・塩川三四郎の長男で、一高旅行部時代の一九二四（大正十三）年五月、浜田和雄、佐藤捨三と赤石岳積雪期初登頂、二六年、浜田和雄、石原巌と鹿島槍ヶ岳積雪期初登頂。熊谷太三郎については三五六ページ参照。

・平野長蔵は一九〇三（明治三十六）年に沼尻に長蔵小屋を建てた。武田久吉が初めて尾瀬を訪れたのが〇五年で、翌年の「山岳」第一年第一号に「尾瀬紀行」を発表、尾瀬は脚光を浴びる。一五（大正四）年に長蔵小屋は現在の尾瀬沼東岸に移設。二二年には関東水電が水利権を獲得し、尾瀬の電源開発計画が進んでいた。平野長蔵は水利権認可取消の請願を起こすなどして反対運動を繰り広げるが、三〇年、五十九歳で死去。三四年に日光国立公園の一部として国立公園に指定された。戦後ふたたびダム化計画が起こり、長蔵の息子長英らが反対運動を行なう。この運動を元に、学者、文化人、登山家などによって結成された尾瀬保存期成同盟が現在の日本自然保護協会の前身となった。

初出＝初出不詳。『わが山山』に収録。

㉚谷川岳（一九六三メートル）

一九四六（昭和二十一）年七月、復員した深田久弥は越後湯沢に疎開したままの志げ子、長男・森太郎のもとに落ち着く。十一月下旬、三人で雪の来た谷川岳へ向かった。

子供連れの谷川岳

終戦の翌年の秋のことである。当時越後湯沢に仮の住居をしていた僕の一家——僕と家内と五歳になる男の児との三人は、近くの山を歩いて足馴らしをしていたが、いよいよ待望の谷川岳へ出かけることになった。

すっかり周りの山の木の葉も散って、冬の先触れの寒気がそろそろ迫ってくると、村は冬籠もりの準備で活気づいてくる。ちょうど東京の歳晩のようなあわただしい日々がつづく。いつ雪が来るかも知れないのだ。そして雪が来てしまえば、もう村は冬眠状態に入るのである。そういう押しつまった気持の、うすら寒い日のつづく晩秋、十一月二十何日であったか、まるで気紛れのようなうららかな快晴の一日があった。

満天の星で翌日の快晴を信じた僕等は、まだ薄暗い早朝に起きて支度をすると、上り一番列車に間にあうべく宿を出た。ようやく夜が白んでくる時刻で、まだ陽の出ない黎明の空をクッキリと劃《わか》っている山の稜線が、今日の一日の幸福な山登りを予約してくれているようであった。汽車に乗ってもわれわれの眼は窓から離れない。清水トンネルを潜って、湯沢から約四十分、七時前に土合に着いた。

山間の小駅。どんなちっぽけな停車場でも駅前には一、二軒のお休み所や運送屋くらいは眼につくものだが、ここは駅と付属の建物があるだけ、他には何にもない。そう言えば、汽車を降りて一、二丁と行かないうちに山道にさしかかるというような停車場も、他にはあまりあるまい。僕は今までに土合駅に何度降り立ったかしれないが、まだ一度も改札口から出たことがない。ホームで駅員に切符を渡すと、スタスタと構内の線路を伝って山へ向かうのである。

清水トンネルの入口を見ながら、構内を外れると、すぐ湯檜曽《ゆびそ》川にかかった橋になり、それを渡るともう山道である。晩秋のよく晴れた朝だけあって、空気は切れるようにつめたい。この谷合《たにあい》にはまだ陽は射して来ず、水気のある所は皆凍っている。満四歳を過ぎたばかりの子供は、きびしい寒気にベソをかきだした。歩いて行くうちにあたたかくなるからと励ましたりすかしたりしながら、西黒沢《にしくろ》へ入って行った。

西黒沢には材木を運び出すための立派な道がついていた。道はいい代わりにところどころ小さな沢を渡る個所に、丸太で足場だけを組んだ粗末な橋がかかっている。丸太は朝の霜で濡れて滑っこい。こんなものに慣れた僕には何事でもなく、ルックを先に渡して引返し、ようやく元気づいてはしゃいできた子供を背負って渡したりしていたが、今度は家内が怖気《おじけ》づいてきた。四つん這いになって渡りかけては「駄目だわ」などと言う。家内を負うわけにも行かず、それにこんなことを繰り返していては暇を食うばかりだ。僕はこの沢道をよく知っているが、どうせ女子供には適当でないようだ。そこで意を翻《ひるがえ》して、改めて西黒尾根を登ることに決めた。

せっかく歩いた道を西黒沢の入口近くまで引返し、棒杭の指導標のある個所で沢を渡って対岸の山道に取りついた。始めからジグザグの上りだが、あんな危ない橋よりはずっとこちらの方がいいとばかり、元気に登って行った。ある点まで登ると道はいくらか平坦になって歩きよくなった。この道は清水越の旧国道に手を入れたもので、山道とは思えないくらい幅も広く立派なところがある。

やっと朝陽のあたっている高さまで到着した。運動のおかげで身体もあたたかくなった。そこでわれわれは道ばたの陽あたりのいい場所へ雨合羽を敷いて、朝食を拡げた。今朝早かったので食べずに出てきたのである。

いい天気だ。一点の雲もない。おまけにソヨとの風もない。静かな山中にわれ等三人の声だけが高くひびく。腹を充たした元気で、また旧国道を辿《たど》って行くと、やがて左側の山手に急に登っている細い小径を発見した。これが西黒尾根の登山道である。僕には始めての道だ。旧国道と別れてそれを登り始める。

登りかけは大きな石のゴロゴロしたジグザグで、あまりいい道でないと思ったが、登るにつれてそれほどでもなくなった。ただ尾根筋だからひたすらな上りである。ある案内書にはこの登山路を「樹林帯を抜けるまでは眺望もきかずただ登高一枚看板で辛い」と書いてあり、「これは往路に選ぶべきではなく、下降路とすべきである」と付け加えてあった。ところがわれわれが出かけた晩秋では、樹林はすべて葉を振るい落として眺望をほしいままにすることが出来た。あの西黒沢道の、眺望のない沢筋を通ってそのおしまいに辛い(それこそ全く辛い)急峻なガレ沢を登るよりは、あたりに眼を楽しませながら次第に高さを稼いで行くこの西黒尾根道の方が、晩秋初冬の頃には遙《はる》かに優れた登山路ではないかと愚考する。

眺望のいいことが疲れを減じてくれた。いや、何しろ五歳の子供の足について行くのだから、疲れなんて文字はこの日の僕の字引にはなかったはずだ。じつはこういう取るに足らぬ紀行を書き残す気になったのも、わが子が父親の願い通りあっぱれな登山家になった時、その登山経歴の第一ページを飾ってやりたいからに他ならぬ。一と月前にやはりこの三人のメンバーで湯沢近くの大峰へ登った。その時の成功に味をしめて、今度は名にし負う谷川岳へ目ざしてきたわけであった。

子供には懸命な歩みだろうが、大人の両親にとってはゆっくりした足どりで、やがて送電線の大きな鉄の櫓《やぐら》の立っている所へ出た。ここはいちだんと眺めが優れているので、そのコンクリートの土台の上に足を投げ出して休んだ。絶好の小春日和だ。惜しくて溜息が出るくらいである。陽があたって、風がなく、少しも寒さを感じない。全く珍しい日である。

腰をあげて登り始める。丈の高い熊笹の中を分けて行くところがつづく。大人は笹の上に首が出るが、「笹子トンネルだ、笹子トンネルだ」と洒落《しやれ》を言いながら進んで行く子供には、なるほどこれは笹のトンネルに相違あるまい。

そこを過ぎて（記憶は少し怪しいが）、しばらく行くと、尾根がたるんで少し下り目になる。がそれもわずかの間で、またひたすらな登りにさしかかる。山好きの僕を喜ばせる眺望はますます佳境に入って、遠くは武尊《ほたか》山、日光白根、至仏《しぶつ》山、燧《ひうち》岳等の山々、近くは湯檜曽川対岸の笠ヶ岳から朝日岳につづく連嶺があざやかに指顧出来る。すぐ眼の前には、マチガ沢の暗い谷を距《へだ》ててシンセン尾根の鋸歯状の岩峰からオキノ耳につづく鋭い岩尾根が、手に取るように見える。谷川岳の頂はすでに白く、そのくろがねの鎧《よろい》のようなガンとした胸壁は新雪をちりばめてその新鮮清例な眺めは、ただ息を飲んで讃嘆するばかりであった。

さて、われわれの道にも雪が出てきた。始めはところどころに残っていて今日の暖かさに溶けて流れている程度であったが、だんだんとその分量が多くなり、やがてずっと雪の上を行くようになった。子供はだいぶ疲れてきた様子だったが、雪を踏むようになってから足がつめたいと言い出した。万一のことを慮《おもんぱか》って防寒具と食糧だけはあり合わせで充分に携えて来たが、何にせよ終戦後の不自由な貧乏生活で、完備した登山の服装などしていないのである。僕は復員の時の大きなルックに兵隊靴、家内はモンペに地下足袋で小ルック、子供も将来の登山家としてルックだけは担がねばならぬというので、おもちゃ屋の店先にブラ下がっているような小さな形だけのものは背中につけているが、足は普通の足袋はだしである。その足袋がもうジクジクに濡れている。

僕はこの前の大峰行の時の子供の足力と消費時間から推測して、この日の短い季節に、谷川岳の頂上まで行くことは無理だと承知していた。西黒沢道との合点のあたりまで行って、充分山の気を吸って来ればいいとしていた。せめてそこまでは行ってみたいので、自分の大ルックを道の脇に残し、代わりに子供を背負って行くことにした。四十四にもなった男が背中に子供をくくりつけて、雪の山道を喘《あえ》ぎながら登って行く図なんて、誰が見ても酔狂と言わざるを得まい。

目標の合点の少し手前に小岩峰がある。道はその岩峰のマチガ沢寄りについているが、北側で蔭になっているので雪が膝きりもある。われわれは今日の登行をそこで打ちきることにした。新雪の谷川岳はもう倦《あ》くほど眺めた。その頂は眼の先にあってすぐにでも達しられそうに思っている家内は、残念そうな顔をしているが、じつはあそこまで行くにはまだまだ容易なことではないことを、あわれ彼女の経験は知らないのである。

われわれはその小岩峰の西黒沢側の滑り落ちそうな狭い、しかしポカポカと陽あたりのいい場所に、荷をおろして休んだ。朝からの好天気はまだ少しも崩れない。いい気持だった。天神峠から谷川岳に伸びるゆるやかな起伏を眼の前にしながら、心ゆくまで山の崇高と静寂を味わった。

そこでまた腹に食べ物を入れてから、谷川岳にお別れすることになった。下りは早い。ふたたび僕は子供を背中に付け、先のルックを残しておいた地点から家内はそれを背負って、帰りを急いだ。ルックのポケットに入れて来た眼覚まし時計を見て、四時の汽車に間にあうには、少し馬力をかける必要があったのである。

子供が背中で喜ぶほど僕はうまく駈けるように下りたが、大きなルックを背負わされた家内は後れがちで、しかも雪解けの急坂は滑りっこいもので、いく度も尻餅をついては笑われた。下半身泥まみれになって、ようやく送電線の鉄の櫓まで戻ってきた。もうあと大したことはない。土合の駅が眼の下に見える。眼覚まし時計を見ると充分間にあいそうなので、ここでまたゆっくり休んだ。

おだやかだった今日の一日にも、もう夕方の色が忍びこんでいた。眼の下の土合駅の構内が妙にひっそりとした感じで、模型か何かのようにキチンと正しい線を引いていた。清水トンネルを出た線路がいく筋かの骨をひろげて駅になり、その骨がまた一本にすぼまって反対側のトンネルに吸いこまれている。この山ばかりの自然の中に、そこだけ切り展かれているのがまるで人間の営みの雛型のように見えるのであった。そこから子供も背中から下りて、三人で今朝来た道を帰って行った。

■一九四六（昭和二十一年）年〈四十三歳〉十一月、志げ子、森太郎との山行。谷川岳は三三年秋に小林秀雄と登っている。

・一九四四年三月応召、中国湖南省長沙を中心に転戦し、長沙郊外で終戦を迎え俘虜となる。四六年七月復員してまず鎌倉に向かうが、すぐに越後湯沢に疎開したまま実家が焼けて東京に帰れずにいた志げ子と長男森太郎のもとに落ち着く。四七年、志げ子と正式に結婚、四八年には次男沢二が誕生した。東京に転居する五五年まで、湯沢で一年二カ月、故郷の大聖寺（現、加賀市）で三年半、金沢に移って四年の様子は「湯沢の一年」（『山さまざま』）、『きたぐに』（七〇年・東京美術）に記されている。作家として不遇の時代だが、一方家族、とくに森太郎と山やスキーに出かける機会は多かった。

初出＝「晩秋の谷川岳」（「みそさざい」一九四九年一月）。『山さまざま』（一九五九年・五月書房）に収録。

㉛雨飾山（一九六三メートル）

初めて訪れてから十六年、雨飾山は三度目にして初めて登ることができた久恋の頂だったが、深田久弥にとって人生の転機を象徴する山でもあった。

心残りの山　雨飾山

雨飾山《あまかざり》も多年の憧れの山である。日本アルプスの北のはずれの白馬方面へはたびたび行ったが、その都度、さらに北の方に、姫川の谷を距《へだ》てて、一つそびえている山が忘れられなかった。それが雨飾山である。高さは二千メートルにちょっと足りないくらいだが、その気品のある山の形は、その響きのよい名前とともに、永い間僕の胸のうちに秘められていた。

昨年六月始めのよく晴れた日、北陸線を通って、糸魚川《いといがわ》でしばらく停車している間に、僕はプラットホームから地図と引き合わせながらこの山を確かめた。この日本海の沿岸から眺めた雨飾山は、信州から望んだあの感じのいい富士型が姿を変えていて少しがっかりした。それにここからは、焼山のドーム型があまりに立派に見えるので、それに比べて幾らか気圧された感じでもあった。

しかし多年心の中で温めてきた雨飾山に対する憧れは、そのため衰えるどころかますます強くなってきた。そしてついに、今年のやはり六月の最初、郷里の弟を連れてこの山に向かった。

雨飾山は地図には道がついていない。しかし、北側の麓に梶山新湯という温泉のしるしが付いている。地図の上で察してもごく粗末な山の湯に違いないが、そこまで行ったら何とか道が分かるだろうと、最初の晩はそこへ泊まることにきめて午後三時頃糸魚川に下車した。

越後の糸魚川と信州の大町とをつなぐ大糸線は、あと六里を残してまだ完成していない。これさえ通じれば、日本中部の一番幅の広い部分を横断する鉄道が、継ぎはぎだらけながら完成するわけだ。すなわち糸魚川から大町（大糸線）、大町から松本（電車）、松本から辰野（中央線）、辰野から飯田（伊那電鉄）、飯田から天竜川に沿って豊橋まで（三信鉄道）、南北アルプスの東側を走るこの線を日本地溝帯と称するそうだが、確かに日本海から太平洋まで、しかも一番幅の広い所を、ほとんど千メートルの高さを超えることなしに突き抜けることの出来るのは、思えば不思議な地形である。

その初っ端の大糸線は糸魚川から三つ目の駅までしかついていないので、完成するまでこれを大糸北線と呼んでいる。僕等はその大糸北線に乗り換えて、二つ目の根知《ねち》という小駅に降りた。ここから梶山新湯まで地図で計って約四里の道のりである。

近頃は山の案内書が氾濫して、少し名のある山ならばどこへ行くにしても、まず机の上でその大よそを察することが出来る。ところで雨飾山なんて、ほとんど一般には知られていない。その道の玄人でも、名前は知っていても登った人はごく稀だろう。我々が十九世紀の文学を論じて、バルザックとかフローベルなど高名の作家を噂している時、その方の専門家が、少々得意な面持で、ほとんど我々の耳にしたことのない作家をあげて、その独特の良さを称揚することがある。おやそんな隠れた作家が居たのかと、直ぐその作品を読んでみたくなるような気持——妙な例えだが、日本の高名な山を知り尽くすと、雨飾山などという一般にはほとんど知られていない山をあさりたくなるのである。骨董道楽をしたあげくの一種のゲテモノ趣味かもしれない。

案内書などないから何の予備知識もなしに、ただ地図を唯一のたよりに山へ入ることの、何と楽しいことだろう。前途に何があるか分からないということは、確かに旅の大きな魅惑だ。寂しい根知駅で下車して、まず最初の不意打ちを食った。梶山新湯へはまだ人が行っていないというのだ。僕等は自炊の用意はして来なかった。そこで途中の山口という村まで行って、そこで泊まることにした。

山口までは運よくバスがあった。姫川と別れてその支流根知川に沿って約一里半走ると、終点の山口である。丸吉屋という宿が一軒あった。一番上等の部屋へ入れてくれと言ったら、四つあるからどれでも好きなところを、と言う。見て廻って、山に面した六畳の一室に入った。

糸魚川からずっと今にも降り出しそうだった空模様が、夕方になって晴れた。実に思いがけない喜びは、縁側から真正面に、雨飾山がすっかり見えてきたことだ。始め、おやあれが雨飾かと驚いたくらい、それは眼近く、しかも美しい形の山であった。左右に平均の取れた肩を長く張って、その上に、猫の耳のように二つの峰が立っている。糸魚川のプラットホームから見たのとはまるで打ち変わって、堂々とした、しかも品のある山の姿である。夕日が頂上を染めて、今年は極度に雪が少なかったというのに、まだところどころの襞《ひだ》に白く残っていた。僕は歓喜した。そして薄暗くなって、その美しい山の形が空に消えるまで見惚れた。

翌朝七時に出発した。よく晴れた朝だった。村を出て直ぐ根知川を渡る橋の上から、すっきりと空を劃した雨飾山を仰いだ時は、もう頂は僕の掌中にあると思った。

一里足らずのだらだら上りで最後の部落の梶山に着く。山のなぞえに散らばった村で、新湯まではここから山道伝いになる。地図では道は始め谷川に沿っているが、新しい道が梶山の一番上の人家から山腹を辿るように付いていた。うつぎの花盛りであった。

新湯までの山道で、我々の眼をたのしませるのは、対岸に連なった駒ヶ岳・鬼ヶ面山・

鋸《のこぎり》岳等の岩山の奇峭《きしょう》な山容である。ことに駒ヶ岳は、宿の縁側からもよく見えたが、まわりを岩壁で鎧《よろ》った、まるで偉大なるトーチカのような山である。これが東京の近くなら、たちまちロック・クライマーの密集する所となるだろう。

梶山新湯へは十時半頃着いた。予想通り粗末な一棟の山の宿だが、思いがけなく人の居る気配がある。あいた戸口を入ると、一人の小母さんが出てきて、昨日ここへ来たばかりだという。信州の南小谷《みなみおたり》の人とかで、今年からこの湯を引き受けて経営することになったのだそうだ。人手が無くてまだ荷物は何にも揚げてなくて、と言いわけしながら渋茶に漬物を勧めてくれた。湯は谷川を少し溯《さかのぼ》ったところから引くことになっているのだが、その設備もまだ出来ていなかった。

親切な小母さんだったが、雨飾の登山路については何も知らなかった。一休みして腰をあげた。とにかく湯の湧いている谷川を登って行けば道があるだろうという僕のカンである。ところがその道に踏み出した時、後ろから、今まで見えなかった一人の男が追いかけてきて、あなた方は道を知っているかと言う。知らないと答えると、それでは教えてあげようと言って、右側の草むらの中を探し始めた。数年前に一ぺん登ったことがあるというその男を信用して、僕も一緒に探すと、果たして一条の道が見つかった。途中ひとところ危険な個所があるから気をつけなさいという忠告を有難く聞いて、僕等兄弟二人はその山道を登り始めた。天気はよかった。もう成功は疑いなかった。

ところが約百メートルほど登った時、毀《こわ》れた炭窯が二つ三つあって、そこまで割にはっきりしていた登り道が、そこからひどく不分明になってしまった。雪が消えて間もないとみえて枯草が一面に薙ぎ伏しているので、道の見境がなくなったのだろうと思い、少しでも道らしい形跡のあるところを、足許を滑らせながら登ってみた。だが直ぐ大きな岩に行手をはばまれたり、足の踏み込みようもない藪に行き当たってしまう。また元へ引返して、改めてそれらしい形跡のある所へ出直す。やはり駄目である。いろいろと探しているうちに、一つの雪渓が見つかったので、今度は間違いないと登ってみたが、それも道ではなかった。

そんなことを繰り返しているうちに時間を食って、正午になった。少し成功が怪しくなった。弁当をたべて元気をつけてまた道を探しにかかる。ここは谷川と谷川に挟まれた尾根である。この尾根を横断してみたら登路とクロッスするはずだと考えて、今度は尾根の端から端まで辿ってみた。だがそれも徒労に終わった。

そのうち空が曇って、前面の鬼ケ面山や鋸岳が霧に隠れてしまった。これがいい口実になった。ついに断念して下ることにきめた。残念だった。すっかり悄気《しょげ》て元の谷川のところまで引退し、せめて湯にでも入って憂さを晴らそうと、そこから温泉の湧く所まで行ってみた。道は大きな岩に行き当たり、その岩の間から流れて出ている熱い湯を、二つのドラム罐に引いてあった。岩の上に着物を脱ぎ棄ててそのドラム罐に浸った。雨飾山の代償としては取るにも足らないが、しかし野天のこの原始的な湯にぼんやり浸っているのはいい気持だった。

新湯の宿まで戻ると、件《くだん》の男は気の毒そうに僕等を縁側に招いて、茶碗に酒を勧めたり、罐詰を切ったりしてもてなした。よく訊いてみると、この近在の者で永い間離れていた故郷に久しぶりで帰って、やはり昨日ここへ湯治に来たのだという。愛想はいいが、話に直ぐ金銭のことが出るのは、どこか渡世者らしい卑《いや》しさがあった。おどろいたことには、本当は雨飾山に登ったというのは嘘であった。

あとで聞くと、僕の最初のカン通りあの谷川を登って行けばよいのであった。それを知って、もちろん親切で教えたのだろうが、あの男の余計口が癪《しやく》に障《さわ》ってならなかった。みすみす登頂を逸してしまったのだ。一時曇った空はまたきれいに晴れた。山口の近くまで引返して、そこからあざやかな六月の空にそびえた雨飾山を何度見返ったかしれない。

最終のバスを捕えて糸魚川まで乗った。山口から根知までの間、雨飾山がこんなに美しく気高く見える所はない。いい山だなあと讃歎しながら、バスの後ろ窓から眼を離さず見守っていた。

それから二週間たって、六月の中旬、僕は再び憧れの雨飾山を目ざした。今度は南麓の小谷温泉から登ることにして、信州の大町まで行き、そこから大糸南線に乗り換えて北上した。

大糸南線の終点は中土駅である。大町から中土まで、仁科《にしな》三湖（木崎湖、中綱湖、青木湖）の畔を過ぎ、残雪に輝く白馬連峰の麓を通るこの線路は、日本のうちでも最も眺めのよい線路の一つだろう。南線の終点の中土と、北線の終点の小滝との間の、姫川に沿った未完成の六里は、今はバスが通じている。越後と信州を結ぶ昔からの古い街道である。

この大糸南線から最初に雨飾を望み得るのは、青木湖を離れて四ッ谷までの間である。遙か北の方に、富士型をして、可憐な山といった感じである。だがそれもわずかの間だし、何しろ直ぐ前に白馬という眼を奪うような絢爛たる眺めが控えているので、誰も雨飾山などに注意する人はあるまい。

中土の駅は、姫川がその支流中谷川を入れる合流点の近くだ。小谷温泉はその中谷川に沿って約三里上った所にある。雨飾山はこの道からも温泉からも見えない。もし山にも表と裏があるとしたら、雨飾山の表は越後側で、小谷温泉は裏口である。

だが梶山新湯に引き換え、ここは山の中ながら歴とした温泉場である。ちょうど田植えを済まして一休み、という近在の農村からの自炊客で賑わっていた。山田館という宿に泊まった。主人は早稲田出身で、山やスキーに堪能な人である。

雨飾山は冬はスキーで行くが、夏はほとんど登る人がないという。温泉から約二百メートルほど登ると灌漑用の用水が流れている。それに沿って大海川の沢に出、その沢を徒渉して溯り、そこから山に取りつくのだが、それから先は道がないそうである。案内人を頼んで貰った。今度こそ間違いなく雨飾山の頂上に立てる、と嬉しかった。

ところが、その翌日からずっと天気が悪かった。朝起きてまず見上げる空は、雲が低く垂れているか、雨模様であった。下の部落から来るはずの案内人も、天気に見限りをつけたかやって来ない。明日は晴れるかとあてにしながら、この温泉で四日待った。そしてもう僕にも時日の余裕がなくなった。

五日目、ついにまた雨飾山を断念して帰らざるを得なくなった。せめてこの山の裾でも廻ろうと思い、帰途は湯峠を経、再び二週間前の山口に出て、同じ宿屋に泊まった。晴れた。雨飾山はその広い肩の上に二つの耳を立てて、相変わらず気高く美しかった。今も眼をつぶればその姿が浮かんでくる。向かって左の方が心持高い二つの耳が、睦まじげに寄り添って、すっきりと天空にそびえている。「左の耳は僕の耳、右ははしけやし君の耳」――そんな出鱈目を口ずさみながら、僕はこの前と同じくバスの後ろ窓から、いつまでもいつまでも雨飾の頂上をみつめていた。やがて左の耳が次第に高くなって、あの美しい均勢が崩れてしまうまで。糸魚川に出て東京へ帰った。

■最初に訪れたのは一九四一（昭和十六）年（三十八歳）六月、弟の弥之介と。二度目はその二週間後、ここには書かれていないが「始めてこの方面へ訪れる友」「連れ」との二人連れだった（「小谷温泉 付・湯峠」『をちこちの山』所収／「雨飾山」『わが愛する山々』所収）。一九五七（昭和三十二）年十月、志げ子夫人、山川勇一郎、丸山彰との山行で永く憧れた山頂に足跡を印した。

・二度目の旅の「連れ」は後に妻となる木庭志げ子であり、文芸評論家中村光夫（本名、木庭一郎）の姉。深田久弥は一高時代の二十歳の時、通学途中の少女にひかれるが、その少女・志げ子と二十年近くを経て再会する。深田久弥は金沢時代に「まことにこの世は偶然なものである。この偶然が私の後半生を支配するようになろうとは！」（「わが青春期」『全集Ⅻ』）、「全く僕の人生途上にこんな思いがけない伏兵が（というのは今の山妻との恋愛のことだが）待ち受けていなかったら、今頃僕は相変わらず鎌倉文士として賑やかに暮していることだろう」（「都落ちの記」『きたぐに』）と書いている。

・二人の再会は、四一年五月の中村光夫の結婚式だったが、その様子は、竹之内静雄（筑摩書房社長）が「酔っぱらって眠り込んでいる深田久弥のところへ行って誰かが『深田、光公《みつこう》の姉さんが来たぞ』とどなると、一所懸命目を見ひらいて起上る。ねむいのをがまんして飲む。また眠ると、誰かが、おなじことを言ってつつき起こす。正直に、深田久弥はそのたびに起き上る。木庭さんの令姉は、やがて深田夫人となった。この晩がきっかけになったのだという。」（「戦前の木庭さん」『中村光夫全集 第十六巻』月報・一九七三年）。このことは中村光夫も「ただひとつあとで困ったことがありました。それは僕の家族で唯ひとり出席した姉が深田久弥氏と、この会がきっかけで親しくなり、やがて深田氏が前夫人と離婚して、彼女と結婚するという事件が起りました」（『文学回想　憂しと見し世』一九七四年・筑摩書房）と書いている。

•志げ子夫人の著作では、旅の様子を描いた「私の小谷温泉」（「アルプ」百七十六号・一九四七年）、出会いと再会に触れた「遠い元日の想出」（「あらうみ」一九七三年一月）がある。小谷温泉の旅は志げ子夫人にとっても大切な思い出であり、大聖寺にある深田久弥の墓の拝み石には旅の最後に訪れた糸魚川の海岸の石（読者から贈られたもの）が塗りこめられている。

•『日本百名山』では雨飾山を「つつましやかな、むしろ可愛らしいといいたいような山」と書くが、この山を「可愛い山」と呼んだのがジャーナリストの石川欣一（一八九五〜一九五九）。百瀬慎太郎とともに白馬岳から下る途中で「ふと北の方を眺めた私は、桔梗色に澄んだ空に、ポッカリ浮ぶ優しい山に心を引かれた。何というい い山だろう。何という可愛らしい山だろう！」（『山へ入る日』一九二九年・中央公論社）と書いている。

初出＝「心残りの山」（「改造」一九四一年八月）。『山頂山麓』に収録。

㉜苗場山（二一四五メートル）

湯沢時代に親しんだ苗場山へは、一高生時代の一九二五（大正十四）年、当時上越線の終点だった沼田から法師温泉に入り、三国峠を越えて、赤湯から登った。

山の湯

僕は山が好きだから、辺鄙《へんぴ》な山の温泉をたくさん知っている。温泉などと呼ぶのは気恥ずかしいような粗末な山の湯だ。ただ一軒宿があるきりでもちろん電気などはなく、そこへ行くにも何里かの山道を辿《たど》らねばならぬような人里離れた山の湯のことである。そういう山の湯の思い出を次々と書き溜めておきたいというのが日頃からの念願であった。

越後の苗場《なえば》山の麓にある赤湯へ行ったのは大正十四年の五月、まだ僕が一高生で、上越線も上州側は沼田までしか通じていない頃だった。昼過ぎ沼田で汽車を降りて、その日のうちに三国峠の下の法師温泉まで歩いて行った。法師温泉も今ではもう自動車を通じるほど開けて、例えば直木三十五のような人まで行っている。しかしその頃はまだ法師温泉と言っても知っている人は極く稀で、それだけに静かな親しい山の湯であった。その翌日、僕等は三国峠を越えて赤湯へ行った。

苗場山へ登るのが僕等の目的だった。その根拠地として赤湯を選んだのだ。三国峠を越後へ降りて一里余も行くと浅貝という村がある。越後の殿様はたいてい三国峠を越えて江戸へ出たのだそうで、浅貝にもその昔の繁盛を思わせるような大きな家がいくつもあり、それが今はさびれて軒など傾いているのは、何か哀れな感じがあった。浅貝からさらに一里ばかり下り、そこから西へ二里余り山へはいったところに赤湯がある。清津《きよつ》川という川に沿うた道を上るのであるが、もちろん二人と並んで歩けない山道で、しかもところどころ雪崩のために壊れていた。そういう箇所へ来ると、僕等は足場を固めて崩れた跡を渡ったり、それも危険だと見ると上の方の藪の中を迂廻したりして進んだ。時どき新緑の木の間を透して、その名の通り美しい清津川の瀬が眼下に見えた。

道が清津川を渡る所へ出た。そこには太い針金の釣橋が懸かっていたが、すっかり橋板がめくられているので渡ることが出来ない。

「この分では赤湯へはまだ人が来ていないな」

僕等は仕方なく冷たい川を渡った。臍《へそ》きり浸《つ》かった上に瀬が強いので、油断をすると足をさらわれる。とうとうからだの小さな清水君がアッと思う間に二、三間流され、やっと大きな石にしがみついて全身ズブ濡れで起き上がった。皆は大笑いだった。

湯の香がするなと思ったら、赤湯の宿は直ぐだった。途中暇どったのでもう夕暮れていた。宿には案《あん》の定《じょう》人が居なかった。戸をあけると薄暗い中から黴《かび》臭い匂いが鼻を打ってきた。母屋《おもや》から粗末な廊下がつづいて川の方へ下りたはずれに露天の湯が湧いていた。湯はただ掘り下げただけの、周りを大きな石で囲んだ、ひどく原始的なものだった。一坪くらいの大きさで、赤土色の湯の上には油のような縞《しま》が浮いていた。よくみるとその片隅に鼠の死んでいるのさえ浮いている。どうしてもはいる気がしないので、母屋へ戻って家の中を検査していると、元気のいい浜田君が湯上がりの手拭いを下げて気持よさそうに上がってきた。汗も流したいし僕はもう一度湯まで降りて行ったが、どうしても気味悪くて浸る気が出なかった。

人が居ることと思って僕等は食物《たべもの》を持って来なかったので、まず糧食を探しにかかった。押入れのような部屋があって錠が下りていたが、隙間から覗《のぞ》くと罐詰の類が並んでいる。うまく戸を外《はず》そうとしたがどうしても駄目なので、止むを得ず持ってきた鉈《なた》でこじあけた。米も味噌も鍋も揃っていた。僕等は入用の品だけを取り出し、その品目を名刺の裏に書いて通知次第代金を送るようにしておいた。

夕飯が出来上がる頃にはもうすっかり暮れていた。僕等は蠟燭《ろうそく》と焚火のあかりで楽しく飯をすますと、隣の部屋の隅に積んであった夜具を下ろして幾枚も被《かぶ》って寝た。何だか黴臭く湿っぽかったが、それでも寒い目をせず、静かな流れを聞いているうちにぐっすり寝こんだ。

翌日、苗場山の頂へ立つつもりで熊ノ沢から上る道をいろいろ探索してみたが、どうしても意を達せられず、残念ながら登頂を断念して引返すことにした。午後宿を立ってまた昨日の道を引返し、例の川瀬を渉《わた》ってだいぶん来た頃、ずっと向こうの山腹の道をこちらに歩いてくる一行の人影が見えた。直ぐ宿の人達だと判った。近づくとそれは主人におかみさんに召使いの一行だった。みんなそれぞれの荷を背負い、召使いの荷の上には小さな子供が乗っていた。一冬を人里で過ごし、すでに木の芽も吹いてきたから、この人達はまた山の湯の生活に帰ってくる所であった。幾月ぶりで山の巣へ戻ってくるそういう人達の一行を見ていると、何か朗らかな牧歌的な感じがあった。

行き逢って委しく訳を話すと、山の人達はいろいろ親切に答えてくれた。そこで僕等はこの人達についてもう一度山の湯へ引返すことにした。

釣橋の所へ来た。そこで山の人達は荷を下ろし、その近くに蔵《しま》ってあった橋板を取り出してきて、一枚一枚並べにかかった。僕等は橋の袂《たもと》に腰を下ろして煙草をふかしながら、その仕事を物珍しく眺めていた。すっかり橋板が渡ったので、今度は僕等は冷たい目をせずに、ゆらゆら揺れる橋を渡って行った。

その翌日、僕等は宿の人から聞いた道を難なく苗場山の頂上まで登った。曇っていて眺めは利かず、あのだだっ広い頂で、五月の半ばだというのに吹雪にさえ出あった。

■一九二五（大正十四年）年（二十二歳）五月、浜田（田辺）和雄、清水と。

・苗場山にはその後、「もういろんな物や事が相当窮屈になって居た」四三（昭和十八）年四月、A氏夫妻、高半旅館次男の高橋有恒、ポーターの少年でスキー登山。A氏夫妻は苗場ヒュッテ（慈恵小屋）まで、三人は神楽ヶ峰まで（「苗場ヒュッテ」『をちこちの山』）。湯沢時代には、四七年一月にS君と、二月に木庭三郎と神楽ヶ峰までスキー登山。木庭三郎は志げ子の弟（三男）で戦争中は湯沢に疎開していた。当時東大生で、後に理論物理学者。次男の木庭二郎も核物理学者で、朝永振一郎と共同研究した事で知られる。

・苗場山は復員後一年半暮した越後湯沢の山であるとともに、『日本百名山』に記された通り、鈴木牧之が文化八（一八一一）年に登って『北越雪譜』に紀行を記し、木暮理太郎が「東京から見える山」（『山の憶ひ出』）に書いた山でもある。

・越後湯沢の高半旅館（現雪国の宿高半）は、川端康成が一九三四（昭和九）年からたびたび滞在し『雪国』を執筆した宿として知られるが、槇有恒や文化人とも縁があり、志げ子が母とともに疎開した時には、槇有恒の母、博文館社長大橋進一の夫人などもいた。やがて海軍司令部が疎開してくることになり民間人はほかへ移されたという。

初出＝「玉藻」（一九三四年七月）。『わが山山』に収録。「玉藻」は高浜虚子の次女星野立子が創刊した句誌。この紀行により虚子との交際が生まれた（「虚子先生」『きたぐに』所収）。

㉝**妙高山**（二四四六メートル）

一高時代の初めてのスキー行（関温泉）以来たびたび訪れたという妙高だが、弟・弥之介とともに、その山頂に立ったのは一九四二（昭和十七）年、四十歳の時だった。

妙高山

長野を出発した信越線の汽車が牟礼《むれ》の隘地《あいち》を過ぎて、柏原の広みに出ると、始めて妙高山が見えてくる。この越後の名山は、それからずっと汽車が日本海に近づくまで望まれる。その山容といい、量感といい、気品といい、代表的な名山である。その最も均勢の取れた姿は、関山付近から望むに如くはない。ドッシリと据わった富士型の火口丘を中央に、右に神奈《かんな》山、左に前山、の外輪山の両尾根が、ちょうど火口丘を首にして襟を掻き合わせたようなさまを呈している。通常この火口丘を妙高山と呼んでいる。

頂に登れば一番よく判るが、これほど典型的な円形カルデラも珍しいだろう。妙高山を真ん中において、まるでかごめかごめの遊戯のように、神奈山、大倉山、三田原山、赤倉山等が、円く取り巻いているのである。そしてその火口丘と外輪山との間の環状の火口原（と言っても広くはない。原ではなくむしろ谷の趣をなしている）の水が集まって、東方に二つの火口瀬を作り、大田切川、白田切川となって、あの広い妙高の裾野を貫流している。

（略）

父が死んで五年、毎年その命日の五月の末には墓参のため帰省することにしている。そしてそのついでに、故郷の家を守っている弟を連れてどこか山へ登ることが例になった。五月末から六月始めにかけて、山登りには一番いい季節である。

昨年は妙高を選んだ。その広大な裾は、わが国でも最も古いスキー場として、僕など二十年も前から滑りに行き、妙高山の姿は宙《そら》でも思い浮かべられるほど眼に親しい山になっているが、まだその頂に立ったことがなかったので、ここを選んだのである。

田口駅で下車したのは午後の五時頃、もうバスはなかったので、タクシーを奮発して赤倉温泉まで行った。日の永い盛りだから、宿に着いて風呂を浴びて上がってきてもまだ明るい。直ぐ近くで時鳥《ほととぎす》が啼いているのも、久しぶりで山へ来た気分をそそった。

翌朝夜明けに眼がさめたので、朝飯まで散歩に出た時も、時鳥がよく聞こえた。雪のない赤倉は始めてなので、何だか村の勝手が違う。いい天気だ。直ぐ眼の前にそそり立っている妙高を見上げて、あのてっぺんまで登るのかと思うとちょっとうんざりした。一日このへんの原っぱをぶらぶらしていた方が、という気もしてきた。

朝飯を食べて、いよいよ出発の玄関で靴の紐を結んでいると、宿の主人は僕等の登山を本当にしなかった。今頃登れる山ではないというのである。安く見縊《みくび》られたものだが、ちょっとそのへんを散歩と言った風な、自分の服装を顧みれば無理もない。どこの山へ行くにも僕は東京の街を歩くのと同じなりをして行く。背にルックザックがあるのと、靴が違うだけだ。大仰な恰好をして出るのが嫌でこんな習慣になってしまったのだが、別に不便を感じたこともない。

赤倉の家並を離れて、宮様別邸に通じる広い道をそれると、そこから山みちになる。都合によっては関見峠から北地獄谷を登ろうかとも思ったので、丸山の南を通じた道を辿って行く。原野から森林帯に入る。もう妙高は見えない。たいていの山がそうであるように、頂上近くへ出るまで暫時《ざんじ》お預けである。

いったん歩きだして足や呼吸が慣れてくると、やはり来てよかったと思う。山麓でぶらぶらなどしていたら、当座はいいがだんだん後悔してくるに違いない。これに似た気持は日常生活にもよくある。関見峠は止して、南地獄谷の方から登ることにする。道は時々汗をかくような坂もあったが、概して緩い登りだった。大きな沢を渡るところにはまだどっさり雪があった。

赤倉山が赤い肌をさらして崩壊した真下の火口瀬に噴煙の立ちのぼっているのを望む所まで来た。その近くにペンキ塗りの小屋が見えたが、やがて辿り着くと大谷ヒュッテと書いてあった。冬スキーで来るための小屋である。ここまで来て再び妙高山にお眼にかかった。どこが最高点か判らない岩山である。永い一休みをした。

ここから急な細い沢を登って行くのだが、まだ雪に覆われていて、鋲のない靴が滑って登るのに一苦労した。ようやくそこを登り切ると、天狗平と称する前山の尾根の鞍部に着く。北地獄谷・南地獄谷両登山道が一致する所である。これからがいよいよ急峻な登りになるので、ここに不用の物を残して荷を軽くする。

中央火口丘の登攀である。僕の登山には練成の意味はないから、疲れれば休み、景色を眺めては休みして登って行く。始めは樹木のある坂を行くが、やがてそれを抜けて岩石帯（なんて言葉はないが）に出る。途中残雪の傾斜面を横切る所があって少し冷や冷やしたが、あとはただ急な岩みちを攀じさえすればよい。鉄の鎖や鉄の梯子がかかって、難処とされている笈摺岩《おいずるいわ》なども大したことはなく、ついに頂上に達した。

頂上に立ってまず狂喜（誇張ではない）したのは、妙高山背後の火打山・焼山がまだ多量の雪を被って、明るい陽の下に燦々《さんさん》と輝いている姿だった。これほど見事だとは全く思いがけもしなかった。瞠目の景色だった。感激した。一年を合計して三十分とはあるまい貴重な感激であった。深い谷をなした火口原の向かい側に、外輪山の三田原山が屏風を立てたように峰長く、その上端にはずっと雪庇が美しく続いていた。それを越えて火打・焼の偉容がそびえているのである。

これが第一等の見もので、それから心を静めて眺めると、遠くは北アルプス連峰、近くは高妻・乙妻・黒姫・飯縄。北は日本海で僕の眼を凝らす山はないが、東には遙かに、苗場山・岩菅山・横手山が、ちょうど同じほどの間隔をおいて連なっている。その他見える山々を拾いあげれば切りがないので、一まず中止して昼食にした。

頂上は巨岩（例えば長さ二、三間、高さ三、四丈というような）が錯落としていて、その間にコケモモ、ガンコウランの類が毛氈《もうせん》のように敷きつめているから、一種山上の庭園のような趣をなしている。僕等はその巨岩の一つに乗って弁当を開いた。握飯を食べながらも、始終四周の山ばかり眺めていた。

いくら堪能しても堪能しきれない眺望を打ち切って、名残惜しく下山の途につく。天狗平まで下って、今度は北地獄谷へ下りかけたが、こちら側はすっかり雪で道を迷いそうなので、また元の南地獄谷へ引返した。ヒュッテのある所で赤倉へ行く道と別れて、池ノ平へ下る道を採った。地獄谷を対岸に渡って、山腹につけられた道を、途中ウドなど取りながら下って行くと、やがてスキーでお馴染みの茅場《かやば》の上に出た。草地の大斜面で、眼下には常に野尻湖が離れなかった。ちょっと道端に休む間に身の廻りのワラビを摘んでも、直ぐ手にあまるほどの収穫で、ルックザックの両のポケットにどっさり山の土産を詰めこんで、池ノ平へ下って行った。

田口の駅へ着いてもまだ明るく、汽車を待つ間に村のはずれへ出て、また倦くこともなく妙高山を眺めるのであった。

■一九四三（昭和十八）年（四十歳）六月、弟の弥之介と登った。弥之介との山は、三九年の白山（「白山」『山の幸』所収）、四一年の雨飾山（「心残りの山」『山頂山麓』所収／㉛雨飾山）、焼山（「焼山」『山頂山麓』所収）がある。

・この文章は「文学界」の「日本の名山3」として発表された。「1　男体山」（一九四三年二月）「2　石鎚山」（三月）があり、百名山のようなシリーズが念頭にあったと考えられるが、出征（四四年三月）により継続されなかった。また雑誌「山小屋」の「日本百名山」（四〇年三〜十二月）と同年、雑誌「旅」に「名山順礼」と題し「開聞岳の巻」（六月）、「加賀の白山」（七月）、「空木岳」（九月）の名山シリーズを書いている。

・深田久弥は一九〇三（明治三十六）年、石川県大聖寺町で紙商、印刷業を営む深田弥一、トメの長男として生まれた。深田家については稲坂謙三が「追憶」（『深田久弥の追憶』、『全集』Ⅰの附録月報2にも収録）に記している。姉・昌生、八重、順子、弟・弥之介、妹・佐和子。一六年、旧制福井中学校に入学し、大聖寺学生会で稲坂謙三と大聖寺、福井周辺の山を歩く。校友会雑誌部委員、文芸部委員などを務める。二一年、第四高等学校を受験するが不合格。永平寺に三カ月参籠する。二二年、実業高校受験を望む両親に秘して一高を受験した（『きたぐに』）。兄弟たちによる追憶は『深田久弥の追憶』に収録されている。

初出＝「日本の名山3　妙高山」「文学界」一九四三年七月。『をちこちの山』に収録。

(略)

火打山

㉞**火打山**(二四六二メートル)
一九六〇年、志げ子夫人と登った紀行。子どもたちの成長に従って夫婦で出かけることが多くなった。

高田の静かな宿で一夜をあかして出発の用意をしているところへ、東京から夜行でわが山妻がかけつけてきた。山妻は私の山行きの五度に一度はついてくる。もちろん家庭の経済と二人の子供の留守番を顧慮してからだが、そのほかに「その山、私でも行ける?」という質問に、私が安心を与えた上でのことである。

高田から汽車で田口まで逆戻りして、その駅頭で私たちのパーティが勢揃いした。高田山の会の斎藤三郎さん、荆木《いばらき》〔久弥〕君、中山哲夫君のほかに、上越山岳会の永高賢《えいたかまさる》君、山口徳明君、松川太賀雄君、横田利八郎君の猛者《もさ》連が加わる。みんな元気な青年で、でっかいリュックを担いでいる。山妻は少し怖気《おじけ》づいた。気休めになるのは中年の斎藤さんだけである。斎藤さんは高田に風雅な工房を持つ陶芸家で、その飄々《ひょうひょう》とした風格から推して、猛者連のブレーキになるものと期待したのだが、誤算であった。ムッシュウは芸術家に似ず山でもなかなか強かった。

九人から成るこの賑やかなパーティは、まだ時期が早くて笹ヶ峰までバスが通わないので、トラックで運ばれた。田口から杉野沢を経て、九十九折《つづら》のバス道路を登って行くと、やがて広々とした笹ヶ峰牧場の一端へ出た。この高原は私には三度目である。二十年前最初に来た時は、まだバス道路もなく、高原を貫く細い道を辿《たど》ったが、ちょうど紅葉の真っ盛りで、私はその美しさに恍惚とした。今日は残念にも雲が多くて、この高原を引き立てる黒姫山も三田原山も見えなかったが、しかし眼のさめるような青々した芝生の拡がり、そこに点々と立っている白樺、遥か下の方に遊んでいる牛や馬の群れなど、やはり美しい牧場風景であった。日本で一番美しい高原の一つに、私はいつもこの笹ヶ峰牧場をあげる。

トラックは高原の中を走って、火打登山口の道標の所で一行をおろした。もうそこはどこへ寝ころんでも構わぬ気持のいい原である。私たちは小さな流れのそばまで行って弁当を開いた。食後に枇杷《びわ》が出る。その種を一人が地面に埋めると、みんなそれに見ならった。数年後このあたりが枇杷の叢林になろうという談議で、まず私たちは歩き始めから賑やかであった。

緩い登り道を辿って馬柵《ませ》の門を通過すると、緑の爽かな林の中に入る。途中諸君が脇の藪を掻き分けてタケノコを採りに入ったのは、今夜私たち夫婦に新鮮な山菜料理を供するためであった。黒沢という冷たい水の流れを渡る所で一休み。それから十二曲がりの急坂にさしかかる。道端に続くシラネアオイの薄紫の花が、喘《あえ》ぎながら登る私たちを慰めてくれる。美しい大輪ながら、風にも堪えがたい風情の、たおやかな花である。

ジグザグを登りきって尾根筋へ出ると、眺めが展けた。笹ヶ峰牧場の美しい絨毯《じゆうたん》が眼の下に拡がっている。しかし急坂は大きなブナの林の中にさらに続く。二ッ沢の水場で地面に雪が出てきた。急坂はそこで終わりになって、あとは緩い登りをずっと雪を踏んで行く。

上越山岳会の横田、松川、山口の三君は、今夜の設営のため一足先に行ったので、残りの私たちはゆっくりと休みながら登る。休むたびに何かおやつが出る。広葉樹に針葉樹が混じってきて、そのまばらな林の中を行くのだが、道は雪の下に消えているから、もしこのあたりをわが庭のように心得ている永高君の先達がなかったら、迷ったことだろう。

やがて林を抜けてすばらしい雪の平面へ出た。富士見平と呼ばれて、そこで初めて私は豊かな残雪をおいた火打山と、それに続く焼山を見た。全く息《いき》を呑むようなすばらしい景色だった。少し前から空はすっかり晴れて、その澄んだ水色をバックに、火打は実に潔い姿で立っていた。何と懐《ふところ》の広い山だろう。その手前には、高谷《こうや》池の高地がゆったり拡がっている。これは起伏のあるプラトーで、森林と雪のモザイクがまことに鮮やかで美しい。ちょっと類のない山上景観であった。私たちの来た季節もよかったのだろう。振り返ると妙高外輪山の三田原山が大きく、その広大な斜面を一気に笹ヶ峰牧場まで下ろしている。三田原山の左肩に、妙高山が岩の頭を覗かせていた。

私はしばらくそのみごとな眺めの虜《とりこ》になっていた。これだから山登りはやめられない。富士見平から黒沢岳の腹を捲いて、高谷池へ着いたのは五時二十分であった。池はまだ雪に覆われていたが、岸辺の雪解けのあとには、もうコバイケイソウが簇々《そうそう》と芽をもたげていた。池のふちに立っている二階建てのヒュッテが、今夜の私たちの宿である。

小屋番の原田さんはシベリア出兵の勇士だというから、もう六十をとっくに越えているはずだが、そんな年にはみえぬ元気のいい若さで、何か答える時には直立不動の姿勢をとる謙遜で実直な人柄であった。前日小屋へ上ってきたばかりだそうだが、ひどい奴もいるもので、まん中の柱が切り取られていたという。冬のスキーヤーの仕業である。

一行の若い諸君の大きなリュックの内容は、大部分が今夜の宴にそなえた材料であった。各自手分けして料理に従事している間、私は付近を散歩した。一年中で一番日の長い頃である。真っ赤な夕映えの中に陽が沈んでからもまだ明るかった。

ヒュッテは私たちの独占である。二階へ御馳走が運ばれて、みんなでそれを囲んだ。ドライアイスを詰めて下げてきた新しい日本海の甘海老《あまえび》、種々の材料の入った野菜サラダ、大鍋いっぱいの牛鍋、それから謹直な登山家には眼をつぶっていただきたいが、ビール十本とトリス大瓶二本。こういう豪勢な献立で、ただで済むわけはない。愉快に騒ぐのは私の大好きなところで、たちまち座は独唱・合唱、歌のルツボとなった。一行のほとんどが、この地方の名門、昔の高田中学、今の高田高校の出身であったから、相馬御風作詞の校歌も披露された。

妙高山は峨々として　千古の白雪天をつき
日本海は旺々と　万里の波濤空をうつ
山水霊なる越の国　学びの友垣一千余

私が立って踊りだす頃は、宴いよいよ酣《たけなわ》で、興尽きる果ても見えなかった。モウロウとして、たしか十二時まではおぼえていたが、あとは何にも知らなかった。

翌朝五時に起こされると、私はゆうべ飲んでいた場所に布団をかぶって寝ていた。演芸はあれからなお一時間も続いたそうである。にもかかわらず皆早起きして、朝食前に火打の頂上を極めてこようというのである。

軽装で全員ヒュッテを後ろにして火打山へ向かった。高谷池を渡って爪先上がりに進むと、上にもう一つ雪の原があった。それを越えて斜面を登って行く。酔後の登りの辛さを補うものに山の眺めがあった。何という天恵であろう。高くなるにつれ続々と旧知の山々がせり上がってきたのだ。遠くにズラリと北アルプスが出てきた。非常な高曇りで、そのため光線の反射がなく、いっそうよく山が見える。私は立ち留まって息を入れる毎に、それらの山々を数えた。

やがて稜線に取りつく。頂上までの尾根伝いは、ハイマツの太い根の入り組んだ道で、私たちは幾度も花盛りのチシマザクラの脇を過ぎた。道を辿りながら、携えてきた一升ビンの水がしきりに甲から乙へと渡る。口づけにゴクリゴクリとうまそうに飲む。さすが高田健児も酔いざめの水は必要とみえる。

ハイマツ帯を出て、雷鳥の遊んでいる岩のゴロゴロした最後の坂を登ると、そこが頂上だった。ミヤマタンポポが咲き、隅に石の不動さんがおいてあった。私はあらためて周囲の山々に挨拶を送った。すぐ前に焼山のドームが立っている。それに続いて金山・天狗原山の平たい尾根。焼と金山の間には、わが愛する雨飾《あまかざり》山がつつましく姿を現していた。そしてそれらの上に遙か北アルプス。その北アルプスから幾度私はこの火打を眺めたことだろう。今こそそのお返しができた。

南に移ると、眼に立つのは高妻《たかづま》に乙妻《おとづま》、私の久恋の山だからである。東の方は、これはもう数えだせばきりがないが、中で苗場山と岩菅《いわすげ》山が顕著であった。そして眼近の妙高山、外輪山の上に王冠のような頂をもたげていた。

往復二時間あまり、ヒュッテへ戻ってくると、もうあつい味噌汁が煮えていた。朝食をたべ、荷をととのえて、私たちは今日の行程についた。朝の運動と新鮮な空気で、もう私のからだから酔いが消えていた。

少しの登りで、小屋の背後の稜線に出る。崖っぷちの上につけられた尾根道を、妙高山の方へ向かって歩いて行く。火打の北側の谷の様子がよく見え、容雅山とか不動山とか、千五百メートル級の山が立っている。私には初めて聞く名前の山だが、上越山岳会の連中にはホーム・グラウンドらしい。

やがて下りになって黒沢池に出た。ここも気持のいい原で、池のヘリの雪の消えた所には、可憐な白色の水芭蕉が咲いていた。私たちは草地に尻をおろして長い一休みをした。九人もいるから絶えず誰かがしゃべっていて、談笑の切れることがない。斎藤旦那と私たち夫婦をのければ、あとは全部二十代であるから、話はしぜんお嫁さんへ行く。いつも集中攻撃を受けるのは、新婚の中山君である。弁明すればするほどやりこめられる。訓示、新婚後決して悪童どもと山行きを共にしないこと。

黒沢池から、妙高外輪山の三田原山と大倉山の鞍部までの登りは、急な雪の斜面だった。アイゼンをつけない靴では、一歩一歩靴底で雪を踏み叩いて登らないと、滑り落ちそうな気のする個所もあった。

ようやく鞍部に着くと、すぐ眼の前に、岩でゴツゴツした妙高山が厖大なマッスで突っ立っていた。鞍部からその頂上まで橋でも架けられそうな近さである。が登るには、いったん狭い火口原まで下らねばならない。私たちの最初の計画は、妙高にも登ることになっていた。しかしここから見ただけで、計画を断念することに誰も異存はなかった。登山家の自尊心を傷つけないよい口実に、空模様も怪しくなってくれた。

鞍部で弁当を食べ、火打山の見納めをして、火口原（というより火口溝とでも呼ぶべきか）への下りにつく。これがまた、先の登りに倍した雪の急傾斜であった。猛者連にはグリセードという離れ技があるが、哀れなのは、わが山妻である。今朝火打からの下りで、彼女は永高君からグリセードのやり方を教わっていたが、この登山技術はそんな即席で間にあうものではない。気の毒だったのは、彼女に命の綱とつかまえられた永高君で、仲間がグリセードですっ飛ばして行くのを見送りながら、山妻の手を引いたりステップを切ったり、のろのろと一歩一歩導いて行かねばならなかった。私はグリセード組に加わった。山妻がよく友達に向かって「山へ行くと、とても不親切なのよ」と私のことを言うのは、たぶんこういう場合を指すのだろう。

深い廊下の底のような火口原へ下り着いた。そこから燕温泉まで昨年新しい道が開かれた。みんな初めての道である。雪解けのジメジメした湿地を踏んで、長助池の近くまで来て休憩をした。ミルクが沸かされ、バナナが配給される。

燕までの下り道は、絶えず妙高山を仰ぎながら、その土台を捲くように通じていた。ところどころ雪を踏みながら下って行くうち、すばらしい水芭蕉の大群落に出あった。純白な花（本当は苞《ほう》だそうだが）は道端の雪解けの湿地に溢れ、橋代わりに並べた板の間からも首を出し、道のまん中まで進出して、それを踏まずに歩くことは困難なくらいであった。

道はやがて谷川を右手に見おろしながら、外輪の山腹を辿るようになる。ツバメオモトの星形の花が道端を綴《つづ》る。花は小さいが輝くような白さだ。若い諸君は私たちの土産に、藪へ分け入ってたくさんのタケノコを採ってくれた。山ウドを見つけるとそれも逃さなかった。

温泉まであと半道というところで、とうとう小雨が降りだした。まるで天が私たちの山旅の終わるまで待ちこらえていてくれたような雨だった。グングン下って燕温泉に着く。楽しい登山は終わった。あとは赤倉まで行って温泉に浸るだけである。

燕から関見峠のトンネルまで二十分ほど歩くと、そこに赤倉ホテルの御主人村越厚文さんが、自らジープを運転して迎えに出ていて下さった。トンネルから赤倉まで立派な道路が通じていた。

（略）

■一九六〇（昭和三十五）年（五十七歳）六月、上越山岳会での講演のあと、地元山岳会の人たち、志げ子夫人と。高田在住の愛読者で、文通があった荊木《いばらき》久弥が山行を手配してくれた。

•このころは志げ子夫人との山行が多くなった。前年の武尊山、北海道の山々、この年の恵那山、早池峰山、白峰三山など、『わが愛する山々』に収録され、『日本百名山』にも書かれた。志げ子夫人のエッセーに、その様子が書かれている。「これ〔雨の徳本峠越え〕に懲りた子供達に敬遠されて、去年はまた二人の山歩きに返った。六月の瑞牆《みずがき》山、九月の磐梯《ばんだい》山、十月の雨飾山、十二月の父不見《ててめえず》山とよく歩いた。／山旅の間、九山は山岳展望を一番愉しんでいるが、私はそれよりも花や樹に惹かれる。」（「山」）。「山に行く時、一緒に来ないかとよくさそってくれたが、家庭の事情から三度に一度位しかついて行けなかった。山では親切で、よく花の名前を教えてくれた。／主人が書いた『日本百名山』の山のうち一緒に行った山が十八ある。」（「山に逝った夫　深田久弥のこころざし」）。

•『日本百名山』に「戦争前に妙高と焼山には登っていた」とあるが、焼山は一九四一（昭和十六）年十月、妙高山は四三年六月。いずれも弟の弥之介と登った。

初出＝「わが愛する山々　火打山」（「小説新潮」一九六〇年十月）。『わが愛する山々』に収録。

㉟**高妻山**（二三五三メートル）
一九四〇（昭和十五）年八月、一人高妻山を目指すが、五地蔵の小屋に泊った翌日は一面の霧だった。二十年以上を経て登ることができた久恋の山。

高妻・乙妻

ある山群を遠望して、その中に必ず眼を凝らす一峰がある。例えば志賀高原に立って、善光寺平の向こう側の山の重なりを望むと、私の第一に探し当てるのは高妻《たかづま》山である。戸隠、飯縄《いいづな》、黒姫、これらの山は誰でも知っている。ところが、同じ山群に属し、その中では最も高く、最も美しい高妻山は、あまり世に聞こえない。それは他の山のように平地からすぐ眼につく山でなく、遠く離れて始めてその存在に気のつく山だからである。しかし知る人ぞ知る。私はこういう出しゃばらずに本当に真価を認めてくれる人を待っているような山が好きである。

高妻山は二三五三メートル、屛風のように立ちはだかった戸隠山の岩尾根の奥に、気品のある姿で颯爽とそびえている。そしてその傍らに乙妻《おとづま》山二三一五メートルが、あたかも高妻山にかしずくような格好で慎ましく控えている。私はいつも高妻・乙妻と並べて呼んでいるが、何とひびきのよい優しい名前だろう。

その高妻山へあこがれて行ったのは、もう二十余年前のことである。しかし頂上へは立てなかった。戸隠の表山を歩き、五地蔵岳まで行って破れ小屋で一夜をあかした。そこから高妻・乙妻へ往復するつもりであった。ところが翌朝は深い霧で何も見えない。たった一人の私は寝袋にもぐりこんだまま晴れるのを待ったが、乳色の幕はいっこう薄れそうもない。ついに思い切って私は山を下った。

それ以来、高妻・乙妻は私の「心残りの山」となった。他の山へ登って遥か彼方にそのすっきりした姿を見出すごとに、私は熱い眼で見守るのが常であった。

長い恋人であった。辛抱のいい私は決して忘れなかった。とうとう機会が来た。昨年（一九六二年）七月十九日の朝、私は先輩の不二さんと二人で上野を発った。

（略）

翌日（二十一日）は快晴、暗いうちに起きて、四時すぎにはもう歩きだしていた。早朝の涼気はさわやかで、人影もない林の中の一本道の正面には、黒姫山がまだ明けきらぬ空にシルエットで浮かんでいた。

戸隠牧場のテント村まで来ると、ようやく人が顔を洗ったり食事の準備を始めたりしていた。そこを通り抜けて牧場に入り、一本の白樺の木の下で私たちも朝食を開いた。眼の前に戸隠の岩壁が連なっている。戸隠山が修験者の道場に選ばれたのは、この岩壁を持つ岩の山だったからだろう。

手力雄命《たぢからおのみこと》が天の岩戸をあけて空に投げると、それが葦原の中ツ国に落ちて、戸隠山になったという。戸隠の奥社は手力雄命を祀り、中社は思兼命《おもいかねのみこと》を祀り、日ノ御子社は天鈿女命《あめのうずめのみこと》を祀る。いずれも岩戸開きに参列した神々である。

平安朝の初めから神仏混淆となり、その最盛期は平安朝の末から鎌倉時代の中頃までだったと言われる。奥院、中院、宝光院と三つの群落にわかれて、それぞれ多くの寺社が建立され、その盛大なさまは高野や比叡にも劣らなかったという。その後兵火にあって大部分が廃滅したが、中社(中院)だけが昔の面影を伝えている。

普通戸隠山へ登るには、奥社から山にかかり、蟻ノ戸渡りとか剣ノ刃渡りとかいう岩場を通って、八方睨《はっぽうにらみ》に達する。そこが頂上とされている。そこから岩壁の上縁を一上一下しながら、一不動と呼ぶ鞍部へ出て、この戸隠牧場へ下りてくる。これを表山と言っている。

勇気のある修験者は一不動からさらに高妻・乙妻まで登拝した。これを戸隠の御裏山と称して、一不動を振出しに、二釈迦、三文珠、四普賢、五地蔵、六弥勒《みろく》、七薬師、八観音、九勢至《せいし》を経て、高妻山の頂には阿弥陀如来が祀ってあった。

そこからさらに、十一阿閦《あしゅく》、十二大日を過ぎると乙妻山で、そこには虚空蔵菩薩があったという。

私たちは信者ではないから登山者の多い表山は敬遠して、直接一不動に登って高妻山へ行こうというのである。牧場から谷川に沿った登り道は、水を離れるとガラガラした急傾斜になる。一汗も二汗もかいて一不動に出ると、まず私たちを驚喜させたのは、突然眼前に現れた高妻山の姿であった。それはすっくと聳《そび》えたという形容がそのままあてはまる秀英なピナクルであった。ほとんどその土台から頂上まで一気にそそり立つ孤高の峰であった。

一不動から始まる御裏山では、もちろん誰にも出あわなかった。登る人が少ないとみえて道も荒れていた。五地蔵までは岩壁の上を辿る。すぐ眼下に美しい色の原を眺め、その向こうには昨日登った飯縄《いいづな》山が大きな図体で横たわっている。道ばたの斜面が赤く見えるほど、ニッコウキスゲの群落が花を開いている所もあった。

五地蔵に達して、かつてそこで泊まった破れ小屋は跡形もなく、一面の笹原だったと記憶するそのあたりには、もうまばらに木が伸びていた。それから先が長かった。道の脇に稀に古びた石仏など見つかったのは、昔の霊場巡りの名残であろう。

コブを二つ越えて、いよいよ高妻山そのものの登りにかかったが、その連続した急峻な坂は実に辛かった。登りに強い不二さんに次第に引き離され、私は私で勝手にたびたび休憩を取って、喘《あえ》ぎながら攀じて行った。

ようやく平らな所へ出たのでやれやれ頂上かと一安心すると、さにあらず、頂上はまだそこから岩尾根を伝った先にあった。

岩の積み重なった一つの突起が最高点であった。初めての山の頂に立つことだけでも大きな喜びであるのに、それが多年憧れの頂であったから、私の喜びは極まりなかった。私は疲れきっていた。乾いた咽喉に果物のカン詰は無性にうまかった。乙妻山まで足を伸ばす元気は二人には残っていなかった。

■一九六二（昭和三十七）年〈五十九歳〉七月、藤島敏男〈六十六歳〉と登った。戸隠中社に泊った翌日は小雨模様だったので飯縄山に登ったが、「足馴らしにしては少しきつすぎた」。
•初めて高妻山を目指したのは一九四〇（昭十五）年八月〈三十七歳〉。「山小屋」の『日本百名山』掲載は同年十月だった。雨飾山とともに「心残りの山」（『山頂山麓』）に書いた。心残りであるとともに、久しく憧れてきた山として、雨飾山と同じく『日本百名山』には欠かすことが出来ない山、必ず登らなければならない山でもあった。

•一九六〇（昭和三十五）～六三年、日本山岳会評議員、六一年図書委員として「この一本展」（会員が秘蔵の山書を持ち寄る）開催、六三～六五年理事を務め、会員たちとの交流が広がる。

初出＝「學鐙」一九六三年八月。『山岳遍歴』に収録。

㊱男体山（二四八四メートル）・**㊲奥白根山**（二五七八メートル）

ガイドブックに寄せた概説で、男体山、女峰山、大真名子、小真名子、太郎山を「男体山一族」。奥白根山、温泉岳、金精山、前白根山などを「白根山一族」と呼んだ。

男体山と日光の山水

日光山水の王者は男体山《なんたい》である。率直、雄渾《ゆうこん》。その影を落とす中禅寺湖と相映発して、天下の一美観を作っている。登山の表口は湖畔の二荒《ふたら》山神社からである。神社の奥宮が男体山の頂上に祀《まつ》られている。

八月一日から七日までが奥宮登拝祭で、表山道には連綿と登山者が続く。道は急坂、高度差約千二百メートルをひたすら登りづめである。ずっと林の中を行くが、三合目で初めて梢越しに中禅寺湖を俯瞰《ふかん》する。それから上はますます急峻《きゅうしゅん》になり、岩かどや木の根を踏んで登る。八合目から道がよくなり、あたりは高山の風貌をおびてくる。

頂上は、下から仰いだだけでは想像出来ない、豪快な地形を持っている。眼下に深い爆裂火口があって、それを鎌の形に囲む細長い尾根の最高点が頂上で、奥宮がある。登拝祭の時にはそこに神官が詰めて、お札や絵葉書を売っている。頂上の尾根を西の端まで行くと、もう一つの三角点があり、太郎山神社という小さな祠《ほこら》がある。

男体山の歴史は古い。初めてその頂上を踏んだのは勝道上人で、天応二年（七八二年）三月というから、約千二百年前になる。空海の『性靈集』は岩波の古典文学大系にも収められた日本の名著だが、その中に勝道の男体登山の仔細が語られている。

勝道の第一次登山は、雪深く岩けわしいために失敗に終わった。それから十四年後の第二次登山も天候に妨げられて成らなかった。その翌年三月第三次の行をおこした。時に勝道四十八歳、中禅寺湖畔で経を読み仏を礼すること一七日夜《いちしちにちや》、われ若《も》し山頂に至らざれば、また菩提に至らず、という強い発願で山にかかった。

まだ残雪も深く、繁茂する草木は彼を苦しめた。途中ビヴァーク二晩、疲労した体に鞭うって絶頂に達した。空海の文章はこう伝えている。「終《つひ》に其の頂を見る、怳怳惚惚《くわうくわうこつこつ》として夢に似たり、悟《さ》めたるに似たり。……一たびは喜び、一たびは悲しむで心魂持《たも》ち難し」。宿願の山頂に達した時の勝道の気持を察することが出来よう。彼は感動して周囲の風光を眺めていたが、眺め倦《あ》かぬうちに風雪が襲ってきたので、下山の途につかねばならなかった。

勝道の時代にはまだ男体山の名はなく、補陀落《ふだらく》山と呼んだ。これは梵語ポータラカの音写で、光明山の意だという。二荒山の別称はこの補陀落から来たものと思われる。中禅寺湖の名もなく、勝道は南湖と呼んでいる。彼はこの湖の風景の絶美を賞し、湖畔に一寺を建てて神宮寺と名づけ、そこに仏道を修して四年を過ごした。

男体山に登頂した後の帰途は、裏参道の志津小屋へおりるほうが興味があろう。やはり急ではあるが気持のいい道である。私が初めてこの小屋を訪れたのはもう三十数年前になる。その時は戦場ヶ原の三本松（本当に三本の姿のいい松が立っていた。今はない）で、湯元へ行く道と別れて、御沢へ入り、その沢を溯《さかのぼ》って志津小屋へ達した。

この御沢は珍しい沢で、水の流れはあまりないが、両側に壁のように崖が立っていて、その底を歩いて行くので、まるで廊下のおもむきである。声を出すと反響するほど狭く、仰げば空が細長い。そういうところが二時間くらい続いた。私はこの特異な沢が忘れられず、終戦後もう一度訪れてみたが、ダムが出来ていたりして、昔受けた強い印象はなかった。

廊下を抜け出てなおも沢をのぼって行ったところに志津小屋があった。三、四棟建っていて、登拝祭は賑わうそうであるが、平生は無人である。小屋の脇に奇麗な清水が湧いていた。小屋の名はその清水から来たのであろう。清水を志津と言う例はほかにもある。

私は戦前無人の志津小屋に二度泊まったことがあるが、その二度ともそこから女峰《にょほう》山へ登るつもりであった。女峰は古い本には女貌《にょほう》と書かれていた。男体に対して女貌、そしてこの夫婦の間に大真名子山《おおまなご》と小真名子山《こまなご》がある。真名子は愛子《まなご》かもしれない。やや北にそれて太郎山がある。日光のこの五つの山は、あたかも一家族のように仲よさそうに見える。それらの頂上にはいずれも祠がまつってあり、むかし峰修行の行者たちはその五山を巡拝するのが慣わしだったという。

志津小屋を出た私はまず大真名子山に登り、続いて小真名子山に登った。そこからいったん富士見峠におりて女峰山の登りにかかるのだが、峠で雨にあい、女峰は断念して日光の町へおりた。二度目もやはり同じコースで女峰へ登るつもりであった。大真名子・小真名子（両方とも登りは急である）を越えて、富士見峠への下りで大きな薙《なぎ》に出あった。この薙というのが日光の山の特色で、方々にある一種の山崩れである。日光の山は総じて傾斜が急である上に豪雨が多いので、薙が頻出するのであろう。薙が出て道を消す場合がたびたびある。富士見峠への下りもそうであった。とうとう道がわからなくて、またしても女峰を断念して志津小屋まで戻り、そこからウリュー坂を下って清滝の精銅所へ出た。

こうして私はまだ五山家族のうち女峰を知らない。太郎山は別の機会に登った。戦後は奥日光も開けてきて、ことに自動車道路が発達した。戦場ヶ原を横切る道路は今やバスが砂煙を立てて走り、金精峠や山王峠など、細々した道を辿った昔なつかしい峠も、そのおもかげが無くなった。

太郎山は、その山王峠へ登る広い道と別れて、右手の細い道に入る。ところどころ草をわけて行くような個所もあるのは、この山へあまり人が登らない証拠である。日光の駅にはたいてい登山者の姿があふれているが、そろいう連中はただ有名な所ばかり目ざして、太郎山のような「忘れられた山」には見向きもしないらしい。

日光には水のない（あるいは乏しい）沢が多い。それが雨が降ると一時にどっと溢れる。そのため薙が生じるのである。太郎山へも、そういう水のない、石のゴロゴロした沢を登る。登るに従って傾斜が急になり、やがてハガタテと称する大きな薙にさしかかる。一歩ごとに足元の土砂が崩れる辛い急坂である。

薙を登り終わってようやく森林帯に取りつき、そこから尾根伝いで、小太郎山を越え、やがて太郎山の頂上に着いた。そこの祠は慈眼《じげん》太郎明神を祀るという。先年ある大学の学術隊が太郎山を調査して、古銭や古器を発掘した。それほど古い由緒を持った山である。

帰りは御沢へ下る道を採った。行者の登拝道としてこちら側が表口らしく、大きな岩の間を通り抜けるところには仏がおいてあった。道の途中に、円形の広い湿原がある。まわりは樹林にかこまれ、白樺の幹がスイスイと立っている。さまざまの高山植物が咲きあふれて、まったく山中に秘められたような美しい静かな草原だった。

湿原の多いことも奥日光の特色の一つであった。しかし次第に乾燥化しつつある。戦場ヶ原なども以前は大湿原だったらしいが、もはやそのおもかげはなく、その中の赤沼という沼さえ今は地図上に沼の名を残しているだけである。

湿原のおもむきはわずかに小田代《こだしろ》ヶ原に残っている。田代とは湿地のことで、かつて戦場ヶ原の大湿地に対して小湿地の意で名づけられたのであろう。赤沼から小田代ヶ原へ行く林道が通じている。原は、片側は高い山、片側は樹林帯で、静かな青々した草地である。仙境と言った感じであったが、ハイキング大流行の現在ではその無垢が保たれているかどうか。しかしここも乾燥化が進んで、湿地帯は原の一部だけになっていた。

男体山一族と戦場ヶ原を差しはさんで白根山一族がある。温泉岳、金精山、前白根山、錫《すず》ヶ岳などで、その総帥は奥白根山である。草津にある白根山と区別するために日光白根とも呼ばれる。日光の山々の最高峰であるのみならず、上信越でこれより高い山はない。浅間山をも凌いでいる。

やはり歴史の古い山で、今は湯元から登る人が大部分だが、昔は反対の上州側からの参拝道が賑わったらしい証拠には、その途中に、遠鳥居、不動尊、六地蔵、賽《さい》ノ磧《かわら》、血ノ池地獄、大日如来などの名が残っている。しかし現在はその跡らしいものはほとんどない。

私は家内と中学生の息子を連れて、八月の末、日光側から登った。朝湯元を発って、白根沢の急坂を汗をかきながら攀じると前白根山に着く。そこからいったん下って火口原らしい平らな草地へ達するが、その途中眼下に五色沼が見おろされる。四周山に囲まれてその底にある火口湖で、その青い水面にも何となく悽愴な感じがあって、魔ノ湖と呼ばれたこともうなずける。

火口原から奥白根への急登が始まる。樹林の中を喘《あえ》ぎながら登って行くと、やがてザグザクした砂礫《されき》を踏む広い斜面となり、ついに巨岩の散乱した頂上に出る。この頂上は一種異様な景観で、小噴火口の跡があちこちに散在している。それをめぐって蜂の巣のように岩の小丘が雑然と錯綜しているので、その中のどの丘が最高点か判じがたい。一つの丘に貧弱な小祠があって白根権現が祀ってあったが、そこから少し離れた小丘の上に三角点があったから、そこを二五七七・四〔二五七七・一〕メートルのてっぺんと見なしていいのだろう。

下山には上州側の道を採った。頂上からその側へ大きな薙が落ちていて、それを危ない踏跡で渡らねばならなかった。これを御釜大割れと称しているが、下から見あげると、薙の両側は削ったような絶壁で、その間を奈落のように崩れおちていた。七味平という木立に囲まれた気持のいい草原まで下ると、そこに装束小屋と呼ぶ山小屋があった。行者たちはここで装束をかえて山にかかったのであろうか。そこから梢をすかして仰ぐ奥白根山は、岩襖《いわぶすま》を立てつらねたような凄い壁を見せていた。

装束小屋には番人はいなかった。しかし屋内はきれいに整頓され、炉のふちには焚木が積まれ、焚きつけまで添えてあった。ジュースや罐詰の類が棚に並んで、そばに定価表が貼ってある。欲しいものを取って、横の皿にお金をおいて行けばいい。皿には銀貨やお札がたまっていた。山小屋荒らしがよく問題になるが、こういう模範的な小屋のあることに私はひどく感心した。こちら側へ下ってくる人は、割合少数で、山のエチケットを心得た登山者であるのかもしれない。

たしかに通る人が少ないとみえて、だんだんと草をわけて行くような心細い道になった。ようやく広い自動車道路に出てホッとしたが、これは日光側から金精峠を越えて丸沼の方へ通じる新しい道であった。自動車道路を歩くのは厭《いや》なものだが、一台も出あわなかったし、それに実に緑の豊かな静かな山間の道であった。丸沼へ出た時はもう薄暗くなっていた。

男体山

■志津小屋に泊まった二回というのは、一九三五（昭和十）年〈三十二歳〉十月、友人と大真名子山、小真名子山に登った時と、四二年、一人で男体山、大真名子山、小真名子山に登った時のこと。後者の紀行は「日本の名山・1　男体山」（「文学界」四三年二月）、『をちこちの山』に収録。

•「山小屋」の「日本百名山」（一九四〇年九月）で取り上げたのは太郎山で、「日光連山のなかでは高い方とは云えないが、とにかく一城の主と云った様の品格を具えている所がいい」と書いた。

•二荒山の由来について「日本の名山・1　男体山」ではマレー語ではないかと書いているが、この文章では梵語由来としている。これについては、武田久吉「山名と地名」（「岳人」一九六七年四月／『登山と植物』〈六九年・日本文芸社〉に収録）にも書かれている。武田はこの文章で小田代がコダシロであってオダシロではないことも記している。

奥白根山

■登った年は書かれていないが、年譜から推測すると一九六一〜六三年ごろであろうか。単独の紀行文は見当たらない。

•「山と高原」の「日本百名山」連載では奥白根山はない。単行本『日本百名山』では「高千穂峰」が「霧島山」に改められ、「有明山」が除かれて「奥白根山」が入った。有明山は連載記事で「今まで取り上げた山は、一つ残らずその頂上に立ったが有明山だけはついに未登のまま書くことになった。今年の春にはぜひ登るつもりであるが、現在その道がひどく荒廃していると聞いている」と記す。

初出＝『カラー旅　3・日光と上越』（一九六八年十月・主婦と生活社）。『全集Ⅳ』に収録。

㊳**皇海山**（二一四四メートル）

学生時代から気になっていながら登る機会がなかった山。「百名山ブーム」以前は、隠れた名山として知る人ぞ知る山だった。

皇海山

高等学校の生徒の頃、私は本郷通りの古本屋の店先に、『太陽』という雑誌の臨時増刊号を見つけて買った。その古雑誌が私にこの上なく貴重であったのは、その中に木暮理太郎氏の「東京から見える山」という記事が載っていたからである。記事の上段には、数ページに亙《わた》って、東京から見える山々の見取図が出ていた。それによると、山に縁遠いように思われているこの首都から、実は、二千メートル以上の山が六十座以上も見えることになっていた。

この見取図と地図と磁石とを持って、私は幾度都内の高い建造物や見晴らしの利く台地へ上って行ったことだろう。そこから望む遠くの山々の連なりは私を狂喜させた。この奇妙な道楽は今でも続いている。雨上がりの風の強い朝、私は近所の明治大学和泉《いずみ》校舎の四階建ての体育館屋上へ足を運ぶ。いつかそこで山を眺めていると、後からこっそり守衛に蹤《つ》けられたことがあった。誰もいない朝のコンクリートの屋上へ上って行く私を、怪しい人物と見たのであろう。
皇海《すかい》山という山を初めておぼえたのは、その木暮さんの見取図からであった。それは赤城山と男体山の中間に、錯綜した前山の奥に、ドッシリした山容を覗《のぞ》かせていた。しかし私は実際に東京からこの山を眺めたことはない。どんな快晴の日を選んでも、煤煙《ばいえん》とスモッグはこの遠い山を私の眼から遮っていた。
その後、古い『山岳』誌上で、皇海登山記を読んだ。筆者はやはり木暮理太郎氏で、藤島敏男さんと二人、登山路を探し求めながら頂上に達した紀行である。それは大正八年（一九一九年）十一月のことで、その頃はまだ日本にも、どこから登っていいか分からない山があったのである。今ではもうそんな山はなくなった。指導標がたち、山小屋ができ、ガイド・ブックが氾濫している。自分で道を見つけ、迷い、野しゃがみ〔野宿〕をし、そしてようよう頂上に立つ、という楽しさはなくなってしまった。（略）
翌早朝、背後の庚申《こうしん》山岩壁の上辺をバラ色に染めた光線と、私たちの二階の部屋〔庚申山荘〕から真正面に望む古峰原《こぶがはら》連山のクッキリしたシルエットが、今日の快晴を確実に予約していた。エーデルワイスの女性群は、私の寝ているうちに発ってしまったらしい。われらの年若きリーダー小野〔尚俊〕君は五時半出発を宣言していたが、それより三十分おくれて私たちは山荘を後にした。今日の行程は長い。まず庚申山頂に登り、それから鋸の歯のように岩峰を並べた尾根を伝ってその最高峰に達し、さらに皇海山まで歩を伸ばさねばならぬ。

山荘の裏手からすぐ急な登りになる。古来信仰登山の対象となる山はたいてい奇岩怪石で装われていて、それが昔の人の趣味にかなっていたらしい。南画などの影響かもしれない。庚申山もその例に洩れない。少しでも異様な形の岩は、その形に応じていちいち名前がついている。それらの岩石群の間を巡回するのがお山詣りであった。しかしそんな趣味を有しない私たちは一途に頂上へ向かった。

位置が高くなると、われわれ近代派を喜ばせるのは広闊な展望である。逸早く、遥か南方秩父連山の上に富士山が姿を現した。輝くばかりの純白である。すぐ眼近には袈裟丸《けさまる》連峰が屏風のように長々と高低のある尾根を延べている。

岩石地帯を通り抜けると森林になり、やがて庚申山頂であった。新しく奥日光の山々が浮かび出る。男体山、その左に奥白根、続いて錫《すず》ヶ岳。奥白根はまだ多量の雪を被《かぶ》って、さすがに立派である。

この山頂を第一峰として、それから越えて行かねばならぬ山稜上の大小の峰を数えると、ちょうど一ダース、皇海山は第十二峰となっている。そしてその峰には一つ一つ名前がついている。第一峰と第二峰との間のコブの上に立った時であった。私たちは息を呑んで眼を見張った。すぐ眼の前に、皇海山が思いがけぬ大きさで立っていたからである。

「脱帽ものだね」

日高〔信六郎〕長老の言を待つまでもなく、私たちは帽を取って一揖《いちゆう》した。おのずから頭がさがるほど、それは堂々としていた。さすが皇海は私たちをあざむかなかった。来た甲斐があった。

第二峰（御岳山という名がついている）の上でも、私たちを驚かせる眺めが待っていた。西にあたって、疎《まばら》に雪をおいた浅間山と四阿山《あずまや》との間に、遠く白銀の一線を張っているのは、紛《まご》うかたなく穂高から槍に続く日本最高の山稜であった。ここへ幾度も来ている小野君さえ、こんなに鮮やかな北アルプスを望むのは初めてだという。何という幸運に二人の新参者は恵まれたことか。

第二峰から大下りになって、笹に覆われた鞍部に着くと、そこからまた取返しの登りになる。第三、四、五、六峰と小さな隆起を越えて、いったん下り、次の第七峰（白山）の上に達した時、またしても私たちの幸運を倍したのは、南アルプスの展望であった。こんな所から南の雪嶺が一、一指摘できようとは期待しなかった。近くの赤城、榛名、妙義、その他を数えだしたら、この紀行は山の名で埋まってしまうだろう。

第七峰あたりから尾根が痩せて、岩かどや木の根にすがって上下しなければならぬ個所が出てくる。七峰と八峰の鞍部は野猿谷、十峰と十一峰の鞍部は蟻地獄と呼ばれて、クロアール状の細い雪の沢が、ほとんど垂直に近い傾斜で、松木沢の源頭へ落ちこんでいた。

第十一峰鋸山の頂上に立ったのは、十一時四十分。予定より二時間もおくれたのは、私以外の三人はいずれもカメラの名手であって、この好天気にむざむざ撮影を犠牲にして先を急ごうとはしなかったからである。頂上から、岩菅《いわすげ》山、苗場山、谷川連峰、その他多くの山々が、私の眼を放そうとはしなかったが、しかし私の展望癖を読者に強いるのは、もうこれでおしまいにしよう。

皇海はすぐ真向かいにある。真向かいとは申せ中間が深く落ちているので、見たところは遠い。その山に特別の思召《おぼしめし》を持たない限り、たいていの人は鋸の頂上でそれを眺めただけで、引返したくなるだろう。皇海山が秘峰として静かに保たれているのは、確かにこの遠さにある。エーデルワイスの女性たちも皇海をあきらめて六林班峠《ろくりんぱん》の方へ下ったらしい。

鋸山の頂上から非常に急峻な雪の斜面が、皇海との間の鞍部へ下っていた。私たちは出発前リーダーからピッケルの携行を命じられた。私は普通この物々しい山の兵器を携えることを好まない。今度は命令だから致しかたないとは言え、いささか無用の長物視していたところ、ここで初めてそれが必需品であることがわかった。ピッケルの安心がなかったら、この雪の急斜面には怖気《おじけ》づいたに違いない。

雪の上を真一文字に下ったので、夏道よりはずっと得をした。下り着いてから、さらに隆起を二つ越えると、一面枯笹で覆われた鞍部へ出た。そこで私たちはおそくなった昼食をひらいた。

鞍部から皇海へ向かってただ一途の登りである。道を遮る倒木に悩まされながら、一歩一歩高くなって行った。中途で雪が現れ、それが頂上まで続いた。やや傾斜の緩くなった肩のあたりでは、膝までもぐるくらいあった。

頂上に立ったのは二時三十五分、四人は喜びの握手を交わした。木暮さんの紀行では、四方の開豁《かいかつ》な眺望が得られたとあるが、それから四十年たって周りの木が成長し、私たちの得た山頂は黒木に眼隠しされた静寂な小平地であった。そこに据えられた三角点の標石を、古沢〔肇〕君はやさしく掌で撫でた。その仕種は私たちの気持を代表していた。今日、五月三日、この快晴の祭日に、日本中の主な山の頂は山の好きな連中によって占められただろう。そして皇海山、君もまた例外ではなかった。私たち四人にだけ頂上の喜びを与えてくれた。

皇海山は、遠くから眺めた形から推して、昔は笄《こうがい》山と名づけられていた。そのコウガイが皇開と宛字《あてじ》され、それが皇海となり、皇はスメラとも読むから、皇海がスカイと呼ばれるようになったのだろう、というのが木暮理太郎説である。ともあれ、私は先に秘峰と呼んだが、優秀な山でありながらまだ多くの人に知られない点では、その名に値《あたい》しよう。

再び来る機会のありそうもないその山頂に三十分あまり休んでから、私たちは別れを告げた。一気に鞍部まで下り、例の雪の急傾斜をあえぎながら登って、鋸山の上まで戻った。そこからの帰途は、往路を取らずに、六林班峠の方へ向かった。稜線沿いのこの道はとっくに廃せられたとみえて、初めしばらく笹原の中に沢へ下る道があったが、それと別れると、ほとんど道らしいものはない。微かに踏跡とおぼしきものに出あうが、すぐ消えてしまう。トンビ岩と呼ぶ岩峰を越えるまでは、尾根が瘦せているので、藪と戦う困難はあったが、迷う心配はなかった。気を使わねばならないのは、尾根がだだっ広くなってからだった。私たちは「こちらだア」「そちらだア」と道を求めて呼び交わしながら、深い笹の中を漕いだり、林を抜けたり、雪の原を渡ったりして進んで行った。

地図の上では一キロ半くらいしかない距離を、二時間もかかって、ようやく六林班峠の上へ出たのは七時、もうあたりは薄暗くなりかけていた。この峠はもと上州側で伐採した材木を足尾銅山へ運び出すために使われたので、峠の上に鉄索運転所の毀《こわ》れた跡が残っていた。

峠から庚申山荘までは長かった。初めの間ずっと、歩きにくい雪道を辿って行く。道は山腹を縫うように続いている。すっかり暮れて暗くなった中で、幾つも枝沢を渡ったり、深い林の脇を通り抜けたりした。おくれたついでだ、私たちは急がずゆっくり歩いて行った。

山荘へ越える最後の登りにかかる手前の、昼間だったらさぞ気持の良さそうな所に思われる原で、私たちは長い休憩を取った。早朝からのアルバイトで、皆かなり疲れていた。山荘までもうあとわずかまで来た時、人の呼び声がした。庚申山へ遊びに来て山荘に泊まりあわせた五、六人の青年が、私たちを案じて迎えに来てくれたのだった。宿の玄関へ着いて時計を見ると十一時だった。随分かかったものだ。（略）

■一九六〇（昭和三十五）年（五十七歳）五月、日高信六郎、古沢肇、小野尚俊。足尾から車で銀山平に入り、庚申山荘に泊まった。

•木暮理太郎「東京から見える山」「皇海山紀行」は、『山の憶ひ出』に収録。なお、「山岳展望」（『山岳展望』）では「山岳展望熱がいっそう激しくなったのは（高等学校入学の数年後）ある時本郷の古本屋から古い『山岳』を買ってきて、図らず木暮理太郎氏の「東京より見ゆる山」を読んだ時であった。」と記されている。

•日高信六郎（一八九三〜一九七六）は外交官で、一九二一年からフランス大使館勤務、第二次大戦中はイタリア駐在大使。一高旅行部創立者で、二一年、モン・ブラン日本人初登頂。第九代日本山岳会会長。著書に『朝の山　残照の山』（六九年・二見書房）がある。

初出＝「わが愛する山々　皇海山」（「小説新潮」一九六〇年八月）。『わが愛する山々』に収録。

㊴**武尊山**（二一五八メートル）
志げ子夫人と二人で登ったのは一九五九（昭和三十四）年六月（『わが愛する山々』）。
ここではその翌月、登山ブームについて新聞に書いた文章を掲げる。

旧式登山者

私は少年のころから山登りを始めて、この年になるまで絶えることなく続けているが、登山業者ではないから、全国の山にくまなく登ったわけではない。それでも有名な山が百あるとすれば、八十は登っただろう。あとの二十は還暦までに登るつもりでいる。

還暦？　還暦などという言葉が出るほど、いつ私は年老いたのだろう。そんなものは遠い遠い先のことに思っていたのに。年齢の上でその線に近づいたことは、まあ仕様ないが、気持ではわが人生はこれから花やぐのだと思っている。赤い着物などだれが着てやるものか。青いチョッキをつけてこれからも大いに山へ登るつもりでいる。

山へ行く時は汽車はいつも三等で、発車一時間前から行列をし、乗ってからも、立ちん坊したり通路に新聞を敷いてすわったりすることもまれではない。あたりを見回すとほとんどが青年子女で、私は夜学で若い学生と机を並べた晩学者のような所感におそわれる。

私は文筆を業として山の文章を書いたりするから、時々山の名士に扱われて山へ招待されることもあるが、そんな特権階級的登山よりも、市井《しせい》無名の一登山者として群衆にまぎれこんで行った方が、はるかに楽しい。

山の遭難がふえて、その一原因として、夜行で行って疲れて登るからだと言われるが、前日山麓まで行って十分静養してから登るなんて、そんなゼイタクな暇がだれにあるものか。私などいつも夜行組である。寝不足の目をしてヨタヨタと山にかかる。たいてい出発間際まで原稿にせかされて、時にはそれをほっぽらかして山へ行ってしまう。山へ入ればこちらの天下だ。ここまで電話は追っかけて来ない。

登山に困難と冒険はつきもので、それがいやなら高尾山か筑波山へでも行っておればよい。困難と冒険を差し引いたら登山の魅力は半減する。いかにしてそれに打ち勝ち、いかにそれを避けるか。これが大きな楽しみである。むかし、今のようにやたらに指導標が立っていなかった時は、自分で道を判断して行く楽しみがあった。それで山登りのカンが養われた。

指導標ばかりアテにして、それに頼っておれば、いつの間にか頂上へ出るといった具合では、怠慢学生がトラの巻ばかりにすがっているようなもので、応用問題が出ると参ってしまう。逆説めくが、指導標万能は遭難の原因である。

私は旧式登山者であるから、日本の山登りにアルピニズムだのなんだのと勇ましい言葉を使うのは好きではない。このごろ学校山岳部では主将副将などと言ってるようだが、登山は柔道ではない。夏季は申しあわせたように涸沢合宿とくる。なんと芸のない話だ。

夏の涸沢は合宿のテントで充満するそうだが、あんな人混みの山へ行って、何がおもしろいのだろう。私はだれにも会わない静かな山へ行きたい。

先日、もう白髪の目立つ女房を連れて、上州の奥の武尊《ほたか》山へ行ってきた。この山は尾根が長く、私たちの体力では途中で日が暮れるにきまっていると覚悟して、簡単な野営の用意をして行った。果たして山の中で暗くなった。一晩ホトトギスを聞きながら山で寝るのは、楽しい気持であった。初めから終わりまで、ついぞ一人の登山者にも出会わなかった。

やはりわがメム・サーブを連れて、信州の奥の越後に近い雨飾《あまかざり》山へ登った時も、だれにも会わなかった。画家の山川勇一郎君も一緒で、小谷温泉で老人の案内を雇って、道のない沢を詰め、急なガレ場を登って、頂上に立った。絶好の日本晴れだったのに、どうして上野や新宿駅にひしめく登山者は、こんな結構な山を放ったらかして、谷川岳や八ヶ岳ばかりに群がるのだろう。

私は小説を書くのが本業で、よく人から、なぜ山の小説を書かないのかとたずねられる。私は山は登るだけで結構である。男女のカットウや殺人事件を山の上まで持って行く気はない。平地でたくさんだ。

登山ブームとか言われて、私のセガレは私のことを「ブームに乗る男」とひやかした。まことに心外である。しかし私のような旧式な非流行的な登山をしている者は、山へ入ってからブームらしいものに出あったことがない。山はいつも静かで、その荒らされない自然で私を迎えてくれる。

■「あの長い尾根を歩くには相当のアルバイトを要する気がして、何ごとでも取りつきにくい問題は後廻しにするように、今日まで延ばしていた」武尊山に登ったのは一九五九（昭和三十四）年（五十六歳）。志げ子夫人と二人、藤原から湯ノ小屋を経て登り、川場道の無人小屋で泊まり川場温泉に下った（「武尊山」『わが愛する山々』）。志げ子夫人が後に「上州武尊山を二人で歩いた時日が暮れて行者小屋に泊ることになった。家では何にもしない人がまめまめしく働いて夜中枯木で焚火をしてくれた。ほととぎすが一晩中ないた。」（「山に逝った夫　深田久彌のこころざし」「婦人公論」六六一号・一九七一年六月）と書くように、印象深い山旅だった。

• 一九五六年、神武景気に湧き、経済白書に「もはや『戦後』ではない」と書かれた年、日本隊がマナスルに登頂、登山ブームに拍車がかかる。人のいない静かな山への「避衆登山」を好んだ藤島敏男との二十年ぶりの山旅（「御座山」『わが愛する山々』）が、この文章が書かれた五九年の十月なので、お互いに共感するところがあったのであろう。

初出＝「朝日新聞」一九五九年七月十九日付。『山があるから』（一九六三年・文藝春秋新社）に収録。

㊵赤城山（一八二八メートル）

『日本百名山』では学生時代に何度か訪れたことが書かれている赤城山だが、紀行文はない。上州の山々の魅力を概説した文章を掲げる。

上州の山

上州の山で言えば、まず誰でも思い浮かべるのは、いわゆる上州三山の、赤城、榛名、妙義であろう。上野駅を出た我々の汽車が高崎を経て信州に入るまでに、この三山を我々は車窓の右左に送迎することが出来る。

赤城は眺めて美しい山だ。ゆったりと左右に張った線が伸び伸びと裾まで拡がって、見ていて気持の休まるような優しく和やかな姿をしている。榛名は赤城に比べると幾らか圧縮された形に見えるが、しかし裾まで引いた線はやはり美しい。赤城も榛名も見て美しいだけではなく、登ってさらにその優美さにおどろく山である。双方とも上に静かな明るい湖水があり、それを取り巻く峰々の影を映じている。登る山というよりむしろ逍遥《さまよ》う山である。気持のいい原があり、林があり、終日あそんで倦むことを知らない。妙義山は、高崎を過ぎて碓氷峠に近づくにつれて左に見えてくる。ある詩人が「茗荷《みようが》のようだ」と形容したが、確かにその奇峭《きしよう》な山容は旅客の眼を牽《ひ》かずにはおかない。内地では他に類のない山である。

以上の三つはいずれも独自の特徴を持った山であり、上州が名山として誇るのももっともだ。しかし我々が上州を山の国として羨むのは、むしろその国境に並んだ幾多の山々のためである。上州は山をもって隣の国と接している。信州、越後、会津、野州、――これらの国と境する山の間にこそ、我々は世に知られない勝れた風景を見出すことが出来る。

浅間山、と言えば人は直ちに信州の山にしてしまうが、その半分は上州のものである。天下の奇景鬼押出は、上州に向かって流れ落ちた熔岩の堆積である。その裾の六里ヶ原はどこか大陸めいた高原で、いかにも野性の溢れたさまが旅人には新鮮に感じられる。いったいに上信国境の、信州側は伝統に古びた懐かしさはあるが、風景の清新さは上州側に恵まれていると思う。それだけに人の近寄れぬ交通の不便はあるが。浅間からほど遠からぬ山ふところにある鹿沢《かざわ》の湯なども、地籍は上州だが、交通はもっぱら信州からしている。この鹿沢およびそこから一里ばかり下った新鹿沢、共にスキー地として有名なことは付け加えるまでもあるまい。

上信国境の山脈は、鹿沢の山から北に延びて名高い四阿《あずまや》山となり、さらに土鍋、御飯《おめし》、万座の諸山が立ち並んで草津白根山に及んでいる。この四阿から白根に至る間の山々は、ほとんど人から忘れられたように見向きもされなかったところだ。スキーが盛んになり、万座山の下の万座温泉にもスキーヤーが入るようになった今後は、これらの忘れられた山々も次第に興味を持たれてくるに違いない。

実際上信国境ほど人々に見忘られている所はない。例えば草津からさらに山深く入ったところにある野反《のぞり》池、およびそれを取り巻く白砂《しらす》山や八間山、——こういう秘境を知っているのは、わずかの山好きな人達ばかりである。

それに比べると上越国境の山々はこの数年とみに喧伝されてきた。これは全く上越線の開通による賜《たまもの》でそれまでは上越国境もやはり人跡稀な山岳地帯であった。上越沿線の諸温泉がにわかに繁昌しだし、この方面の山に登る人は年々に増してゆくようである。ことにスキー季節には押すな押すなの賑わいぶりである。

しかし上越国境も賑わうのは谷川岳を中心としたあたりだけで、利根川源頭の山々になるとやはり尋ねる人が少ない。このへんの山は有名な降雪多量の地だけあって、六月の頃にもなお白雪皚々《がいがい》とし、雪の溶けた合間にはナンキンコザクラなどの高山植物の咲き乱れる山上の楽園を形作るのだが、登る人の少ないのは惜しんであまりあるところだ。

上州と会津との境には尾瀬がある。今さら取りたてて言うには及ばぬほど尾瀬も人に知られてきた。尾瀬ヶ原は単に上州のみの誇りではなく、日本の誇りとすべき一風景だ。ここを貯水池に化してしまうなどという計画は、あまりにも自然を冒瀆した発案である。一べん尾瀬の風景に接した人は、かかる無謀には憤らざるを得ないに違いない。

両毛の国境には、鬼怒沼山、温泉岳、白根山、錫《すず》ヶ岳、皇海《すかい》山等がある。皆それぞれの特徴を持った山で、その仔細を述べるためには、その一つの山を取り上げただけでも、言うことがありすぎる。　（略）

■赤城山に登ったのは一九二六（大正十五）年（二十三歳）十月。「山好き学生」（『わが山山』）に「大学一年生つまり大正十五年四月以降の登山経歴をしらべてみても、大日山縦走（四月）、大菩薩峠より嵯峨塩へ（五月）、八ヶ岳（五月）、朝日連峰・大鳥池（七月）、有峰より立山（八月）、至仏山を越えて尾瀬へ（十月）、赤城行（十月）、飛騨白川郷（十一月）――」と書かれている。

・一高旅行部の先輩・藤島敏男が野反池（現在は湖）から八間山を訪れたのは一九二一（大正十）年、二七年に野反池、白砂山を武田久吉らと訪れた時の有名なエッセーが「山に忘れたパイプ」（「山と渓谷」三〇年七月）。「わずかな山好きな人達」と書いた時、これらの紀行が念頭にあったと考えられる。

・『日本百名山』に書かれた猪谷六合雄《いがやくにお》（一八九〇～一九八六）は、日本近代スキーの草分けで、赤城山の猪谷旅館に生まれ、一九二〇年ごろから雪を求めて家族で全国各地に移住。英才教育を施した長男・千春が一九五六年のコルティナ・ダンペッツォ・オリンピック回転競技で銀メダルを獲得した。著書に『定本　雪に生きる』（一九七一年・実業之日本社）などがある。志賀直哉は一九一五（大正四）年、猪谷六合雄に依頼して山小屋を立てた。「焚火」（二〇年）は当時のことが題材。

初出＝初出不詳（上越線全通は一九三一年九月なのでその数年後の執筆と考えられる）。『全集Ⅱ』に収録。

㊶草津白根山（二一六二メートル）

草津白根山は二回訪れたが、いずれもバス旅行で山岳紀行はない。『日本百名山』では一九五六（昭和三十一）年の印象を元に、安積艮斎『登白根山記』などを加筆している。

草津白根

（略）

どこの温泉場でも、その近くに名勝と称するものを持っている。もし無ければ無理にもデッチあげて、絵葉書に刷ったりするが、その点万座温泉の名勝ほど優秀なものは珍しかろう。それは宿から一時間ほどで、年寄り子供の散策にも向いた白根山である。

熊笹の下生《しもば》えを持ったツガの原生林の中の道を、頻《しき》鳴く小鳥の声を耳にしながら行くと、やがて林が展けて、広濶な高原に出る。すぐそこにあるのは弓池である。眼の前に白根山が立っている。標高二一六二メートル、山の高さから言っても遜色ないが、それにもまして誇っていいのは、そのユニークな景色である。噴火山だから山肌が灰白色に焼けただれて、一木一草も留めない態の裸山である。それが樹林に覆われた付近の山々と異様なコントラストを作り、こちらは広々として痴呆のように明るい。どこか日本離れのしたエキゾチックな趣がある。

遊覧客はザクザクした白い砂土を踏んで、火口壁の上の道を行く。元気があれば一周も可能である。火口底は湯釜と称して、白濁した碧色の水をたたえている。よほど美意識の鈍い人を除けば、この火口湖を始めて視界に入れた時、アッとおどろきの声をあげずにはおられないだろう。それくらい水の色は美しい。湖の片隅からは音を立てて噴煙が立ちのぼっている。影の無い明るさでありながら、何か神秘を含んだ風景である。

山の好きな人には、遊覧者向きの白根だけで満足せずに、本《もと》白根山へ足を伸ばすことをお勧めしよう。道は弓池のふちを経て、一本筋に林の中に通じている。一時間もかからず私たちは目的の地に着くことが出来る。本白根山の最高点は二一七六〔二一七一〕メートル、草津白根山より少し高い。頂上は這松《はいまつ》やコケモモなどの生い茂っている高山帯で、まず何よりここから見下ろした六里ヶ原の大観におどろく。せせこましい日本には得難い展望だ。眼の届く果てまで、大原野がさまざまの屈曲《くつきよく》をもって伸び拡がっている。そしてその向こうに、帝王のように浅間山が悠然とそびえている。

本白根山も乾いた火口を持っているが、それは古代ローマの円形劇場を思わせる。火口壁の内側に見物人が充満し、火口底の平地では猛獣の格闘が行われている。そんな光景を頭に描いても、少しも不似合いでないほど、それは理想的な自然の円形劇場であった。

万座からの帰途は、高原の風景を享楽しながら、草津コースを辿ってみようか。それとも芳《よし》ヶ平を通って渋峠を越え、志賀高原に出てみようか。私は前者を採った。六月でもまだ雪の残っていた谷を下ると、硫黄鉱山に出る。そこからドンドン下りて殺生《せっしょう》河原に出たが、草津の方から、もうその近くまで、大きな道路が建設中であった。数年後の今日、あの道路はどこまで進捗《しんちょく》したであろうか。

その道を辿って行くと、やがてスキー時季の繁盛を思わせるリフトが現れ、指導標が現れ、そしてスキーヤーにはお馴染みの天狗の大斜面に出ると、もうそこから温泉街まで一投足の労であった。

■一九五六（昭和三十一）年〔五十三歳〕は軽井沢から、五八年は須坂から万座へ。省略した前半部は須坂と軽井沢からのバスルートを解説。須坂―万座のバス路線（長野電鉄）は五三年開通。軽井沢、万座の開発を手がけていた堤康次郎の箱根土地（後の西武グループ）はそれに対抗して五五年、軽井沢―三原―万座のバス路線を開通させた。六〇年には長野電鉄が万座有料道路を開通させているが、この取材のために訪れたものと考えられる。

•「日本百名山」にある安積艮斎《あさかごんさい》（一七九一～一八六〇）は幕末の朱子学者でのちに昌平黌《しょうへいこう》教官。山水を好み、妙義の金洞山《こんどう》、那須岳、清澄山、鋸山、安達太良山、筑波山、草津白根山などに登り、紀行文を残した。草津白根山は息子文九の湯治で訪れ、病状回復の後、文九、門人、導者と登った。

初出＝「万座をめぐる雲表のバス」「旅」三十二巻十号・一九五八（昭和三十三）年十月。『山があるから』に収録。

㊷四阿山（二三三三メートル）

一九六一（昭和三十六）年、藤島敏男、山川勇一郎とのスキー山行。締具が切れたり、スキーを流したりと悪戦苦闘だが、気のおけない仲間とならではの楽しい山行だった。

四阿山

スキーは登山の用具であるという考えは、いつまでたっても器用な滑りかたの出来ない私に都合のいい弁解になってくれる。もう何十年も前私の学生時代にも、ゲレンデ・スキーと山スキーという言葉はあった。しかしそれはあくまでも山スキーが主で、ゲレンデ・スキーはその基礎練習をする予備手段にすぎなかった。

時勢は変わった。現今ではスキーはもっぱら滑るための用具となった。第一この頃売っている踵《かかと》の固定したスキーでは、山へ登れない。登る必要がないのだ。リフトやゴンドラがある。キルティングと称する上着がはやってきたのもそのためだろう。居ながら機械力で空中を運搬されるのだから、寒さよけのコートがいる。初めは、なんだフトンを着ている、とわらったものだが、今では普通となって、室内でも街でも横行している。

私は今日でも山スキー党をもって任じているから、登山を含まないようなスキーにはほとんど出かけたことがない。芋の子を洗うようなゲレンデの雑沓を離れ、シュプールの跡一つない所まで上って、初めて私のスキーは息を吹きかえすのである。

昨年（一九六一年）三月の半ば、信州菅平《すがだいら》へ行ったのも、目的は四阿山《あずまや》であった。菅平を訪れたことのある人は、正面にそびえた二つの山をおぼえているだろう。四阿山と根子岳《ねこ》。両方とも同じような高さにみえるが、四阿山の方が百五十メートルも高い。三角点は二三二二〔二三三三〕メートルだが、頂上はそれより十五メートル上〔二三五四メートル〕にある。上信国境では浅間につぐ高峰である。

日本武尊《やまとたけるのみこと》が東征からの帰り、鳥居峠の上に立って亡き弟橘姫《おとたちばなひめ》を偲び「吾妻《あづま》はや」と歎かれた。そこで峠の北にある山が吾妻山と名づけられた。その山から上州側に流れる川は吾妻川《あづま》であり、その流れに沿うのは吾妻郡《あがつま》であり、嬬恋《つまごい》という優しい名前を持った村もある。

しかし信州側では吾妻山ではなく四阿山と呼んでいる。山の形が四阿（四方の柱だけで壁がなく、四方葺《ふ》きおろし屋根の小屋。庭園などの休息所とする）に似ているから、その名が来たのだと伝えられる。四阿山は天保年代に出た『富士見十三州輿地全圖』にも出ているし、それよりもっと古く、頂上の祠に奉納してあった神鏡には文安三年（約五二〇年前）の銘記が残っているそうである。それほど昔から尊崇された山であった。細長い頂上の両端に、信州の方へ向いて立った信州祠と、上州へ向いた上州祠とがあり、前者には日本武尊、弟橘姫命、イザナミ命を祀り、後者には大己貴命《おおなむちのみこと》、須勢理姫命《すせりひめみこと》を祠る。祭神については異説もあるが省略する。当今の人たちにはそれが何の命であろうと同じことであろう。

そんなに古い由緒のある山にかかわらず、近頃はピッケルやザイルを持たなければ本格的な登山でないと心得る人が多くなって、四阿山などに誰もあまり見向きしなくなったようである。しかし私たちのように昔ワラジ脚絆《きやはん》で山登りをした老童にとっては、見逃せない山であった。当時私の学校の山の先輩、黒田正夫さんや藤島敏男さんや田辺和雄君など、みな大正時代に登っていた。いい山だと聞かされながら、私は登る機会を逸していた。

戦前菅平へはたびたびスキーに行き、根子岳へも登った。これはゲレンデの延長みたいなものだから大したことはない。四阿はそういうわけにはいかない。菅平から眺めても遥かに遠い。いったいスキーに行って、ついでに山へ登って来ようという心掛けでは、決して登れるものではない。最初からスキーは従にして、堅い決心を山におかねばならぬ。

その覚悟をして、まず私は友を誘った。山川勇一郎画伯、彼はスキーのヴェテランだが、登山も大好きである。自分の運転する自動車で菅平まで行こうという。それから藤島敏男先輩、この先輩は私より徹底した山スキー党で、リフトなんて汚らわしいものには乗らないという古武士である。先輩は四十年ぶりで曽遊の山を訪ねることを承諾した。

三月十八日早朝、画伯は愛用車を操縦して拙宅へ、ついで先輩の宅へ廻って、同行者を拾いあげた。車の上にはスキーを取りつける台までこしらえてある。東京を抜け出て、高崎あたりのドライヴ・インで朝食、それから坦々と舗装された長野街道を北へ走った。天気は極上、上田のちょっと手前神川《かん》を渡る所で車を留めた。谷の奥遙かに、白銀の四阿山が見えたからである。頂上がやや左に傾《かし》いだ屋根型をして、その右端に乳首のような丘が盛りあがっている。美しい気品のある形である。昔の人が神とあがめたのも無理はない。神川はこの山から流れ出ている。

上田で本街道を離れて鳥居峠へ通じる道へ入り、その途中から菅平の方へそれると、車にとっては途端に悪い道になった。先輩の言によると、これはもう道というものではなく、「細長い空地」だそうである。画伯が懇意にしている民宿の前に車を横づけにしたのは一時頃であった。私たちは自宅から宿まで一歩も費やさず到着したわけである。便利になったものである。戦前私が菅平へ訪れた時は、汽車、電車、バス、馬橇《ばそり》、と乗り継いでようやく辿《たど》りついたのに。

菅平も変わった。旅館が幾軒も新しく出来、近くの太郎坊スロープにはリフトが動いて、大勢のスキーヤーが群れている。変わらないのは正面に望む根子・四阿の真っ白な姿で、これなくして菅平は私にとって何物でもない。近頃はどこのスキー場でも民宿が大はやりで、農家を幾らか旅館風に改造して、旅館にあぶれた客を吸収するという仕組みである。この民宿が戦前から行われたのは、菅平が最初だったかもしれぬ。私たちの泊まった宿は、幼児をかかえた若い夫婦の経営で、「いざよい」という料亭のような名前は、民宿第十六号から由来したのだそうである。

三人はこたつでゆっくり休んでから外へ出た。人の少ない朝日スロープで小手だめしの一滑りをして戻る道、よく晴れた夕方で、雪の上に私たちの影が長く伸びていた。

ところが翌朝は、少し先が見えないくらい細かい雪が降っていた。晴れそうな見込みがない。一日中私たちは一歩も出なかった。スキーに来たのではない、山へ登りに来たのである。こたつを囲んでおしゃべりで過ごした。要談なるものは数分で片づくが、閑談には限りない時間が要る。

翌日起きた時も天気は思わしくなかったが、降ってはいなかったので、八時頃いざよいを出た。若主人は菅平きってのスキーの名手だそうだが、まだ雪の四阿山へ登ったことがないので、一緒に行きたいという。菅平へスキーに来ても四阿まで足を伸ばす人は、千人に一人あるかなしだという。

牧場を通り抜けて、大明神沢に沿うて登って行くうち、覆いかぶさっていた曇天が切れて、青空が見えてきた。もうスキー群衆から離れて私たちだけである。沢を渡って対岸の急な崖を登るのにちょっと手こずったが、それから先は広大な斜面になった。一九一七メートル三角点の中腹を捲《ま》くあたりで、すっかり雲の上に出て、すばらしい眺望が展けた。遠くには北アルプス、頸城《くびき》の山々、その他。近くには浅間から鹿沢の諸峰。それらの多くの山々を数えながら、弁当を食った。菅平は雲海の下にあった。

小四阿（二一〇〇メートルのコブ）の上へ出ると、四阿山西面の大岩壁が眼の前だった。その壁の中腹にカモシカをいざよい君が見つけた。

「あっ、上へ駈け上って行く」

先輩も、画伯も、カモシカを眼で追っているが、私にはとうとう分からず仕舞いであった。

いったん少し下って、それからの急な登りになる。登りに強い先輩がさっさと一人先に行ってしまう。画伯はシール無しだったのでおくれた。私はまん中で、喘《あえ》ぎながら登って行く。急坂の上へ出ると傾斜がゆるくなって、広い原が続いていた。それが長かった。ようやくその果てに乳首のような頂上が現れ、最後の一苦労をしてその上に立った。三時十五分だった。

頂上に上州祠があり、瘦《やせ》尾根を少し辿ると信州祠があった。そこに先輩といざよい君が待っていた。少しおくれて画伯もやって来た。上州祠も信州祠も石を積んで囲んであるが、半分は雪に埋もれていた。

その頂上から、土鍋山《どなべ》、御飯岳《おめし》などというキッチンじみた名前を持つ、上信国境の連嶺がよく見えた。根子岳はすぐ眼下である。

「根子なんて、あんなものは四阿の付録だよ」と先輩は相変わらず威勢がいい。

風が強く寒いので、あまり頂上にゆっくりしておられなかった。いざよい君は滑りだすや否やたちまち見えなくなった。私は一番ビリだったが、幾らも下らないうちに、これはしたり、片方のスキーの締具がプツリと切れた。私のスキーはイタヤの単板で、後尾は風呂場の板のようにケバだっている代物である。締具も一時代前のフィット・フェルトで、無精な持主がその革の手入れを怠った報いがいま来たのである。

私は持っていた針金で応急修繕をして滑りだすと、何たる不運ぞ、今度はもう一方のスキーが私の足を離れて、スルスルと勝手に走りだした。こちらの締具も切れたのである。幸いスキーは下のブッシュの窪《くぼ》みでその自由行動を止めてくれたが、私はまたも針金でくくらねばならなかった。

両スキーとも針金のあやふやな修繕では、いつまた報いが来るかもしれない。それを庇《かば》って、下手な私の滑降はいっそうのろくなった。曲がるなんてもっての他で、急斜面は斜滑降とキックターンの繰返しで下った。

帰りは小四阿の中腹を捲いた。その急峻な崖の中途に、先輩と画伯が私を待っていてくれた。相変わらず私はのろい。登りの疲れで両足は運動神経を失ってしまったようで、やたらに転ぶ。先輩は先に行った。私は画伯に付き添われて、遠慮なくたびたび休んで息を入れながら滑った。向こうの空は美しい夕焼けで、次第に暮れていく。もうどうにでもなれ、夜中までかかれば帰れるだろうといった気持である。

大明神沢を渡るところで、とっぷり日が暮れた。画伯は菅平の地形には詳しいが、この暗闇ではちょっと見当がつかないらしい。広い牧場の中を右往左往してやっと道へ出た。道ばたの茶店へ入って、ストーブのそばで熱いコーヒーを飲みながら、やれやれと一安堵した。もう九時を過ぎていた。

宿へ着くと、とっくに帰ったものと思っていた先輩が、靴もぬがずに玄関に腰をおろして、ビールの栓を抜こうとしているところだった。いま戻ったばかりだという。どうしてそんなにおくれた？　わけはこうである。先輩は大明神沢で私たちを待っていたが、暗くなっても来ないので、先に歩きだした。ところが牧場の途中で一休みした時、スキーの片方が主人を見棄てて流れてしまった。暗いから探しても見つからない。仕方なし股までもぐる雪の中を悪戦苦闘して、歩いて帰ってきたという。そう言えば、さっき茶店の前を一本のスキーをかかえて通りすぎる男を見かけたが、それが先輩であったのだ。

私たち三人は帰ったが、まだ帰らないのがいた。いざよい君である。彼は四十五分で家へ帰ったそうだが、暗くなってもお客が戻って来ないので、連れと二人で鉄砲を持って探しに出かけたという。

一時間ほどして彼等は戻ってきた。鉄砲を二発打ったそうだが、私たちにはそれは聞こえなかった。同じ時刻に、同じ牧場の中を三組が通り過ぎながら、お互いに行き会わなかったわけである。風呂に入り、おそい夕飯を食って、おもしろかったと減らず口を叩いて床についた。

翌日の午前、先輩はスキーの片っ方を探しに行った。流行ぎらいの先輩のスキーも桜か何かの単板で、わざわざ北海道から取り寄せたもの、締具はスイスで買った特別のフィット・フェルトであった。

画伯と私がゲレンデで滑っていると、先輩は得意然と戻ってきた。スキーが見つかったのである。終わりよければすべてよし、これで何もかもうまくいって、正午前、宿をしめて上田へ出るいざよい夫婦を乗せて、自動車は菅平を離れた。（略）

■一九六一（昭和三十六）年（五十八歳）三月。たびたび訪れた菅平だが、三五（昭和十）年二月には文壇スキー大会が行なわれた。鎌倉組は久米正雄、小林秀雄夫妻、今日出海、田河水泡夫妻（夫人は小林秀雄の妹）、袋一平、足立源一郎、深田久弥が参加した（「文壇スキー大会記事」「文藝春秋」三

十五年四月）。根子岳には四三年にA君と登った。（「菅平行」『をちこちの山』所収）
•黒田正夫（一八九七〜一九八一）は一高から帝大工学部冶金科卒。理化学研究所で金属材料を研究。一高旅行部OBで、妻・初子との夫婦登山で知られる。日本雪氷学会会長。
•「アルプ」は一九五八（昭和三十三）年、創文社から創刊された山の雑誌。串田孫一を代表に、山の文芸誌として他の山岳雑誌とは一線を画した独自の世界を築いた。創刊号の執筆者は曾宮一念（画）、尾崎喜八、藤木九三、黒田初子、石川欣一、内田耕作（写真）、加藤喜一郎、鳥見迅彦（詩）、朝比奈菊雄、白川義員、深田久弥、河田楨、岡田喜秋、山口耀久、串田孫一、高橋達郎。創刊に当たって串田孫一は深田久弥に相談し、創刊号への寄稿を依頼したという（山口耀久『アルプの時代』）。八三年二月、三〇〇号で終刊。深田久弥の寄稿は「四阿山」のほか、「神流川を遡って」（一号・五八年三月）、「ガンジャ・ラ越え」（八号・五八年十月）、「九重山に遊ぶ」（十五号・五九年五月）、「阿寒岳」（二十五号・六〇年三月）、「後方羊蹄山」（三十一号・六〇年九月）、「礼文岳」（三十六号・六一年二月）、「幌尻岳」（五十五号・六二年九月）、「塩見岳」（六十五号・六三年七月）、「大峰山」（七十六号・六四年六月）、「谷二つ」（九十一号・六五年九月）、「アララット登山」（百六号・六六年十二月）、「万葉登山」（百三十二号・六九年二月）、「弥彦山」（百三十七号・六九年七月）、「大千軒岳」（百四十九号・七〇年七月）、「私の山の文学」（百五十九号〈深田久弥遺稿増大号〉・七一年五月）。没後の追憶では、百五十九号に村尾金二「深田久弥さんを偲ぶ」、百七十五号（七二年九月）に望月達夫「深田さんとの山歩き」が掲載されている。志げ子夫人の寄稿は「私の小谷温泉」（百七十六号・七二年十月）、「八月の一切経山」（百八十六号・七三年八月）、「山恋の碑」（二百六号・七五年四月）、「飯豊山旅のこぼれ話」（二百二十二号・七六年八月）がある。
初出＝「四阿山」「アルプ」五十九号・一九六三（昭和三十八）年一月。『山があるから』に収録。

㊸浅間山（二五四二メートル）

一九三七（昭和十二）年、日中戦争が始まった夏、学生や文化人が集まる浅間山麓の避暑地のひと夏を描く。

信濃追分

碓氷《うすい》のトンネルは信州の関門だ。蒸されるような暑気にあてられながら関東平野を三時間、ようやく汽車が碓氷峠にかかると乗客はホッと一息ついて、にわかに窓に迫ってきた爽やかな巒気《らんき》に眼をゆだねる。

二十六のトンネルを抜けて軽井沢に着くと、いよいよ山の国へ来た、という感に打たれる。離山《はなれ》が大きく眼の前にそばだつ。その軽井沢から、沓掛《くつかけ》、追分《おいわけ》、御代田《みよた》、小諸《こもろ》までの間、ゆったり裾を引いた浅間山が絶えず乗客の眼を牽《ひ》きつける。悠然と煙を吐いて、それが幾つかの雲の切れになって、いつも頂の空に漂っている。

軽井沢から小諸までのこの五つの駅、浅間の南向きの斜面がなだらかな高原状をなして流れ落ちているその裾を点に綴《つづ》った五つの駅、今は信越線の停車場だが、昔は中仙道および北国街道の宿場で、その古い面影が今なおいたるところに残っている。

五つの駅の中では追分が一番高く、高原の気もここが一番濃厚だ。一昨年の夏から秋にかけて約二た月、僕はここの百姓家の二階を借りて過ごした。

八月始めのある日、お昼ごろ、追分の駅へ着いた。汽車をやり過ごしてから線路を跨《また》いで改札口の方へ行こうとすると、そこの焼棒杭の柵から、堀辰雄、三好達治、立原道造、芳賀檀の諸君が声をあげて迎えてくれた。駅の前はもう物寂しい田舎の風景で、直ぐ眼の前に浅間山が大きい。駅を出て直ぐ左手の道を約一キロ、白樺の混じった落葉松の林の中を抜けると、中仙道の往還に出る。その往還に沿って直ぐ追分の村がある。芳賀君運転するところのロードスターに乗せて貰って、予約してあった宿に着いた。

二階の四間を借りた、と言うとさも豪勢に聞こえるが、天井の低い、襖《ふすま》と柱が二寸も隙《す》くという煤《すす》けた部屋で、まず使えるのは奥の八畳くらい、――追分の主の堀君の話によると、昔はお女郎屋だったそうだ。今でも「すみや」という名で通っている。もっともその後追分の昔話をいろいろ聞くと、この宿《しゅく》は軒なみ旅籠屋だったそうで、そこに飯盛女の名で幾人もの女が抱えられていたそうな。街道の裏側の雑木林の中には、半ば毀《こわ》れたような墓が並んでいて、その中に「××尼、享保何年何月何日」と彫った遊女の墓が立っているのも、哀れであった。

奥の八畳に病身の妻が床を敷き、僕はその前の、往来に面した六畳の窓ぎわに借りた机を据えた。庇《ひさし》が低いので採光は悪かったが、この窓から山の見えるのは楽しみだった。浅間の頂は真向こうの森に隠されていたが、その左のピラミダルな剣《けん》ヶ峰が晴れた日は鮮やかに見えた。奥の八畳からは、窓を明け放すと、湯川の低地を距《へだ》てて八風山《はっぷう》から平尾富士《ひらおふじ》に連なる青々とした山なみが眺められ、少し首を出して右手を見ると、スックと高い八ヶ岳連峰の濃藍色が望まれた。山の好きな僕には山の見えることが何よりの御馳走だ。

朝早く起きて、宿の裏手の冷たい綺麗な泉へ顔を洗いに行く。歯ブラシをくわえながら一とき山を眺める。今日は山が遠いか近いかで、その日の天気がわかった。それで一日の予定をたてて、勉強したり遊んだりした。そして夕方になると一軒おいて右隣の油屋へ湯に入りに行く。

追分と言えば油屋、というほど有名なこの宿屋は、昔の脇本陣で、表構えから家の中の作りまで、宿場時代華やかなりし頃の古い面影がそっくり残っていた。軽井沢へんからわざわざこの家を見にくる人もあった。お殿様の部屋とかお小姓の間とかがあり、厨房から二階へ上る幅の広い大きな階段などは、人の上り下りで擦り減っていたりして、いかにも昔の栄えたさまが偲ばれた(惜しいことに、この油屋はその年の秋焼けてしまった)。

油屋は常連の避暑客でたくさんの室が一つ余さず占められていた。客は学生が主で、追分チームを作り、軽井沢の野球大会に出場して優勝旗を取ってきたりした。油屋以外の百姓家も部屋を貸し、平常はうら寂れたこの寒村に、避暑地らしい空気が生き生きと溢れていた。夕方など軽快な服装をした青年男女が打ち連れて、食後の散歩に僕の宿の前を通って行った。近くの落葉松の林を切り開いて、東京女子大学の寄宿舎が建って間もなくだった。これから追分も次第に開けるだろうから、今のうちに地所を買っておきなさいと、下の主人が一坪五十銭の地面を僕に勧めたりした。

追分の避暑客の草分けとも言うべき田部重治さんは、よく松林の中の別荘から油屋の帳場へやって来られて、追分開発の近代史を一くさり述べられた。一眼見たら忘れられぬ風貌の兼常清佐氏が、御家族を率いて散歩して居られる姿も、しばしばお見かけした。

僕の宿の真向かいは、昔本陣だった家、当時の家作りはとっくに焼けてしまったそうだが、明治天皇御巡幸の際、行在所《あんざいしょ》になった御部屋が史蹟に指定されて残っていた。またこの家には追分の古い文献がたくさん残っていて、ある晩堀君などと一緒に見せて貰いに行ったこともあった。ちょうど藤懸静也先生もお見えになって、いろいろお話を伺った。昔の追分の地図や当時の戸籍簿、あるいは大名が通過の際の献立なども残っていた。藤村の『夜明け前』のような小説が、ここにも出来るかもしれない。

その本陣を常宿として居られる尾崎喜八さんが、北アルプスの登山の帰り、黒田米子さんと打ち連れてやって来られたのは、もう夏も盛りを過ぎてからであった。黒田さんは女子大の先輩だから、そのお招きで男子禁制の寄宿舎を見せて貰ったりした。

ちょうど日支事変が始まったばかりの夏で、寄るとその話が出た。このへんの村からもたくさん応召して行った。赤襷《あかだすき》をかけた出征兵が馬に乗り、大勢の村人に囲まれながら村道を行く光景にも出あった。歩兵予備少尉の軍籍にある僕は、病気になった妻を抱えて、何か慌ただしい気持であった。（略）

一年を通じて油屋で暮らしていた堀君は追分のことには委《くわ》しく、その案内で方々近くの所を散歩した。軽井沢へはよく一緒に出かけて行った。追分から沓掛《くつかけ》まで、沓掛から軽井沢まで、とバスを乗り継いで行く。その途中に、借宿《かりやど》、古宿《ふるじゅく》などという古びた部落があって、昔の街道の名残らしい趣があるが、夏の間は、都会の避暑客のために何となく明るい近代色が漂っていた。

芳賀檀君と二人で軽井沢の奥の小瀬《こせ》温泉へ行ってみたこともあった。思ったよりは貧相な所で、その近くの滝を見て帰ってきた。軽井沢に避暑中の川端康成さんや片岡鉄兵さんに誘われて、自動車で大勢賑やかに、塩野村の浅間山別当真楽寺を訪ねたこともあった。境内に三重塔があって、その傍の、底まで透き通る綺麗な水の池には、菱の花が一面に白く咲いていていた。（略）

■一九三七（昭和十二）年（三十四歳）八〜九月。妻の八穂と滞在した。八穂はカリエスの病勢が重い時期で、堀辰雄の世話になった様子が『透った人人』（一九七五年・出帆社）に記されている。

•省略した後半では「夏じゅう仰いでいた浅間山にはとうとう一度も登らずにしまった」と、血ノ池、鬼押出、小浅間山を訪れたことを記し、夏は終わりを告げる。なお、浅間山には一九二二（大正十一）年、一高柔道部の合宿の際に初めて登った（「一高時代の山の思い出」『全集Ｖ』所収）。

•堀辰雄は三十二歳、油屋で『かげろふの日記』を執筆中。追分は一九四一年の『菜穂子』の舞台で、立原道造が登場人物に投影されている。三好達治は三十七歳、詩人田中克己と堀を訪ねた。立原道造は二十二歳、二年後の一九三九年に中原中也賞を受けるが同年病没。追分に詩碑が残る。「咲いてゐるのは　みやこぐさ　と／指に摘んで　光にすかして教へてくれた――／右は越後へ行く北の道／左は木曾へ行く中仙道／私たちはきれいな雨あがりの夕方に　ぼんやり空を眺めて佇んでゐた／さうして　夕やけを脊にしてまつすぐと行けば　私のみすぼらしい故里の町／馬頭観世音の叢に　私たちは生れてはじめて言葉をなくして立つてゐた」。芳賀檀《まゆみ》（一九〇三〜九一）は独文学者で当時三高教授。

•田部重治は五十三歳、当時法政大学教授。一九二一（大正十）年、油屋に滞在して以来追分を好み、二九年に別荘を建て、戦中戦後は疎開生活を送った。追分についての著作は「浅間の裾野」（『山と渓谷』）、『高原のあけくれ』、「信州追分」（「アルプ」百二十九号）などがある。兼常清佐（一八八五〜一九七七）は音楽評論家。藤懸静也（一八八一〜一九五八）は美術史学者で当時帝大教授。

•尾崎喜八は当時四十五歳。三十代で河田楨《みき》と知り合い、霧の旅会に参加し自然と山に傾倒する。三三年『旅と滞在』、三五年『山の繪本』、三七年Ｅ・ジャヴェル『一登山家の思い出』翻訳。黒田（村井）米子は三十五歳。女性登山家の草分で、当時ＮＨＫディレクター。著書に『山の明け暮れ』など。

•川端康成は四十八歳。三七年『雪国』で文芸懇話会賞を受賞し、賞金で軽井沢に別荘を購入。片岡鉄兵（一八九四〜一九四四）は新感覚派からプロレタリア作家。三二年転向後は大衆小説を書いた。

初出＝『山の幸』（一九四〇年・青木書店）。

㊹筑波山（八七六メートル）

「日本百名山」連載の最終回（一九六三年四月）に富士山とともに取り上げられた筑波山は紀行文が見当たらないが、万葉集の山としてたびたびテーマにしている。

万葉集の山の歌

わが国の近代登山の流行は、多くは西洋のアルピニズムの思想に由来していると見ていい。信仰の登山は古くからあったが、登山のための登山は近年に起こったものである。西洋でも登山趣味が大いに流行しだしたのは十八世紀の終わり頃からであって、それまでは山岳に対して彼等は恐怖と敵意をのみ抱いていたと言われる。山は彼等に死と破滅との脅威を感じさせていたのだ。中世の基督《キリスト》教は山を悪魔の住処《すみか》とさえ考えていた。西洋の山岳の多くが、岩と氷で鎧《よろ》われた、峨々《がが》として近づき難い山容を持っていたからであろう。したがって山岳を対象として歌った西洋の詩歌は多く十九世紀以後に出た。

『分類萬葉集』の山野の項を見ると、山に関する歌が約二百足らずある。それによってわが国の古代人が早くから山に親しみを抱いたという結論が出そうであるが、しかしその多くは名もない低い山であって、近代の登山家を満足させるような山はやはり出て来ないのである。希臘羅馬《ギリシャローマ》の詩人が山岳を忌避し、都会生活が彼等のすべての興味を吸収していたように、わが万葉歌人も自然に対しての執心よりもむしろ人間生活に愛着していたと見る方が至当であろう。万葉集に出てくる山は、富士山でも筑波山でも耳無山でも天《あま》の香具《かぐ》山でも、いずれも皆和やかな線を引いた温雅な山であって、険しい山容を持った高山はわが国の古代人もやはり避けていたのである。

万葉集の中に詠まれている高山と言えば、万人尊崇の富士山と越中の立《たて》山の歌が数首あるきりである。交通の不便なため手軽に旅行出来なかったせいもあろうが、やはり高山は彼等の興味を牽《ひ》かなかったのであった。例えば当時北陸を通り過ぎて、あの秀麗な白山が眼につかぬはずはなかったろうが、白山を詠んだ歌は一つもない。東へ下る道すがら御嶽《おんたけ》や乗鞍岳の偉容が彼等の瞳に映じたにもかかわらず、これらの山の歌もないのである。当時はゆっくりした徒歩旅行であったから、一しお高山をふりさけ見る暇もあったろうに、彼等の興味はもっぱら人間的なことに牽かれたものと見える。だから万葉歌人の山の歌といえば、多くはわが背子《せこ》が越えゆく山であり、吾妹子《あぎもこ》のあたりを偲《しの》ぶ山であった。それは山というよりはむしろ平地の一部とも見るべき丘であった。山らしい山は前述の富士山と立山だけである。（略）

ともあれ高橋虫麿は万葉時代には珍しく山に興味を持った歌人であった。彼の歌は全部で三十六首あるうち、十五首までが山にかかわりのある歌である。

巻第八に「惜不登筑波山歌」が一首ある。

筑波根に吾が行けりせば霍公鳥《ほととぎす》

山彦響《とよ》め鳴かましやそれ

彼は筑波山に登らなかったことがいかにも残念であったらしい。いつか登ろう登ろうと心がけてついにその望みを果たした歌が巻第九に出ている。

登筑波山歌一首並短歌

草枕　旅の憂を　慰《なぐさ》もる　事もあるかと　筑波嶺に　登りて見れば　尾花散る　師付《しづく》の田井に　鴈《かり》がねも　寒く来鳴きぬ　新治《にひはり》の　鳥羽の淡海《あふみ》も　秋風に　白浪立ちぬ　筑波嶺の　よけくを見れば　長き日《け》に　念ひ積みこし　憂は息《や》みぬ

反歌

筑波嶺の裾廻《すそみ》の田井に秋田刈る

妹がり遣らむ黄葉《もみぢ》手折《たを》らな

虫麿は藤原朝臣《あそん》宇合の属官として関東に来ていたのであったが、遠く都を離れていて、その憂欝を慰めようと念願の筑波山に登り、その見事な展望に憂さも散じたというのはなかなか近代的で、我々現代の登山家の心持にも相通じるものがある。この歌は秋登った時の作であるが、彼はこの時以外にも幾度か筑波山に登ったらしく思われる。検税使大伴《おおとも》卿のお伴をして、夏草の茂っている暑い頃、汗を流して登ったこともあった。その時作った歌も巻第九に出ている。

関東から帰ってからも、彼の登山熱は盛んであったと見えて、天平四年（土屋文明氏編、万葉集年表に拠る）の「春三月諸卿大夫等下難波時歌二首並短歌」の一首をここに引用してみると、

白雲の　立田の山を　夕暮に　うち越え行けば　滝の上の　桜の花は　咲きたるは　散り過ぎにけり　含《ふふ》めるは　咲き継ぎぬべし　こちごちの　花の盛にあらずとも　君の御幸《みゆき》は　今にしあるべし

反歌

暇あらばなづさひ渡り向つ峰《を》の
　桜の花も折らましものを

暇があったら向かいの峰にも登ってみたいというのは、時間に乏しい現代の実業登山群の歎きにも相通じるものがあろう。

かくの如く、高橋虫麿は万葉時代には珍しく登山の趣味を解した歌人であった。彼が富士山を歌ったのも偶然ではない。

もっとも山部赤人にしても富士に感動したくらいだから、やはり山の好きな一人であったろう。彼の作歌五十首のうち山にかかわりのある歌が十八首を占めている。彼は山と海との歌人であった。

春の野に菫つみにと来し我ぞ
　野をなつかしみ一夜寝にける

これは山の歌とは言えないが、しかし我々登山家の心情を歌っている。もし彼が現代に生まれたら高山植物を尋ねて山中に野営するのを楽しみとしたであろう。

万葉集には登山そのものを詠んだ歌ははなはだ少ない。前記の高橋虫麿とその他にもう一人丹比国人《たじひのくにひと》が居るくらいである。丹比国人の歌もやはり筑波山に登った歌であって、

鶏《とり》が鳴く　東《あづま》の国に　高山は　多《さは》にあれども　二神《ふたがみ》の　貴き山の　並《な》み立ちの　見が欲し山と　神代より　人の言ひつぎ　国見する　筑波の山を　冬ごもり　時じき時と　見ずて行かば　まして恋ひしみ　雪消《ゆきげ》する　山道すらを　なづみぞ吾が来し

反歌

筑波嶺を外《よそ》のみ見つつ有りかねて
　雪解《げ》の道をなづみ来《け》るかも（巻第三）

国人《くにひと》の筑波登山はまだ雪の残っている時期であった。彼はただ筑波山をよそ事にのみ見ては済まされず、雪のあるのにも構わず我慢し切れなくて登って行ったのである。こういう切な山恋いの情が一部のいにしえの人の心の中にも存したのであった。

以上の歌人がまずわが国の最初のアルピニストであった。おそらくもっと交通の便がよかったら、彼等は進んでもっと方々の山に登攀したかもしれない。

万葉集の中で富士山についでの唯一の高山は北アルプスの立山である。「立山賦一首並短歌」と「敬和立山賦一首並二絶」と二つあって、前者は大伴家持《やかもち》の作、後者は家持の「立山賦」に和した大伴池主の作である。ここには家持の歌だけを書き抜いてみよう。

天離《あまざか》る　鄙《ひな》に名懸《か》かす　越の中　国内《くぬち》ことごと　山はしも　繁《しじ》にあれども　川はしも
多《さは》に逝けども　皇神《すめかみ》の　主宰《うしは》き坐《いま》す　新河《にひかは》の　その立山《たちやま》に　常夏に　雪降り敷きて
帯ばせる　可多加比《かたかひ》河の　清き瀬に　朝夕《あさよひ》ごとに　立つ霧の　思ひ過ぎめや　在り通

ひ　いや毎年《としのは》に　外《よそ》のみも　ふり放《さ》け見つつ　万代の　語らひ草と　未だ見ぬ　人にも告げむ　音のみも　名のみも聞きて　羨《とも》しぶるがね

反歌

立山《たちやま》に降り置ける雪を常夏に
見れども飽かず神からならし（巻第十七）

大伴家持は天平十九年越中守として赴任してきた。この歌を作ったのは四月二十七日（陽暦六月十三日）とあるから、立山連峰はまだ残雪に輝いていたであろう。立山《たちやま》は太刀山であってすなわち今の剣岳《つるぎ》という説もあるが、しかし越中の平野から望んだ家持には、剣も別山も大汝も雄山も区別なく、ただ漠然と立山連峰を歌ったものであろう。実際越中の片貝川《かたかい》のほとりに住んで朝夕立山の雄姿を仰いで居たならば、多感の詩人はこれを歌わずには居られまい。家持が立山の歌を遺したのも当然のことであろう。

万葉集の歌の中での高山は、この立山と富士山だけであるが、巻第十八の東歌の中にはそれより低いが幾つかの山の名が出てくる。もっともこれは山そのものを詠んだというよりも、山にかこつけて想いを舒《の》べたものが多いが。

富士山と立山についで高いのは岩代の安達太良《あだたら》山（一七〇〇メートル）である。

安太多良《あだたら》の嶺《ね》に伏す鹿猪《しし》のありつつも
　吾は到らむ寝処《ねど》な去りそね
みちのくの安太多良真弓弾《はじ》き置きて
　撥《せ》らしめきなば弦著《つらは》かめやも

阿達太良山は磐梯山の北側吾妻連山の一つであって、最近はスキー登山を試みる人が多い。しかし果たして今の安達太良山かどうか疑問であって、単に漠然と吾妻連山を指したものかもしれない。

その次に高いのは榛名山（最高峰相馬山は一四一一メートル）であって、これは「伊香保ろ」という名によって幾首も出てくる。

伊香保ろの傍《そひ》の榛原《はりはら》我が衣《きぬ》に
　著《つ》き宜《よら》しもよ純栲《ひたへ》と思へば
上毛野《かみづけの》伊香保の沼に殖子水葱《うゑこなぎ》
　かく恋ひむとや種求めけむ

伊香保の沼というのは榛名湖のことであろう。「伊香保ろ」のほかに「伊香保嶺《ね》」「伊香保のねろ」などともある。「ろ」は接尾語である。次に高いのは子持山（一二九六メートル）で、

児毛知《こもち》山若鶏冠木《わかかへるで》のもみづまで
宿《ね》もと吾《わ》は思《も》ふ汝《な》は何《あ》どか思ふ

子持山は高崎あたりから眺めると、赤城と榛名の中間にそびえている山である。しかしこの児毛知山も今の群馬の子持山かどうかは断言出来ない。

大体名前のはっきりしているもので千メートル以上の山はこれくらいのもので、あとは「碓氷《うすい》の山」や「足柄の箱根の嶺《ね》ろ」で、それがどの峰を指すにせよ、たいてい千メートル前後の山である。

東歌の中にも数多く出て来る筑波山は八七六メートルで、

筑波嶺に背向《そがひ》に見ゆる葦穂《あしほ》山
悪しかる咎《とが》も実《さね》見えなくに

の葦穂山は今の足尾山であって六二八メートルである。この足尾山も略解には「下野国

にて二荒山の山つゞき也」と今の足尾銅山のことにしてあるのはもちろん誤りであって、筑波山の北につづく同名の山のことである。

これより低くなるともう山岳とは言い難く、天の香久山や耳無山、畝火山などは丘陵と見るべきであろう。しかしこういう低い山を歌ったものの中に、なかなかすぐれた山の気分を現したものが多い。今気づいたままその例を二、三あげて、この稿を終わることにしよう。

御食《みけ》向ふ南淵《みなぶち》山の巌《いはほ》には
　落《ふ》れるはだれか消え残りたる

これは初冬の頃よく見かける新雪の山を思い出させる。

秋山に落つる黄葉《もみちば》しましくは
　な散り乱れそ妹《いも》があたり見む

山中の林道など歩いていると、生い茂った濶葉樹の葉がサッと散ってきて、少し前を歩いてゆく人の姿さえ見えなくなることがある。そういう景色をたくみに摑《つか》んである。

山高み夕日隠りぬ浅茅原《あさじはら》
後見むために標結《しめゆ》はましを

夕方高原などを歩き疲れた時の情景がこの歌を口ずさんでいると僕の念頭に浮かんでくるのである。

■万葉集について書かれた文章は、「万葉登山」(「アルプ」百三十二号・六九年二月)、「万葉の二上山」(「太陽」七巻七号・六九年)、「弥彦山　万葉登山2」(「アルプ」百三十七号・六九年七月)がある。

・『日本百名山』で「付加的条件」の千五百メートルに満たない山は筑波山と開聞岳の二山だが、選んだ理由は、「選定基準」の「品格」「歴史」「個性」ということになる。この中で「品格」については「人格ならぬ山格のある山でなければならない」と記している。この「山格」という言葉は、福田宏年が「私が学んだ旧制松山高校に北川淳一郎先生という名物教授がいた。北川先生は登山家で、山岳部長もなさっていたが、教室でよく、『人間に人格があるように山にも山格がある』と話していられた。このことを何かの折に深田さんに話したのが、深田さんの山岳哲学形成のヒントになったのではないかと思う。」(『全集』Ⅶ付録月報9「深田久彌氏の思い出」)と書いている。

初出＝「短歌研究」一九三六年七月。『山岳展望』(一九三七年・三省堂)に収録。『山岳展望』は『わが山山』に次ぐ二冊目の山の本。三七年は六〜八月に朝日新聞夕刊に「鎌倉夫人」を連載し、十月に改造社から刊行した。

㊺**白馬岳**（二九三三メートル）

一高旅行部時代に初めて登って以来、たびたび訪れた白馬岳。三月に栂池から登った時には、雪崩を経験したり、雪盲になったりした。

雪　盲　（「雪崩と雪盲」より）

三月も半ばを過ぎて春らしい風がソヨソヨ吹き始めると、多くの人々はもうスキーなどに見向きもしなくなる。冬中あんなに騒いでいた癖にケロリと忘れてしまって、スキーも靴も雪解けの泥をくっつけたまま物置にうっちゃられる。停車場のポスターも花見案内に変わる。各地の積雪量の放送もなくなる。

人々はスキーのことを忘れてしまう。しかしこれからである、僕等が待って居た時期は。大勢の行くゲレンデはもう駄目でも、山へ入りこめばまだ雪はドッサリある。日は永い。陽気ものどかだ。それに、厳冬は行きつくまでが大仕事だった麓まで、今は楽々と車を乗り入れることが出来る。冬の間あきらめていた不便な山々へ、今こそが容易《たやす》く登ることが出来るのだ。

三月、四月、所によっては五月の末ころまで、僕等山好きにとってはスキーの活躍時期なのである。麓の村では、消えかけた雪のあい間に小川が素ばしっこく流れ、青草が芽を出しかけている早春の風景だが、山の上はまだ一面の銀世界である。あたたかくはなったが、まだ雪も降る。時によっては粉雪に恵まれることさえ稀ではない。

だがいったん晴れたとなると、この頃ほど山の素晴らしいことはない。僕等は全身に強い光を浴びて、思う存分山とスキーを享楽する。陽が明るい上に雪の反射が強いので、一日で顔が真っ黒になり、唇が荒れる。朝宿を出ていよいよ山に差しかかると、僕等はそれぞれ日焼け止めのクリームを顔にベタベタ塗りつける。そしてそのチンドン屋みたいな顔を見合って「塗るは一時の恥、塗らぬは末代の恥」などと笑い興じる。

冬の間はどんなに晴れた日でも、さすがに日光は弱い。僕は自分の眼に自信を持っているので、冬はほとんど雪眼鏡をかけたことがない。それで平気であった。しかし春になるとそうはいかない。なにこれしき、とたかをくくって、つい雪盲にやられてひどい目にあったのも、三月末の前記の栂池《つがいけ》へスキーに行った時のことであった。

僕等は、春季皇霊祭と日曜日とを橋渡しして、四、五日間の私物《しぶつ》の休暇を作って、栂池へ出かけたのであった。着いた翌々日、僕等は目的の白馬山頂を極めるべく、早朝暗いうちに用意をしてヒュッテを出発した。小屋から直ぐ急坂を登って、広々とした気持のいい天狗《てんぐ》原に出た頃には、すっかり明るくなって、ここから見る五竜《ごりゅう》・鹿島槍の薔薇《ばら》色に映えているのは美しかった。一行はそこで一休みして例の「塗るは一時の恥、塗らぬは末代の恥」をやり、雪眼鏡を取り出してかけた。

快晴ではなかった。快晴なら早春の強い陽を警戒して僕も早速雪眼鏡をかけたろう。終日自分の影が雪の上に薄く落ちている程度の晴れだった。日差しは弱いとみて僕は油断をしたのだ。薄曇りではあったが、実に遠望の利く天気だった。北・南アルプスは言うに及ばず、浅間も霧ヶ峰も志賀高原の横手山や岩菅山も実によく見えた。富士山まで終始見えていた。つまり非常に高い所に薄い雲が一面に布《し》いていたのであろう。眼に自信のあった僕は、眩《まぶ》しくないというくらいのことで、眼鏡をかけなかったのが大失策だったのだ。

天狗原から一頑張りジグザグに急登を稼ぐと、乗鞍のだだっ広い吹き曝《さら》された上に出る。ここのある岩蔭でスキーをアイゼンにかえて、いよいよ白馬の尾根を頂上まで辿ってゆくことになる。

時々越中側からひどい突風が雪煙を捲き上げて僕等の頬を襲ってくることもあったが、大体としてはおだやかな日だった。僕等は展望をたのしみながら尾根筋の峰頭《みねがしら》を幾つか越え、難なく白馬岳の頂上を踏んだ。この頂に立つのはこれで四度目だが、積雪期に登ったのは始めてだ。吹き払われて頂上は地肌の岩が現れているくらい雪は薄かった。東側の断崖を覗《のぞ》くとものすごい。何十丈もある氷の殿堂、いや氷の地獄という感じだ。僕等は代わる代わる腹匐《はらば》いになっておそるおそるその地獄をのぞいた。

同じ道を引返す帰りはのんきだった。時々腰をおろしては休んだ。静かな日になった。もう展望にも見倦《みあ》き、しゃべることにも少し疲れて、ボンヤリ下の谷を見下ろしていると、コトリと音もしない静けさだった。のどかながら何か身に沁《し》むような寂しさもあった。スキー・デポまで引返してスキーを穿《は》くと、もう残るは滑ることだけだ。スキー猛者揃いのあとを追って遅ればせながらヒュッテの前まで滑り着くと、もう皆は祝盃のビールの栓を抜いて待っていた。

その夜である。眼が少しずつ痛くなってきた。たぶん小屋の焚火が眼に沁みるのだと思っていたが、ランプを見ると灯のまわりに黄いろい暈《かさ》がかかっている。やられたかナと思う間にも、痛みは次第に増してくる。それでも明日の朝になれば直るだろうくらいのつもりで寝た。

翌日になったが痛みは依然として去らないどころか、だんだん烈しくなってきた。いよいよ今日は里へ下る日だ。昼飯をたべてヒュッテを出る頃吹雪になってきた。少し離れると前の人を見失うくらいひどい吹雪だ。その中を痛い眼を見張って滑って行くのはこたえた。あまり痛さがきびしいので立ち留まって眼を休めようと瞳をつぶると、その次に開く時の辛さったらない。歯を食いしばって痛い眼をあけて、また皆のあとを追う。

森上《もりうえ》の駅に着いて汽車の座席に収まると、もう眼を使わなくてもいいとホッとしたせいか、テコでも開けられぬくらいピッタリと閉じてしまった。と同時に、今まで酷使されてきた病眼が猛然と痛さを訴え出した。雪をハンカチに包んで眼蓋《まぶた》にあてているが、そんなことでは及ばない。キリキリと眼の底を錐《きり》で揉《も》まれるようで、このまま眼が潰《つぶ》れてしまうのではないかと思った。どこかの小駅で汽車が留まると、出征軍人を見送るらしい万歳とブカブカドンドンの楽隊の音が聞こえる。そんなものの好きな僕は、見たくて堪らないのだが、薄眼《うすめ》をあけることとさえ出来ない。乗換えなどで止むを得ず眼を開けなければならない時には、渾身《こんしん》の勇気をふるってコジあけるといいたいくらいだった。

松本に着いて、Sさんと I 君と僕とは志賀高原へ廻る約束がしてあるので、皆と別れて長野行の汽車を待った。その間にSさんは駅前の店から硼酸《ほうさん》やガーゼや小さな金盥《だらい》など買って来て下さった。それで眼を冷やしながら、その夜は上林温泉まで行って泊まった。

翌日は幾らか良くなってきた。でも新聞など読めるのは大見出しだけで、小さな活字は二重にボケて見える。無理に読み取ろうとすると眼が痛んだ。

眼が潰れるかとさえ思った雪盲は、その痛さがおどかすほど大したことはなかった。その日の午後、新しく加わった友達と一緒に沓打《くつうち》茶屋まで、降る雪の中をスキーで行ったくらいだから。

■一九三五（昭和十）年（三十二歳）三月、友人らとの山行。

・省略した前半の「雪崩」では、白馬乗鞍岳の斜面で昼食中、仲間が上部で雪崩を起こしたが、二十メートルほど上で止まった。夢中で逃げたさまを見ていた長谷川伝次郎一行から笑われたという。

・白馬岳に初めて登ったのは、一九二三（大正十二）年七月、一高旅行部で大雪渓から（「白馬岳の思い出」「山と渓谷」五八年九月／『全集Ⅳ』所収）。三四年六月には映画のロケハンで大雪渓から登り、白馬大池を経て栂池へ下った（「白馬行」『わが山山』所収）。「日本百名山」連載では五九年十一月掲載だが、前年の五八年九月、「四ツ谷で下りると、ちょうど駅前に猿倉行のバスが発車しようとしていたので、ついそれに乗って」一人白馬山荘まで登った。翌日は小雨で大雪渓を引き返した。

・文壇デビュー当時から山好きで知られたが、この頃には、山から帰ると新聞から紀行文を依頼されたり、映画のロケハンの案内を頼まれたりということも多くなった。「白馬行」冒頭では「登山は僕の学生の時からの道楽で、そのため親にも随分心配をかけ、学業もなおざりにし、それからもっぱら放縦煩悶をこととすべき文学青年の気風からも僕を遠ざけたといっていい。」「しかし文壇にも僕と趣味を同じゅうする人がたくさんいることは嬉しい。佐佐木茂索氏夫妻を始め、宇野浩二氏、小林秀雄氏、林芙美子氏、中島健蔵氏、菅忠雄氏、今日出海氏等、……文士といえばお花や麻雀ばかりだと思っている世間の人たちに、僕は一つ文壇山岳会でも興して、大いに質実剛健なところを示そうかと思っている。」と書いている。

初出＝「雪崩と雪盲」『山岳展望』。前半の「雪崩」は「冬山の記」（「ホームライフ」一巻二号）より。

㊻五竜岳（二八一四メートル）・㊼鹿島槍ヶ岳（二八九〇メートル）

小林秀雄と二人、白馬岳から唐松岳、五竜岳を経て鹿島槍ヶ岳まで縦走した一九三四（昭和九）年の紀行文。三泊四日の強行日程だった。

鹿島槍岳

昼の雲
舟のさまして動かざる
鹿島鎗てふ
藍の山かな

これは友人三好達治君の歌であるが、彼が、永く滞在していた発哺《ほつぽ》の温泉宿から望んで出来た歌であろう。あそこからは、北アルプスのうちでもことに白馬《しろうま》、後立山《うしろたてやま》連峰がよく見える。注意深い人ならばさらにその背後に遠く剣《つるぎ》、立山の勇姿をも見出すことが出来る。廊下に立ってただちにこんな素晴らしい北アルプス大観に接し得る宿は、そうザラにはない。三好君は朝夕風呂上がりの手拭いを肩にかけて、これらの山々を倦《あ》かず眺めたことであろう。中に就《つ》いて、美しい山容を持った鹿島槍岳が彼の眼を牽《ひ》いたのであろう。

この歌を口ずさむ毎に、あの両峰をグッと峙《そば》だてた鹿島槍の姿が僕の眼に浮かんでくる。鹿島槍は僕の好きな山だ。好きと言っても特別な思い出があるわけでもなく、幾度も登ったわけでもない。ただ方々の山からこの鹿島槍を眺めているうちに何となく好きになって、この頃では北アルプスを望み得る地に登ってまず最初に探しあてて眼をこらすのは鹿島槍に決まってしまった。よくは知らなくても何となくなつかしい人があるように、何の理由もなくただ好きな山というものがある。鹿島槍は僕にとってはそういう親しい感情を起こさせる山である。

槍や穂高のように流行の口の端にも上らず、燕《つばくろ》や白馬のようにワンサと人が押しかけることもなく、ただ最近は四季を通じて冒険好きな若い山岳宗徒を、その北側の岩壁へおびきよせている鹿島槍。その岩壁に包まれて、カクネ里という、その昔平家の残党が隠れ棲んだという言い伝えの圏谷《けんこく》が拡がっているのも、いかにも、神秘めいた山の感じを与える。カクネ里とはカクレ里の誤りであろう。カクレ里という言葉は西鶴の小説の中にも出ているくらいだから、鹿島槍のカクネ里もかなり昔から言い伝えられていた名前に違いない。言い伝えられているうちにカクレ里がカクネ里に変わってしまったのであろう。

カクネ里とは鹿島川を溯《さかのぼ》ってその一番源のところにある。そんなに山深く入りこんだりするのは、そこでテントを張って鉄《くろがね》の岩壁を覗《うかが》う登山家以外には誰もない。平家の残党という言葉はロマンチックではあるが、まさかこんな山奥の、雪と岩のほか何もないような谷に隠れ棲んだとは思われない。しかし尾根の上から、この物静かな落ちついた圏谷を見下ろすと、確かにかつては誰かがこの谷に棲んでいたに違いないという気がしてくる。

　しかし鹿島槍が僕を牽きつけるのは、この圏谷を取り巻いた豪壮な岩壁でもなければ、またその反対側の奥深い黒部側の谷でもない。その美しい山の姿である。一口に美しいと言っても、笠ヶ岳のような端麗でもなく、薬師のような雄大でもなく、剣のような壮烈でもない。無雑作に物を見る人にはとかく見落とされがちの、謂《い》わばいきな美しさなのだ。鹿島槍は大げさな特徴をもって特に人の眼を牽いたりはしない。しかし幾度も幾度も眺めているうちに、次第にその良さが分かってくる美しさなのだ。あの北槍と南槍の峰がキッと持ちあがって、その二つをつなぐやや傾き加減の吊尾根《つりおね》の形の美しさ。日本に昔からあるいきという言葉は、こんな美しさにこそあてはまるのだと思う。ことにこの山を真横から眺めるよりも、斜めかあるいは縦の方角から眺めた方が、多少冗慢に思われる左右の稜線が切られるのでいっそう引き緊まって美しい。

　志賀高原から見た鹿島槍、立山連峰から見た鹿島槍、白馬から、針ノ木から、どこから見てもこの山はいきだ。ことに印象的だったのは、糸魚川《いといがわ》街道の湖のほとりの道を歩いていたとき、湖水の向こう側を仕切った山の上に、鹿島槍の二つの峰がスックと頭を出しているのを見つけた時だった。あるいは、五竜《ごりゅう》岳の頂上に立って、深い谷を距《へだ》てた直ぐ真向こうに、鹿島槍の峰が流れる薄雲の合間に隠見するのを望んだ時であった。ああいう光景は、どんな天才的な絵描きも思いつかぬ、自然の傑作であろう。

そんなに鹿島槍は僕の好きな山ではあるが、その頂に立ったことはただ一ぺんしかない。それも七月半ばの雨の日、平凡に登って平凡に降りたのだから、この山の仔細《しさい》については何も知らないと言っていい。

小林秀雄と二人、鹿島槍北側のキレット小屋に着いたのは夜八時過ぎであった。その朝五時頃僕等は白馬の頂上小屋を出て、少し無理だとは思ったがキレット小屋まで一日で行くことにした。通常二日がかりの道程なのだ。唐松《からまつ》の小屋へ着いたのは昼頃だったから、この調子なら大丈夫だと思ったが、五竜岳を越えてからの、上り下りの多い尾根ですっかり参ってしまった。疲れた足にはこの尾根伝いは実に長かった。もうあのコブを一つ越せばすぐ八峰《はちみね》キレットだろうと楽しみにしてそれを越すと、前面にまた一つ越さねばならぬコブが現れるといった風でガッカリしてしまった。

夕暮が近づいて、辿《たど》って来た道を振り返ると、信州側がすっかり霧で閉ざされたため、蜿々《えんえん》とつづいた尾根が鋭いリッジを見せて、その陰影の美しさったらなかった。しかし僕は自分ながら情けないくらいへバッた。途中道づれになって一緒に歩いてきた二人の高師生の連れていた人夫が「もうあれ一つ越せばキレットです」と指さしたそのコブが、とても遠く大きく見えて、もうこのまま動きたくない気持だった。上りにかかると歩く時間より休む時間が多くなって、まだ小屋の見当もつかぬうちに日が暮れてしまった。人夫は先に小屋へついて、迎いを寄越してくれた。その迎いが持って来た握飯をかじり、道を照らしてくれるあかりを便りにして下ると、やっと小屋の灯が見えてきた。小屋へ入るなり倒れるようになって、砂糖のはいった麦茶をガブガブ飲んだ。僕等の他に誰も客の居ない静かな小屋で、その夜は死んだように眠った。

翌日は朝から雨風で、今日は駄目かと思ったが、八時頃少し晴れそうな気配なので思いきって出た。小屋を出ると直ぐ有名な八峰キレットで、以前はこの一跳び出来そうなキレットを越えるために（事実、八《はち》という勇敢な人夫がこのキレットを跳び越えたので八峰という名がついたと言い伝えられている）三百メートル近く谷へ下ってこの険を迂回したのだそうだが、今は手がかりの針金などついていて、案外あっけないくらい簡単に越えてしまう。キレットを過ぎると直ぐ鹿島槍の登りに差しかかる。また雨が降り出してきた。

急坂を登りきるとやがて吊尾根に取りついた。鹿島槍の二つの峰をつなぐ、遠くから望んでいかにも吊尾根という感じのする、例の形のいい尾根のことだ。吊尾根の東側にはまだ多量の残雪があった。雪の上に下りて岩蔭に雨風を避けながらしばらく休んでから、雪を踏んで南槍の三角点（二八九〇〈二八八九〉メートル）に達した。ついに憧れの峰に立ったが雨のために眺望は利かず、さっさと冷《つべた》の小屋へ向かって降る。

後立山連峰は唐松岳から鹿島槍までずっとひどい痩尾根《やせおね》だが、鹿島槍を過ぎるとそれから南は山稜もゆったりと広くなって、何となく伸びやかな気持になる。ガラガラした黒い砂礫《されき》の道を足に任せて一気に下るので、途中の布引《ぬのびき》岳などはいつ過ぎたか気がつかないくらいだ。

冷の小屋へ着いて昼飯を食った。ここから黒部の谷を距てて望む立山連峰大観の素晴らしさは、かねてから人に聞かされていたが、今日は雨のために何も見えない。よほどここで泊まって晴れた日を待とうかと思ったが、時日の余裕もないので、直ぐそこから大町まで下ることにした。昨日といい今日といいやや猪勇的な強行だ。

小屋から爺岳に向かって少し上りかけてから左手に長ザク尾根の道が分かれる。その尾根を下ってゆくと雨はますます烈しくなってきた。眺めもなし何の変哲もない退屈な下り道だ。やっと大冷沢の河原に降りてホッとしたが、雨の中にゆっくり休むわけにもゆかず、直ぐ沢に沿って下り始める。数日前の、何十年ぶりとかの豪雨で所どころ道は壊れていた。たくさんの白樺が一せいに河原の上にヘシ折れているのもその豪雨の凄まじさを思わせた。

鹿島川との出合いで徒渉して、それからの道は鹿島川に沿って野原の中をゆく。ズブ濡れになって無言のまませっせと歩を運んでゆくと、やがて鹿島の村家の白い壁が見えてきた。数日の山歩きから降りてきて最初の部落に出あうのは、実になつかしい気のするものだ。ことに鹿島は昔の落人が移り住んだと言われるだけに落ちついた気持のいい山里だった。その部落を抜けて、河原の広い美しい鹿島川を眺めながら道を急ぐと、ようやく雨も晴れてきて、要橋《かなめ》を渡った頃、岩小屋《いわごや》、鳴沢《なるさわ》の連峰が夕方の空にくっきりと現れてきた。

大町へ着いた時はとっぷり日が暮れていた。高師生の二君と別れ、僕達は猿又までビショ濡れになったのを気持悪がりながら電車で松本に行き、二人の財布を合わせてみるとどうやら一泊出来そうなので、それから浅間温泉へ向かった。

■一九三四（昭和九）年（三十一歳）七月、小林秀雄との山行。
・鎌倉時代、小林秀雄とたびたび山に出かけている。一九三三年・鳳凰山（『日本百名山』）、三三年・谷川岳（『日本百名山』）、八ヶ岳、三五年・霧ヶ峰（「霧ヶ峰の一夏」）、三六年・八甲田山（「八甲田と十和田」）などがある。小林秀雄が深田久弥との山について書いた文章では「カヤの平」（三四年・志賀―野沢スキーツアー）、「山」（三六年・霧ヶ峰）、「蔦温泉」（三六年・八甲田山）があり、「年齢」では八ヶ岳（三三年）について触れている。
・五竜岳は「日本百名山」（『山小屋』一九四〇年六月）の四回目に取り上げ、「後立山連峰のうちで山容最も雄偉なるは五竜岳である。その根張りのガッシリしていること、しかもその岩尾根の峻厲《しゅんれい》なること、北アルプス中の一名峰たるに恥じない。」と書いた。

•冒頭の詩人・三好達治（一九〇〇～六四）の歌は「発哺温泉にて」にあり、一九三四年「苑」二号に発表、詩歌集『日まはり』（三四年・椎の木社）に収録。

•登山者として八峰キレットを越えた極めて初期の記録は、一九一一（明治四十四）年の中村孝二郎らのもので「五竜、鹿島槍間の縦走」（「山岳」第七年第二号）。「八が越えたからハチミネ」については鹿島の老人の話としている。一七年に田部重治、木暮理太郎らのパーティが通過したが、案内人の宇治長次郎が単身いとも軽々と稜線上を往復したエピソードが残る（田部『日本アルプスと秩父巡禮』、木暮『山の憶ひ出』）。

•『日本百名山』で書かれた山名由来については、五竜岳は岡茂雄「五竜岳名詮索の記」（『炉辺山話』）、鹿島槍ヶ岳は木暮理太郎「後立山は鹿島槍ヶ岳にあらざる乎」（『山の憶ひ出』）が詳しい。日本山岳会創立直後の「日本アルプス探検時代」には、このほかにも鷲羽岳、甲斐駒ヶ岳などについて、山名の取り違えや山名論争があった。

•山を眺める方向については「山岳展望」（『山岳展望』）で次のように書いている。「……I君が冗談めかして『素人は連峰を横から見るデス、玄人は縦から見るデス』と言ったが、なるほどとその言葉に感心した。そうだ、たいていの人はパノラマ式な連峰の眺めを喜ぶものだ。それは分かり易いからだ。ところが連峰を縦から見ると峰々が複雑してちょっと見ではパノラマ式ほど美しく感じられない。つまり受け入れ難いのだ。だが本当に山を知っている人はかえってこの方に美しさを感じる。景色が複雑でそれだけ奥深さがあるのだ。」

初出＝「北アルプス断片」（「文芸」一九三五年七月）の「鹿島槍」の部分。『山岳展望』に収録。

（略）

剣　岳

㊽剣岳（三〇〇三メートル・『日本百名山』執筆当時）
一九四九（昭和二十四）年、復員後初めての本格的な登山が剱岳だった。粟巣野駅から歩き始め、別山乗越から剱岳を往復、池ノ平を経て欅平に下る六日間の山旅記から抜粋。

翌日、山小屋（別山乗越小屋）の朝は早い。暗いうちからガヤガヤ人声がする。朝食前に日の出を見に行くらしい。眠かったが僕も奮発して起きて、人々のあとに従った。小屋から剣御前山へ続く尾根の、まだ薄暗い道を登って行く。一つのコブに取りついて、その上で皆と一緒に日の出を待った。

黎明の空は澄み切って、東の方には後立山《うしろたてやま》連峰が、それぞれ見覚えのある形で、シルエットの列を引いている。その手前の黒部の谷はまだ静かな朝靄《もや》の中に眠っている。太陽は鹿島槍岳《かしまやりがたけ》の右手の山稜上に現れた。最初の一閃がタラタラと靄の上に流れてくる。溜息に似たザワメキが一同の間からおこった。太陽はグングン上り、わずかの間に、その爛々《らんらん》と燃える円形を稜線から離脱した。すべての山々はその輝きで眼ざめてきた。そしてそれは僕にとっても、快晴を予約された今日一日の初まりであった。

小屋へ戻って朝飯を済まし、小さなサブルックを担いで剣岳へ向かった。今日はまたここへ帰ってくるつもりなので、重い荷は残して出かけた。道は小屋から剣御前山の中腹を縫って続いている。この斜面にはまだ雪が残っていて、その上を渡って行くところもあった。下の方に小さく剣沢小屋が見える。かつて昭和五年一月、この山腹から落ちた雪崩は、剣沢を越えてその向こう側の台地にあった剣沢小屋を一挙にして埋めてしまった。そして小屋に眠っていた有為な四人の青年と二人のガイドの生命を奪った。わが国の冬山遭難の最も大きな出来事の一つとして、その当時の世の騒ぎを僕は今なおよく覚えている。いま見える剣沢小屋は、その後再建されたものである。

やがて僕の辿って行く道は、剣沢小屋から上ってくる道と一緒になった。しばらく行くと、正面に大きな岩の峰が頑として座っている。これが前剣《ぜんけん》、あるいは軍隊剣、略して軍《ぐん》剣《けん》とも言う。かつて金沢の歩兵第七聯隊が軍装して剣に登った時、ここまで達して引返したので、軍隊剣という名前がついた。

この軍剣は、遠くから見ると高く険しく見えたが、実際に登ってみるとそれほどでもなかった。それを越すと、平蔵谷ノ頭《あたま》に出る。そこに簡素な避難小屋があって、これから岩登りをするらしい青年が三、四人休んでいた。僕もそこで弁当を拡げた。

軍剣から剣の頂上までは岩の連続で、ちょっと嫌なところがあった。針金の下がっている一枚岩を攀じたり、カニの横這いと称する、やはり一枚岩のトラヴァースなどがある。しかし道はちゃんと出来ているから、危険なことはない。しかし現在のようにしっかりした足場や手掛かりのついていなかった、ナマのままの自然であった時、このルートを辿った人はさぞ胆をヒヤヒヤさせたことだろう。初心者にいまだに剣岳が恐れられているのはここである。その難場を通過すると、あとはガラ場の登りで、ついに僕は剣の頂上に立った。のろのろ歩いて来たので、もう三時になっていた。

僕が頂上に着いた時、今朝僕より早く小屋を出た例の七十の爺さんが、下山しようとしているところだった。アイサツを交わしてその元気な爺さんが立ち去ると、あとは僕一人だった。三〇〇三メートルの頂上からは、眺めるものがあまりにも多かった。そこから見える山を一つ一つ確かめ、富山湾を距《へだ》てて彼方《かなた》に長く突き出ている能登半島を望み、三十分は束の間に過ぎた。

僕の一人占めの頂上へ、やがて早月尾根の方から五、六人の一パーティが登ってきた。それを機に僕は下山の途についた。平蔵谷を見おろせる所まで戻ってきて、僕は一服した。さてこれからこの雪渓を下ろうというのである。何事でもそうだが、危険に見えるものは、最初にそれに取りかかるまでが気の怯《ひる》むものである。僕の足許からすぐ急傾斜で下っている雪渓の上部を見て、僕もちょっと不安になった。僕はロクなアイゼンも持っていないのだ。

登山用具は戦争中にたいてい失《な》くしてしまった。この山旅に担いできた大ルックは、華中から復員する時、一さいの荷物を入れて現地から背負って帰ったもので、それは登山用というより運搬用のものだった。やはりその時穿《は》いて帰った兵隊靴が、いまの僕の登山靴の代用になっていた。底に丸鋲が打ってあって、登山のネールの役は全くなさない。アイゼンは出かけてくる時金沢の運動具店で買ってきた四本爪である。こんな貧弱な装備だ。僕は安全な道を引返そうかと思ったが、同じ道を通るのは嫌なので、何度かためらった後、平蔵の雪渓を下ることにした。

最初の急傾斜を四本爪をつけたままグリセードしてみると、よく滑った。そのはず、休止してしらべると、アイゼンは靴の横に外れていた。つけ直したが、間に合わせの道具だから、すぐ駄目になってしまう。あきらめた。倖《しあわ》せなことに今朝からの好天気で雪がすっかり腐って、丸鋲の兵隊靴でもスリップの危険のないことがわかった。雪渓にもしだいに慣れて、ずっとグリセードで下ったが、軟らかな雪だからスピードが出ず、すこぶる安全だった。ところどころクレバスが横切っていた。

下るにつれ、両脇の岩尾根が迫って雪渓が狭くなってきた。その狭い空隙を通して、ずっと下の方に剣沢が見える。そこを通り過ぎる数人の一行が足を留めて、僕の方を見あげていた。ようやくその剣沢に下りついた時はホッとした気持だった。

それから剣沢のわるい雪渓をのろのろと上って行った。剣沢小屋の脇を通りすぎる時はもう薄暗くなっていた。小屋の入口で水を貰ってゴクゴク飲んでから、乗越の小屋までまた登りである。大した登りでもないのに、僕はひどく疲れて何度も休みながら重い歩を運んだ。昨日からどうしてこうへタバルのだろうと自分では怪しむくらいであった。

その晩の別山乗越の小屋は、個室の方には賑やかな登山者の一行があったが、一般の大衆部屋の方は僕と七十爺さんと二人きりだった。二人で枕を並べていろいろ話をしているうちに眠りに落ちた。

翌朝、爺さんは早く立山の方へ発って行った。個室のお客も出かけた。僕は一番あとになってみな出払ってしまってからゆっくりと小屋を出た。今日も上天気である。朝は元気がいい。私はたちまちの間に馳け下りるようにして剣沢小屋に着いた。小屋の近くに二つほどテントが張ってあった。

小屋へ声もかけず私は下りを続けた。はじめ道は剣沢の右岸に細々とついていたが、やがて雪渓の上に出る。さっきのテントにいた岩登りの連中であろうか、二人の青年が軽いルックとザイルを肩にして足軽に私を追い抜いて行った。

雪渓は幅四十メートルもあろうか。両岸が切り立ったように高くそびえているので、廊下の底を行くような感じである。傾斜は大したことはないが、ときどき段があって、グングン谷の方へ下って行く。

僕はたった一人。どちらをみても人かげもない。身にしむような太古の静寂で、声をあげると陰にこもったコダマがする。見あげると、両岸の高い山に切りとられた狭い空に、しかもなんともいえぬ、深い青色をした天に、淡い白銀色の三日月がかかっていた。

山旅のあいだにはどこかに感興のクライマックスがあるものだが、約一週間のこのときの僕の一人旅では、この雪渓の底から残月を仰いだ時が、感銘の絶頂であった。僕は無限に幸福であった。こういう一刻があればこそ、登山をやめられないのだ。（略）

■一九四九（昭和二十四）年（四十六歳）夏、単独の山行。当時の富山地方鉄道終点の粟巣野駅から歩き始め、称名坂（八郎坂）から弥陀ヶ原の弘法小屋に出て一泊。翌日は一ノ谷経由の旧道から地獄谷、雷鳥沢を経て別山乗越小屋（現剱御前小舎）に泊まる。三日目、別山尾根から剱岳に登り、平蔵谷を下り別山乗越に戻る。四日目は剱沢を下り北股から池ノ平小屋へ。五日目、仙人谷を阿曽原に下り、関電上部軌道を欅平まで歩き、祖母谷温泉泊。最終日は欅平からトロッコ列車で宇奈月へ下った。

・一九四六年七月、中国湖南省から復員し、中旬には越後湯沢に疎開したままの志げ子、森太郎（五歳）のもとに落ち着いた。周辺の山を歩き、十一月には谷川岳西黒尾根に出かけた（㉚谷川岳、「子供連れの谷川岳」『山さまざま』所収)。翌年、疎開者用アパートから街中の旅館に移る。家族でたびたびスキーや近くの山に出かけた。九月、郷里の大聖寺に移った。湯沢時代の様子は「湯沢の一年」(『山さまざま』)に記されている。

・省略した前半では、大伴家持の歌、一九〇七年の測量官柴崎芳太郎一行の剱岳初登頂、〇九年の吉田孫四郎らの登山者としての剱岳初登頂に筆が割かれている。

・剱沢小屋の雪崩遭難は一九三〇年一月九日。帝大卒の学士の窪田他吉郎、田部正太郎、松平日出男、慶応の土屋秀直、芦峅寺の案内人佐伯福松、佐伯兵次の六人が死亡した。土屋が子爵の子息だったことから大きな社会的反響を呼び、遺体発見時の状態から埋没後も生存していたことが判明、のちに発見された田部と窪田の遺書がそれを裏付け、直後の捜索を断念した芦峅寺の案内人が非難される事態ともなった。(東京帝国大学山の会『銀嶺に輝く―報告と追悼』『剱沢に逝ける人々』)。田部は田部重治の甥、兵次は京大白頭山遠征の折の名ガイド佐伯宗作の弟である。単独行の加藤文太郎が三日まで、ほぼ同行動を取っていたが剱岳への同行を断られて下山している(加藤文太郎「一月の思い出―剣沢のこと」『単独行』所収)。

・剱岳の標高三〇〇三メートルは一九三〇年の測量の結果で、六八年に二九九八メートルと改定されるまで、剱岳は三〇〇〇メートル峰だった。現在は三角点が二九九七・〇七メートル、最高点が二九九八・六メートルとされている。

初出=「剣岳(雑嚢・2)」(「山」百七十三号・一九五〇年八月)、「立山弥陀ヶ原」(「新体育」五〇年八月)、「立山弥陀ヶ原」(「みそさざい」五三年八月)、「池ノ平山」(「山と高原」五五年八月)、「祖母谷」(「山と渓谷」五五年八月)。『山さまざま』(五九年・五月書房)に収録。

㊾立山（三〇一五メートル）

金沢時代、家族四人での楽しい登山だった。山岳研究に触れることなく、ただただ家族登山の喜びを記した紀行文。

家族登山

一昨年の夏私たち一家で立山《たてやま》に出かけた。一家というのは、私五十一歳、妻四十六歳、長男小学校六年生、次男同一年生、の四人である。家長の私が山が好きなので、今までにも一家を引き連れて近くの山へは時々出かけたが三千メートルの高峰へ揃って登るのはこれが始めてであった。

当時私たちは金沢市に住んでいた。八月九日の朝、家族それぞれの体力と年齢に応じたルックを背負って、金沢を発ち、富山に着いたのは十時。それから立山行の電車に乗り換えて、一時間後に山麓の終点つまり登山口に達した。山ずれのしている私は、時間表もしらべず当てずっぽうにやってきたので、ここで称名《しょうみょう》滝行のバスを二時間も待たされた。眼の前に新設のケーブル・カーが見える。実はこれをあてにして来たのだが、開通は明後日からだそうで、その新しい赤色を塗った車体が試運転のために登って行くのを、私たちは空しく眺めるだけであった。

バスを待つ間称名川の河原に降りて、富山駅で買って来た鱒《ます》ずしを食った。カンカンに照っていてすこぶる暑い。妻子どもは、これから登る立山がどんな山か知らないから無心に嬉戯しているが、女子供を引率した隊長の私には責任がある。出来るだけ快適な登山をしよう、それには混雑を避けて私たち一家だけの楽しい雰囲気を作らねばならぬ、そういう私の願望と私のズボラとはうまく折り合って、称名滝行のバスは、私たちの他に捕虫網を携えた若い学徒二、三名という閑散さであった。このバスは、座席の脇においたルックが毱《まり》のように飛び上がり、うっかりすると頭を天井に打っつけそうな、おそるべきバウンドを四十分も繰り返して、ようよう終点に着いた。

終点に着くと、そこに待っていた下山の群集がわれわれのバス目がけてワッと押し寄せてきた。その物凄い殺到ぶりを目撃した時、始めてわが妻子どもは、隊長の行き当たりバッタリ式な行動も、実は賢明な登山作戦に通じるものであることを悟った。登山の一教訓、もし混雑を避けんと欲するならば、変則的な時間を選ぶべし。ただしこれは大多数の最も便宜とするタイムをはずすことであるから、ある種の不便を乗り切るだけの登山経験を必要とする。

さて、今朝から汽車、電車、バスと文明の利器を利用してきたわが一家も、いよいよこれから、ウズウズしていた自分の足を使うことになる。最初の山小屋称名小屋を横眼に、蟬時雨《せみしぐれ》の道を称名川に沿ってダラダラ上る。対岸の見上げるような高い崖の上が弥陀《みだ》ヶ原の続きである。三十分ほどで称名滝の下手に架かっている橋のところに出る。

橋のたもとで一息入れて、立山登山の第一関門である称名坂（一名八郎坂）の急坂に取りかかる。いかなる山でも、登りかけの三十分は苦しいものだ。

「老いらくの登山は辛いでしょう」と妻はさっそく長男に一本やられている。

その長男が先頭、続いて一年坊主と妻、殿《しんがり》は私である。九十九《つづら》折の坂を登って行くに従い、おのおのの間隔は次第に間遠になる。元気な長男の声はずっと上に聞こえ、次男と妻の組は一曲がりか二曲がり私より先になっていたが、ガイドとともにポーターの役も引き受けている私はだんだんとおくれて、もはや呼んでも上の者には達せぬらしい。大行李班〈陸軍の輸送追随部隊〉の私はとめどなく汗が流れ、息がせわしくなり、見晴らしのよい曲がり所へ来るたびに休む。何しろ眼前の直下四百メートルの称名滝があまりにすばらしいので、休息のよい口実を与えてくれる。

その称名滝も、始めは見上げるほどであったのが、次第に自分と対等の位置になり、やがてこちらの方が上になってきた頃、ようやく弥陀ヶ原の一端に取りついた。そこに滝見小屋があって、先着の妻と次男が待っていたが、長男は見えない。彼はわれわれを待ちあぐんで先に行ってしまったらしい。これから先は弥陀ヶ原の、ほとんど平坦といっていいほどの、緩《ゆる》やかな上り道である。両側は灌木の低い茂みで、鶯《うぐいす》が鳴き続けている。カサカサとむささびが木の間に隠れる。もう夕方近くなって、あたり一たいに霧がかかってきた。

弘法小屋に近づくと、長男が迎えにきた。夏の登山の最盛期だというのに、小屋には若い図画の先生一人しか客がなく、まず私たち一家で小屋を独占の形であった。登山第一日目の快適に終わったことを祝福しながら、ランプの芯を細め、ドッサリ毛布をかぶって早く寝に就《つ》いた。

翌朝、ほの暗いうちに眼ざめた。ほととぎすの鳴くのが聞こえる。私は起き上がってすぐ窓べに立った。私の期待通り、窓の正面に、私の大好きな雄大な薬師岳がそびえ立っているのを見た時、私は寝ている妻子どもを窓に引っぱってきて私の喜びを強いずにはおられなかった。薬師岳は山襞《やまひだ》に若干の残雪をおいて、暁闇《ぎょうあん》の空にその濃藍の峰を浮き立たせていた。真に貫禄のある山容である。

弥陀ヶ原から下は、一面の雲海に覆われていた。その雲海に、島のように幾つかの山が浮かんでいる。妻子どもにはこの眺めの方が感に堪《た》えたらしく、あの雲の下に世界があるということが、よほど奇異に思われるようであった。

六時に朝飯をすまして、われわれは爽やかな空気の流れている高原に足を踏みだした。

次の追分小屋までの一時間は、一同すこぶる元気がよい。追分小屋には男女の学生が大勢泊まっていて、花やかな雰囲気である。色とりどりのセーターを着た女学生が、私の子供に向かって窓から手など振っている。六歳の幼童といえどもこういう場合には一種の自尊心が湧くものとみえて、「休んで行くか」と尋ねても首を横に振って、トントンと先に立って歩いて行く。

追分小屋から次の天狗小屋までは、やや上り道になる。見晴らしのいい芝生がある。そこを過ぎると、山のきわ伝いになって、石がゴロゴロした道で歩くのに疲れる。途中清水の流れ出ている所があって、そこの冷たい水で汗の顔を洗った。

だんだん私たちの位置が高くなって、振り返るとはるか彼方《かなた》の空に、白山の優美な姿が見えてきた。白山は私たちの故郷の山だから、一しおなつかしい。下山の人たちにしきりに会う。みんなこの奇妙な一隊におどろいた顔をする。中には子供に元気づけの声をかけてくれる人もある。

さすが次男は疲れてきてしきりに休みたがるのを、母親がなだめすかしながら連れて行く。長男は足のおそい一行に業を煮やして先に行ってしまった。もう天狗小屋に近い頃、その小屋からジャランジャラン鐘が鳴ってきた。遭難用のために小屋の入口に取りつけてある鐘だが、鳴らしているのは悪戯好きの長男にちがいあるまい。

小屋に着く。このへんを天狗平と言って、もう高い木はなくなり、すでに高山的な風味を帯びた地帯である。急に眺望が開けて、剣岳があらわれ、すぐ眼の前に立山主峰が偉大な壁のようにそびえ立っている。やや青味をおびた灰白色の山肌は威圧するように高い。

「あの上まで登るの？」妻は心細そうに訊《き》く。

「むろん」と家族隊長の答は厳としている。

小屋で罐詰を貰い握り飯の弁当を食べてまた歩きだす。幼童は体力が乏しいから疲労も早いが、しかし恢復《かいふく》力も早い。一休みするとすぐ元気になる。天狗平から上は気持のいい原だ。イワカガミ、ウサギギク、チングルマなどの可憐な花が乱れ咲いて、ところどころにまだ雪が残っている。

賽《さい》ノ河原に出る。方々に石を塔のように積みあげてあるのは、死んで三途の川に来た小児が父母供養のため、という仏教の言い伝えを摸《も》したものである。原子力時代の子供はそんな陰気なことは感じない。面白がって石を積みあげている。

雪田を一つ渡って室堂に着いた。隣りは立山郵便局になっている。そこでめいめい絵葉書を書き、売店でカルピスを飲んで元気をつけ、頂上に向かって踏み出す。まだかなり大きな雪渓が残っているのを横切ってから、一ノ越までの登りは相当急峻である。黒部の谷から越して来たのか、剣の方から縦走してきたのか、でっかいルックをかつぎ、ピッケルに鋲靴といういでたちの大学山岳部らしい一団が下りてくる。その物々しさに比べて、こちらのハイキング風な手軽さは恥ずかしいみたいである。妻の如きビニールの普段靴に買物袋を下げている。

六年生の長男は幼児の頃から私がしばしば山へ連れて行き、その年も夏休みになるや否やすでに二度目の白山へも登ってきていたので、もう自信たっぷりである。わざわざ迂回して険路をよじて、母親をハラハラさせている。

一ノ越の小屋に着いたのは二時すぎていた。もう今ごろから登る人もない。小屋にルックを残し、セーターだけの軽身になって、いよいよ四人は頂上目がけて登りだした。頂上まで岩の間につけられた急坂である。長男と妻が先に進み、私は次男をかばいながら一足一足たどって行く。息が切れて休むごとに、そのへんの岩かげに、イワツメクサの純白な小さな花が風に揺れているのが、眼にしみ入る。二ノ越、三ノ越、四ノ越と過ぎるに従い、下界は低く沈んで行き、眺望はますます広濶になってくる。私は万一の場合次男を背負わねばなるまいと考えて、小ルックの中に負《お》んぶ帯まで用意してきたのだが、その要もなかった。幼童は平坦な退屈な道より、かえってこんなごしい岩を踏んで行く方が、興味があるらしい。

ついに頂上に着いた。三時半、時刻が時刻だから、他に登山者は誰もいない。三角点のところに、大きなテーブル状の石の方向展示板があった。その上で持ってきた唯一つの桃の罐詰をあけた。

先刻まで出ていた雲も去って、遠くに槍・穂高の連嶺が見えた。反対側のすぐ眼下は黒部の谷だが、この方は雲で埋まっていて、そこから立ちのぼってくる雲が、惜しくも後立《うしろ》山連峰を隠していた。私が妻に見えている山々の説明をしていると、二人の子供は喧嘩をし始めた。公平に分配した桃の罐詰の残りの奪いあいが原因である。彼等はこの崇高な頂上に来て、四周の大観をほしいままにする暇に、一片の桃の果肉などを争っている。所詮風景観賞とは大人の持つ高尚な感覚であって、子供たちはまだ人間原始の域から脱け出ていないのである。

しかしともかく六歳の早生まれの一年生が三千メートルの高峰に、自分の脚力で登ってきたことは、両親にとっても大きな満足であった。この子はすこぶる不器用で、一学期の通知簿に体育は五、四、三、二、一のうちの最下位の「一」をもらってきた。「体育に山登りがあれば『五』が取れるんだがなあ」とこの子は感慨を洩《も》らして、皆を笑わせた。

頂上には社務所があり、一番高い所に神殿がある。装束をととのえた神主さんが、私たち一家を神殿に導き、そこの板の間に一列に座った四人を前にして、幣《へい》を振り、私たちの住所姓名入りの祝詞《のりと》を朗々と読みあげた。始めは噴きだしそうだった子供たちの頬っぺたもしだいに緊まってきて、神主さんから一人ずつに注いでくれる神酒を神妙に飲んだ。神酒を受ける私たち四人のまわりを薄い雲が流れていった。何か洗われたような気がした。いい気持だった。わが家庭の幸福の一頂点でもあったろうか。

山頂のお神酒《みき》日焼の手に受けて

近年、俳句に入門した妻の一句である。

下りは早い。ほとんど休まずに一ノ越小屋まで下り、そこでルックを受け取って室堂まで戻った。室堂に着いた時は、もうそろそろたそがれかけていた。私たちはそこからさらにミクリヶ池のふちを通って地獄谷の方へ下って行った。地獄谷に下るあたりから、さすが次男もすっかりへバってしまって、それを督励しながらようよう雄山荘の玄関にたどり着いた。（略）

■一九五四（昭和二十九）年〔五十一歳〕七月の山行。

・立山へは福井中学時代から何回も登った。文章に残るのは、一九二六年八月、作家・佐々木茂索夫妻、菅忠雄らと針ノ木を越えて五色ヶ原から立山の方へ（「山の泊り」『山岳展望』所収）。紀行文では、四〇年七月、弟の弥之助と。この時は浄土山の下でグリセードに失敗して滑落（「立山」『をちこちの山』所収）。五九年夏、芦峅寺の佐伯延作と立山から奥大日岳へ（「奥大日岳」『瀟洒なる自然――わが山旅の記』所収）。

・大伴家持の歌については「万葉集の山の歌」（㊹筑波山）参照。

・一九五一年五月、大聖寺から金沢へ転居。五五年東京へ移るまで、金沢では著作活動は中央への寄稿が中心だったが、文化人（柳田國男、辻村太郎など）の接待、国体登山、一日税務所長など地方文化人としての活動も多い。この間の様子は『きたぐに』（七〇年・東京美術）に記している。この間、初刊本は『をちこちの山』（五二年・山と溪谷社）のみ。一方、五〇年に人類初の八千メートル峰アンナプルナに登頂したフランス隊の記録、M・エルゾーグ"Annapurna - Premier 8000"を五二年春に入手。この本から受けた感動が興味をヒマラヤへと向かわせた。五二年七月、日本山岳会会報に「アンナプルナ　最初の八〇〇〇メートル」を寄稿、五三年から「岳人」に「ヒマラヤ机上小話」連載を開始し、五六年、初のヒマラヤに関する著作『ヒマラヤ――山と人』（中央公論社）と成る。刊行にあたっては、当時中央公論社に入社間もない近藤信行が尽力した（高辻謙輔『日本百名山と深田久弥』）。

初出＝「俳句」五巻八号。『山さまざま』に収録。

㊿薬師岳（二九二六）・52黒岳（二九七八）・53鷲羽岳（二九二四）

芦峅寺の名ガイド・志鷹光次郎との最後の山旅。一九六一（昭和三十六）年秋、薬師岳から三俣蓮華岳を経て烏帽子岳への縦走の思い出。

秋の北アルプス

山も変わった。昔の名ガイドも次第に消えて行く。昨年八月の初め亡くなった立山の志《し》鷹《たか》光次郎も、その最後の一人であった。十月上旬三田幸夫さんと私は富山に用事があり、その折芦峅《あしくら》の家へお悔やみに行った。三田さんは大正十一年松尾峠遭難以来の、光次郎とは古いつきあいであった。私が彼と最後に会ったのは一昨年の秋、千寿ヶ原の宿で、その頃から彼は好きな酒も節している様子であった。

享年七十一歳、胃癌であった。仏壇の上には、ベレーをかぶり、温厚な笑い顔のポートレートが掲げてあった。欄間には生存中に受けたたくさんの表彰状が並んでいた。まことに彼こそは生涯を山に尽くした名ガイドであった。時勢は変わった。もう日本の山には、昔のような名ガイドを生む条件が無くなっている。

志鷹光次郎と最後に山を歩いたのは、七年前の一九六一年九月下旬、その時彼は真っ赤なベレーをかぶり、ちょうど山はゴゼンタチバナの赤い実の盛り、その二つの赤色が印象的な旅であった。

九月二十一日の朝富山駅に着いた私たち三人は、そこで光次郎と出会い、北陸電力の好意による車に乗って山へ向かった。小見《おみ》で常願寺川と分かれて和田川に入り、有峰ダムから折立峠に着いて、そこで昼弁当を開いたのだから、昔と比べて隔世の感がある。思えば三十六年前、学生の私が友人と二人重いテントをかついで、当時の立山鉄道の終点千垣《ちがき》から有峰へくるまでに一日かかった。和田川沿いの細々した道を辿《たど》って到着した有峰は、すでに廃村となって住む人もなく、軒の傾いた家が点々としていた。叢《くさむら》には秋の虫が不断に鳴いて、いっそうその哀れさを深めるようであった。その有峰が今は湖底にある。滄桑《そうそう》の変とはまさしくこのことであろう。

光次郎が最年長、続いて不二さん、そのあとに加和さんと私が同年配で六十に近い。年老いた一行だから、折立峠から太郎兵衛《たろべえ》平までゆっくりと登って行った。途中、雲が晴れて薬師岳が前面に大きく現れた時には、それを歎賞する暇も惜しまない。休憩を繰り返しながらの登りではあったが、おしまいの所は、夜行不眠で来た私にはひどくこたえた。

太郎小屋に着く。またしても老兵の感慨になるが、十二年前ここへ来た時には、倒壊寸前といった形のあばら小屋であったのに、今は立派な山小屋に建ち代わっていた。愛知大学山岳部の学生がこの小屋を根拠にして雪の薬師岳に向かい、十三人の死を見たのは、それから二年後のことであった。遭難者の一人に私の山の友人鈴木重彦君の弟もいた。

太郎小屋は、広々として大きく傾いた太郎兵衛平にある。散歩がてらの登りで、斜面の上の太郎山に達することが出来る。東の方は黒部川の谷を距てて、槍以北の山々が眺められ、北アルプスの中では指折りの気持のいい高原であろう。

翌日私たちは小屋から薬師岳へ往復した。平をいったん末端まで下って、そこから上りになる。鞍部のわずかばかりの森林と灌木帯を抜けると、砂礫の広い尾根へ出る。尾根というより斜面と言った方が適当であろう。もう夏の登山最盛期をすぎて、山は静かであった。九月下旬と言えば、もう最初の雪の来そうな時期である。それでもところどころ高山植物が健気《けなげ》にその最後の花を飾っていた。

頂上に近づくと、右手黒部側に大きなカールが擂鉢《すりばち》形に口をあけている。その内壁には幾何学模様の縦縞がついていて、それが斜めに陽を受けた時の美しさに、しばし、見惚れた。その壁の上辺に沿って東南稜が伸びている。愛知大学の学生を惑わしたのはその東南稜であった。広い尾根、しかも視界の利かない猛吹雪の中では、帰路を誤ったのも無理はないだろう。東南稜へ下った彼等は、そこで点々として若い命を絶った。遭難のあったのは一九六二年一月の初めで、それから大がかりな捜査が続けられ、最後の二遺体が発見されたのは、その年の十月半ばになってからであった。

そんな悲劇が起ころうとは当時夢にも予想しなかった私たち老童は、事もなく正午ごろ頂上に着いて、三角点の標石のそばで至福の一時間を過ごした。何より人のいないのがいい。近年私が北アルプスを避けるのは、人混みを怖れるからである。以前は夏を外せば静かな山を楽しむことが出来たが、交通の便利にzなった今日では、春でも秋でも人に会わないことはない。

薬師岳は私の好きな山で、これほど重厚な山は北アルプスで他に類がない。交通の開けた今でこそ簡単に登れるが、以前はそうではなかった。どちらから行っても日数がかかった。私が学生の頃有峰から登ろうとした時には、途中で道に迷って望みを果たさなかった。その次には五色ヶ原の小屋から長い長い山稜を上り下りしたあげく、やっと山頂に着いた。その時は壊れかけた社《やしろ》があって、その前に昔の人の献納した宝剣が錆びたり折れたりして散乱していたが、今度来てみるとそれがきれいに片付けられ、岩の間に新しい祠《ほこら》が置かれていた。北アルプスの山々は年々俗化されて行くが、この薬師岳だけはsanctuaryとして残しておきたいものである。

太郎小屋で二晩目を過ごした翌朝早く発って、薬師沢を下った。以前は悪い道であったが、よい道に変わっていた。その代わりたくさんいた岩魚《いわな》も少なくなったであろう。黒部川の上流に出る。黒部もこのあたりになると幅が狭く、私が靴を濡らさないようにと、光次郎がおぶって渡してくれた。

対岸は雲ノ平へ達する急斜面で始まっていた。深い林の中のあまりハッキリしない道を登って行ったが、雲ノ平を訪れる人が多くなったようだから、この道も今はよくなったに違いない。昔はこの平こそ近寄りがたい秘境のように見られていた。四周を深い渓谷によって断ち切られた大きな台地で、まるで造化の神の気まぐれないたずらのように、厳しい北アルプスの真ん中にドカンとおかれた楽園であった。しかし秘境の名はもう返上しなければなるまい。山荘が建ち、夏はキャンプで賑わうようになったそうだから。私たちが行った時その山荘が建築中であった。突然襲われた驟《しゅう》雨にその建物へ逃げこみ、そのまま動きたくなかったが、宿泊の設備がまだ出来ていないので、重い腰をあげて、三俣小屋まで歩かねばならなかった。

秋の連休だったので、三俣小屋は混んでいた。ここは北アルプス中で一番里から遠い小屋で、昔は泊まる人も少なかった。戦後この小屋に目をつけたのが伊藤正一君でその経営がよかったのと、登山が盛んになったのとで、次第に繁昌して、夏はほとんど満員続きという話である。ことに高瀬川から直接この小屋へ来る新道が開かれて以来、いよいよ泊まり客が多くなった。混んでいたので私たちは伊藤君の私室に通された。食事も家族扱いであった。その時親切にもてなして下された奥さんも、現在は不幸な境遇におられるとか。

伊藤君はインテリで、音楽を好み、科学を談じ、山小屋の主人らしくもない。しかし今の小屋は狭くて粗末なので、すぐ近くに鉄筋の山荘を建てる計画を持ち、すでにその土台がハイマツの原の中に出来ていた。

翌日はひどい吹き降りで、一日小屋で過ごした。こんな日に動くから遭難するという話をしていたところ、事実その夕方人事不省になった登山者が担ぎこまれた。ようやく息をふき返したが、一と夏にこんな事故が数件あるという伊藤君の話であった。たいてい烏帽《えぼ》子《し》の小屋から縦走してきて、鷲羽《わしば》岳を越えたあたりで倒れるのが多いそうである。鷲羽の横を巻いて来ればいいのに、その道を知らずに、一日の疲れの末に高い山を越えるから、それを越えたところでガックリして力尽きてしまうらしい。

雨のあとの快晴が翌日私たちを待っていた。朝早く小屋を出発して鷲羽岳に向かう。私には二度目の山である。小屋のあるあたりの広い原は鷲羽乗越《のっこし》と呼ばれ、ハイマツで覆われている。雷鳥があそんでいた。急坂を登り、一時間半ほどで頂上に着いた。四周全部が山の、ここからの展望のすばらしいことは言うまでもない。反対側へ下って、岩を積み重ねたようなワリモ岳の頂上を踏み、さらに北へ道を辿る。

黒岳は縦走路から外れているので、先を急ぐ多くの人は立ち寄ろうとしないようだが、その頂上を逸するには惜しい立派な山である。三角点のある岩峰の先に、それよりも高いもう一つの岩峰があって、これは三千メートルを越えている。黒岳を一名水晶岳というのは、水晶を産するからで、私たちも道ばたで幾つかを拾った。

黒岳と対照するように赤岳がある。これは無惨なばかり赤く爛《ただ》れ崩れている。そこを過ぎて長い山稜を行くと野口五郎岳になる。三千メートルに近い高さを持ちながらこの山があまり評判にならないのは、何となく取りとめもなく大きいだけで、キリッと引き緊まったところがないせいかもしれない。遠くから見ると全山白い砂で覆われて美しい色をしている。私たちは窪のようになったその頂上で、二回目の昼めしを食べた。

それから先、三ツ岳までは長かった。この山は横を巻いて行くが、私と不二さんがわざわざその頂上へ登ってみたのは、二八四五メートルの三角点を踏みたいからであった。山の好きな者には妙な癖があって、益はなかろうと頂上まで行かないと気が済まない。ことにそれが二千八百メートルを越えるとあっては、放ってはおけない。日本ではこの高さはザラにはないからである。頂上へ登った甲斐はあった。折しも白い雲海が眼下を埋めて、夕方の光に染まりながら、波濤のように立ち騒いで刻々と形を変えて行くさまは、ただの眺めではなかった。こんなすばらしい雲を見るのは、長い登山の経験でも稀なことであった。

もう夕暮れていた。三ツ岳から烏帽子の小屋へ向かう長い白砂の道に、加和さんと一緒に先へ行く光次郎の赤いベレーだけが目立った。そのあとを追って小屋に着いた時はもう暗くなっていた。連休のすぎた烏帽子の小屋は静かだった。私たちの秋の山旅も終わった。明日は下り一方である。もう登りがないということは何という安堵であろう。

しかしその下りは相当だった。北アルプスでも有名なハガタテの急坂である。下るに従い針葉樹の森林帯に広葉樹が混じり出すと、みごとな紅葉が私たちの眼を楽しませた。今まで下に見てきた高瀬川対岸の唐沢岳が次第にせりあがってくる。高瀬川に出ると唐沢岳は見あげる高さだった。その裾を巻いて深い渓谷沿いの道を下って行く。葛《くず》温泉に着くと、バスの出るのに十分くらいしかなかった。が数日の汗と塵に汚れた身体で、温泉を見過ごす手があろうか。私たちは、橋のたもとにある小さな共同湯に飛びこんだ。

バスは暗くなった道を大町へ走った。光次郎は下山の途中、風呂敷にいっぱい採ってきたモタセと呼ぶ茸を私に呉れた。あんなに元気だった光次郎も今は亡いと思うと、この秋の北アルプスの旅は私には忘れがたい。

■一九六一（昭和三十六）年（五十八歳）九月、藤島敏男、川喜田壮太郎、志鷹光次郎との山行。

•一九二六（大正十五）年八月、熊谷太三郎と有峰から薬師岳を目指したが道を失い、真川で露営した（「越中有峰」『わが山山』所収、「山の泊り」『山岳展望』所収）。五〇年八月、敷田隆一、案内人の山崎力松と五色ヶ原から槍ヶ岳へ縦走（「薬師から槍へ」『山さまざま』所収）。熊谷太三郎（一九〇六

〜九二）は福井中学、一高で二年年下。のちに熊谷組二代目社長、福井市長、参議院議員。科学技術庁長官と国務大臣・原子力委員会委員長を歴任。

•志鷹光次郎（一八九七〜一九六八）は、一九二二（大正十一）年四月、三田幸夫ら慶応義塾山岳部の剱岳積雪期初登頂での英雄的な働きで知られる名ガイド（三田幸夫「春雪の立山と劒岳」）。二三年の槇有恒、三田幸夫、板倉勝宣の松尾峠遭難時、二六年の青木勝ら慶大山岳部の剱岳厳冬期初登頂にも貢献。生涯ガイドとして生きた。

•川喜田壮太郎（一九〇四〜七二）は戦中、戦後の三重県経済界を代表する銀行家。伊勢の豪商の家に生まれ、父は銀行家で陶芸家としても知られる川喜田半泥子、弟は文化人類学者の川喜田二郎。六〇年以降、聖岳、大杉谷、青崩山、守屋山、赤丈ヶ岳など、たびたび山行をともにした。

•愛知大学山岳部は一九六三年一月、薬師岳を目指したが吹雪で登頂を断念、引き返す途中で東南稜に迷い込み十三人全員が死亡した。

•『日本百名山』「鷲羽岳」で触れている「日本山岳会の先輩たちの軽率な誤り」とは以下の経緯を指す。黒部奥山廻り役の時代から現在の三俣蓮華岳は「鷲ノ羽ヶ岳」とされ、現在の鷲羽岳は東鷲羽岳と呼ばれていた。一九一二（大正元）年発行の五万分一地形図の山名もそれに従った。ところが一〇（明治四十三）年、槍ヶ岳から薬師岳を縦走した日本山岳会の小島烏水らは、上條嘉門次の説明をもって三俣蓮華岳の山名を強く主張、陸地測量部は三〇年に現在の山名に改めざるを得なかった。参考資料に中島正文「二つの鷲羽嶽」（「山と溪谷」六十七号・四一年五月）がある
初出＝『旅情　Ｉ・山』（一九六九年・主婦と生活社）。『山頂の憩い』（七一年・新潮社）に収録。

本書の編集方針について

本書は、深田久弥『日本百名山』に取り上げられた、それぞれの山にかかわる深田久弥の紀行、エッセーをまとめたものです。作品のない山と、ヤマケイ文庫『わが愛する山々』に収録された一部の山については、関連作品を収録しました。

底本には『深田久彌・山の文学全集』（朝日新聞社）を使用し、可能な限り原典にあたりました。全文の収録が困難な作品については、著作権者の承諾を得て一部を省略しました。

文字使いに関しては、原作品を尊重し、難読と思われる漢字には振仮名を加えました。また、必要と思われる箇所には〔〕付きで編注を加えました。

見出しの山岳の標高数値は、『日本百名山』に記載されたものです。本文中の山岳の標高数値は底本のままとし、必要と思われる箇所には〔〕付きで現在の国土地理院による標高値を加えました。

解説は、それぞれの山に、著者が「いつ、だれと、どのように登り」、「作品をいつ発表し、どの著作集に収録したか」を中心に記載し、作品を理解するための関連次項を加えました。解説に表われる人物は、複数の作品に登場することが多いため、下巻巻末に人名索引を掲載しました。堀込靜香編『人物書誌大系14　深田久弥』（日外アソシエーツ）のほか、深田久弥の原著、解説文中に記載した書籍、雑誌を参考にしました。

なお、今日の人権意識に照らして考えた場合、不適切と思われる語句や表現がありますが、本著作の時代背景とその価値に鑑み、そのまま掲載してあります。

編集部

深田久弥選集　百名山紀行　上

二〇一五年十一月一日　初版第一刷発行
二〇二三年八月二十五日　初版第三刷発行

著　者　深田久弥
発行人　川崎深雪
発行所　株式会社　山と溪谷社
郵便番号　一〇一－〇〇五一
東京都千代田区神田神保町一丁目一〇五番地
https://www.yamakei.co.jp/
■乱丁・落丁、及び内容に関するお問合せ先
山と溪谷社自動応答サービス　電話〇三－六七四四－一九〇〇
受付時間／十一時～十六時（土日、祝日を除く）
メールもご利用ください。
【乱丁・落丁】service@yamakei.co.jp　【内容】info@yamakei.co.jp
■書店・取次様からのご注文先
山と溪谷社受注センター　電話〇四八－四五八－三四五五
ファクス〇四八－四二一－〇五一三
■書店・取次様からのご注文以外のお問合せ先　eigyo@yamakei.co.jp

フォーマット・デザイン　岡本一宣デザイン事務所
印刷・製本　大日本印刷株式会社

定価はカバーに表示してあります

Copyright ©2015 Shintaro Fukada All rights reserved.
Printed in Japan ISBN978-4-635-04785-2

ヤマケイ文庫の山の本

新編 単独行
新編 風雪のビヴァーク
ミニヤコンカ奇跡の生還
垂直の記憶
梅里雪山 十七人の友を探して
わが愛する山々
空飛ぶ山岳救助隊
山と溪谷 田部重治選集
タベイさん、頂上だよ
ソロ 単独登攀者・山野井泰史
単独行者《アラインゲンガー》 新・加藤文太郎伝 上／下
山のパンセ
山の眼玉
山からの絵本
穂高に死す
長野県警レスキュー最前線
深田久弥選集 百名山紀行 上／下

穂高の月
ドキュメント 雪崩遭難
ドキュメント 単独行遭難
生と死のミニャ・コンガ
若き日の山
紀行とエッセーで読む 作家の山旅
白神山地マタギ伝
黄色いテント
安曇野のナチュラリスト 田淵行男
名作で楽しむ 上高地
どくとるマンボウ 青春の山
山の朝霧 里の湯煙
新田次郎 続・山の歳時記
植村直己冒険の軌跡
山の独奏曲
原野から見た山
人を襲うクマ

瀟洒なる自然 わが山旅の記
高山の美を語る
山・原野・牧場
山びとの記 木の国 果無山脈
八甲田山 消された真実
ヒマラヤの高峰
深田久弥編 峠
穂高に生きる 五十年の回想記
穂高を愛して二十年
足よ手よ、僕はまた登る
太陽のかけら アルパインクライマー 谷口けいの軌跡
雪原の足あと
侮るな東京の山 新編奥多摩山岳救助隊日誌

新刊 ヤマケイ文庫クラシックス

冠松次郎 新編 山溪記 紀行集
上田哲農 新編 上田哲農の山
田部重治 新編 峠と高原